Die Staaten Afrikas heute

LUKE
PEPERA

MOTHERLAND

aufbau

LUKE PEPERA

MOTHERLAND

Von Mansa Musa bis Black Panther:
Eine persönliche Reise durch 500.000 Jahre afrikanische Geschichten

Aus dem Englischen von Janine Malz

aufbau

Die Originalausgabe unter dem Titel
Motherland. A Journey through 500,000 Years of African Culture and Identity
erschien 2025 bei Orion Publishing Group, London.

Mit 22 Abbildungen und 1 Karte

MIX
Papier | Fördert gute Waldnutzung
FSC® C083411

ISBN 978-3-351-03984-4

Aufbau ist eine Marke der
Aufbau Verlage GmbH & Co. KG

1. Auflage 2025

www.aufbau-verlage.de
10969 Berlin, Prinzenstraße 85

Bei Fragen zur Sicherheit unserer Produkte wenden Sie sich bitte an produktsicherheit@aufbau-verlage.de.
Einbandgestaltung Rothfos & Gabler, Hamburg
Satz und Reproduktion LVD GmbH, Berlin
Karte © Peter Palm, Berlin
Druck und Binden CPI books GmbH, Leck, Germany

Printed in Germany

Für meinen Vater,
für seine nie nachlassende Liebe und Unterstützung

Inhalt

	Einführung	9
1	Unsere verlorenen Jahrtausende	14
2	Die Toten leben weiter	44
3	Königinmütter und Kriegerköniginnen	86
4	Wir sind mehr als eine Hautfarbe	120
5	Kaufleute, Händler und Seefahrer	154
6	Rapper, Sänger und Geschichtenerzähler	182
7	Die Geschichte des Spinnengottes	224
8	Die Weisheit der Ahnen	243
9	Die Erfindung des Rassismus	258
10	Das Ende der Sklaverei auf afrikanischer Seite	289
	Fazit: Motherland	306
	Danksagung	309
	Anmerkungen	313
	Abbildungsverzeichnis	328
	Auswahlbibliografie	330

Einführung

Im Sommer 2012 besuchte ich das Nationalmuseum von Ghana. Es waren Schulferien, und ich war zu Besuch in meiner Heimat Ghana, um Familie und Freunde zu treffen. Da ich in meinem vorletzten Schuljahr war, musste ich eine Facharbeit schreiben – eine eigenständige wissenschaftliche Arbeit, die in die Abschlussnote einfließen würde. Das Thema war frei wählbar.

Da ich mich seit jeher für Geschichte, Afrika und Erzählkunst interessiere, beschloss ich, eine kurze Geschichte der Kwahu zu schreiben – eines der Völker, zu denen ich gehöre und das eine Untergruppe der bekannteren Volksgruppe der Akan darstellt. Ich dachte, ich könnte mit meinen Nachforschungen im Museum beginnen.

Doch als ich dort ankam, war ich ein wenig enttäuscht.

Genau wie im Geschichtsunterricht in der Schule, in den Dokus, die ich gesehen, und in den Büchern, die ich gelesen hatte, gab es nicht viel über afrikanische – geschweige denn ghanaische – Geschichte, außer dem transatlantischen Sklavenhandel und dem Kolonialismus. (Zum Glück ist die Sammlung des Museums heute deutlich umfangreicher und umfasst beispielsweise Häuptlingsinsignien und indigene Werkzeuge, Kunst und Kunsthandwerk, darunter auch Instrumente und Textilien.)

Da ich im Museum nicht fündig wurde, wandte ich mich an einige Professoren an der Universität von Ghana. Dort hatte ich mehr Glück. Einer der Professoren führte mich durch ein kleines Museum im hinteren Teil der archäologischen Abteilung und zeigte mir unter anderem Eisenartefakte aus der Zeit um 500 n. Chr., die in Ghana hergestellt und gefunden wurden. Eine andere Professorin lud mich zu ihrer Vorlesung über die Geschichte der Akan-Häuptlinge ein.

Zusammen mit einigen Artikeln, die sie mir empfahlen, lieferte mir das genug Material, um meine Facharbeit abzuschließen. Aber dieser winzige Einblick in die tiefere Vergangenheit Afrikas hatte mir bereits gezeigt, dass es noch so viel mehr zu entdecken und zu lernen gab, und genau das wollte ich tun.

So bewarb ich mich für ein Studium der Archäologie und Anthropologie an der Universität. In meinem dritten Studienjahr belegte ich ein Modul über die Entstehung afrikanischer Staaten. Dabei wurde mir der Reichtum von Afrikas Vergangenheit noch deutlicher vor Augen geführt. Ich lernte allerhand über den frühen Handel und die Architektur in Ostafrika, über die mittelalterlichen Reiche Westafrikas und über das Handwerk und die Religionen der zentralafrikanischen Königreiche, um nur einige Beispiele zu nennen. Und ich wollte dazu beitragen, dieses Wissen, das so wenig bekannt ist und gewürdigt wird, weiterzugeben.

Genau da setzt dieses Buch an.

Es handelt sich hierbei nicht um eine vollständige, chronologische Geschichte Afrikas. Angesichts der immensen Größe des Kontinents und der schieren Vielfalt der verschiedenen Völker, die dort seit Anbeginn der Menschheit gelebt haben, würde ein solches Vorhaben, so es denn überhaupt realisierbar ist – bei dem jede Gesellschaft, jedes Ereignis und jede bemerkenswerte Persönlichkeit gebührend berücksichtigt wird –, wahrscheinlich mehrere Leben in Anspruch nehmen.

Vor allem aber entsprechen chronologische Darstellungen der Geschichte nicht dem, wie viele afrikanische Völker ihre Vergangenheit verstanden haben und weiterhin verstehen. Für uns gibt es kaum einen Unterschied zwischen Vergangenheit und Gegenwart. Was für andere in der »Vergangenheit« geschah, geschieht für uns noch immer. Menschen, die vor 200 Jahren lebten und starben, sind für uns noch immer lebendig. Wir stehen weiterhin mit ihnen in Verbindung, laden sie zu unseren Treffen und Feiern ein, heißen sie willkommen. Feste, die 500 Jahre alt sind, könnten für uns genauso gut heute Morgen ins Leben gerufen worden sein, so wenig haben sich ihre Bedeutung, ihr Zweck und ihr Ablauf verändert.

Diese Sichtweise auf die Vergangenheit bereitete mir beim Schreiben dieses Buches nicht selten Kopfzerbrechen. Oft stellte ich fest, dass kulturelle Merkmale, die ich als historisch beschreiben wollte, noch immer existieren. Innerlich debattierte ich ständig darüber, ob ich über sie in der Vergangenheits- oder in der Gegenwartsform schreiben sollte, und manchmal fiel es mir schwer zu erkennen, inwiefern sie sich weiterentwickelt haben könnten, sofern das überhaupt der Fall war.

Daher habe ich mich in diesem Buch für einen thematischen Ansatz entschieden. Jedes der zehn Kapitel befasst sich mit einem kulturellen oder historischen Aspekt, der seit jeher ein wesentlicher Bestandteil der afrikanischen Identität darstellt. Dazu gehören die Ahnenverehrung, Musik, Tanz, mündliche Überlieferungen und das Geschichtenerzählen, aber auch Ressourcenreichtum, Migration, der transatlantische Sklavenhandel und Rassismus.

In jedem Kapitel erzähle ich Geschichten, die nicht nur das jeweilige Thema illustrieren, sondern die ich auch besonders fesselnd fand. Entweder wegen der faszinierenden Charaktere oder wegen der verblüffenden Glaubensvorstellungen und Rituale. Um die afrikanische Vorstellung eines fließenden Übergangs zwischen Vergangenheit und Gegenwart zu unterstreichen, erzähle ich sowohl zeitgenössische als auch »historische« Geschichten (darunter persönliche) und stelle im gesamten Buch Verbindungen zwischen ihnen her.

Im Gegensatz zu vielen anderen Geschichtsbüchern über Afrika und seine Völker habe ich es vermieden, mich ausschließlich auf die Themen transatlantischer Sklavenhandel, Kolonialismus und Rassismus zu konzentrieren, um ihnen nicht zu viel Gewicht zu verleihen. Stattdessen ordne ich sie in den richtigen Kontext ein – denn letztlich handelt es sich dabei nur um die letzten (wenngleich finsteren und prägenden) 300 Jahre einer Geschichte, die Hunderttausende von Jahren zurückreicht.

Zudem habe ich es dort, wo ich über transatlantischen Sklavenhandel, Kolonialismus und Rassismus schreibe, vermieden, die Afrikaner ausschließlich als deren unvermeidliche, unwissende und unglückselige Opfer darzustellen. Ich habe versucht zu zeigen, dass diese Phänomene nicht unbedingt aufgrund einer angenommenen natürlichen Minderwertigkeit der Afrikaner entstanden sind, sondern vielmehr aufgrund des Geizes und der Gier einiger weniger nach Macht und Stellung. Ich habe auch versucht zu zeigen, wie die Afrikaner selbst diese Entwicklungen ablehnten, ihnen Einhalt geboten, manchmal davon unberührt blieben oder sogar dazu beitrugen.

Dieses Buch ist deshalb ein physisches Zeugnis meiner persönlichen Reise durch die Vergangenheit Afrikas; eine Reise, die vor über einem Jahrzehnt begann, bis heute andauert und den Rest meines Lebens weitergehen wird. Ich hoffe, dass Sie bei der Lektüre nicht nur etwas über die afrikanischen Identitäten lernen, sondern auch Themen und Geschichten finden, mit denen Sie sich identifizieren können. Vielleicht finden Sie Parallelen oder deutliche Unterschiede zwischen Elementen bestimmter afrikanischer Kulturen und Ihrer eigenen. Was auch immer Sie für sich aus diesem Abenteuer mitnehmen, es ist mir ein Vergnügen, mich gemeinsam mit Ihnen auf diese Reise zu begeben.

Luke Pepera,
April 2024

1

Unsere verlorenen Jahrtausende

Wir haben ein verzerrtes Bild von Afrikas Vergangenheit. Die Bedeutung der letzten 300 Jahre, die den transatlantischen Sklavenhandel und den Kolonialismus umfassen, wird überhöht auf Kosten von allem, was davor war. Wir wissen fast nichts über die frühesten afrikanischen Kulturen, ihre Vielfalt und die Errungenschaften ihrer Völker bis in die heutige Zeit.

Da die Menschheit ihren Ursprung in Afrika hat, kann jede Diskussion über die Vergangenheit Afrikas bei den Anfängen unserer Spezies ansetzen. Dies vermittelt ein Gefühl dafür, wie weit die Geschichte der afrikanischen Völker zurückreicht.

Es gibt so viele Beispiele, die zeigen, wie viel sie in all der Zeit erreicht haben, dass es schwer ist, eine Auswahl zu treffen. Deshalb habe ich mich auf den Reichtum, den Einfluss und die Weltoffenheit zweier mittelalterlicher westafrikanischer Zivilisationen konzentriert – das Mali-Reich und das Songhai-Reich, das ihm folgte.

Beginnen wir unsere Reise also vor etwa 200 000 Jahren in Ostafrika. Hier sind wir – also der *Homo sapiens* (unsere Spezies) – nach einem langen evolutionären Prozess entstanden.

Die frühesten fossilen Belege für den anatomisch modernen *Sapiens* wurden in Äthiopien gefunden, einem Land im Osten Afrikas. Es handelt sich dabei um die Überreste von Skeletten an zwei Fundorten – Omo Kibish und Herto. Die Überreste aus Omo Kibish stammen von vor etwa 200 000 Jahren. Die Skelette aus Herto stammen aus der Zeit vor etwa 160 000 Jahren. Genetische Untersuchungen zeigen, dass der letzte gemeinsame Vorfahre *aller* heutigen Menschen vor etwa 150 000 Jahren in Afrika lebte. In der Wissenschaft wird dieser Urtypus (mitochondriale) »Eva« genannt.

Unser frühester Vorfahre ist möglicherweise der *Sahelanthropus tchadensis.* Sein Name bedeutet »Sahel-Mensch aus dem Tschad«, wo seine Überreste zuerst gefunden wurden. Er lebte vor etwa sieben Millionen Jahren in Afrika.

Bis zum Auftauchen des *Homo erectus* etwa fünf Millionen Jahre später lebten die frühzeitlichen Menschen *ausschließlich* in Afrika. Das liegt daran, dass einige *Homo erectus* sich bis nach Asien ausbreiteten.

In Afrika hatte sich der *Homo erectus* vor etwa 800 000 Jahren zum *Homo heidelbergensis* weiterentwickelt. Vor etwa 700 000 bis 500 000 Jahren kamen einige *Heidelbergensis* nach Europa. Durch die Anpassung an die kältere Umgebung entwickelten sie sich zu Neandertalern.

Währenddessen hatte sich vor etwa 300 000 Jahren der afrikanische *Heidelbergensis* zu einem moderner aussehenden Vorfahren entwickelt, den einige Wissenschaftler *Homo helmei* nennen. Überreste von *Helmei* wurden in Äthiopien, Kenia und Südafrika gefunden. Ein Schädel, der in der südafrikanischen Fundstätte Florisbad gefunden wurde, ist etwa 250 000 Jahre alt. Vor etwa 150 000 Jahren hatte sich der *Helmei* zum anatomisch moderneren *Sapiens* entwickelt.

In der Wissenschaft ist der *Helmei* noch unter anderen Namen bekannt: Für einige Wissenschaftler ist *Helmei* keine eigene Art, sondern eher eine frühe Form des *Sapiens*. Sie bezeichnen den *Helmei* daher als »spätarchaischen *Homo sapiens*«. Für andere ist auch der *Heidelbergensis* eine frühe Form des *Sapiens*. Sie bezeichnen ihn als »archaischen *Homo sapiens*«.

Für alle diese Wissenschaftler definiert die Größe unseres Gehirns im Verhältnis zur Größe unseres Körpers unsere Menschlichkeit. Die Größe unseres Gehirns nahm rasch zu und erreichte vor etwa 400 000 Jahren – zur Zeit von *Heidelbergensis* und *Helmei* – annähernd den heutigen Stand. Zu diesem Zeitpunkt wurden wir also zum *Sapiens*.

Wieder andere Wissenschaftler sind der Meinung, dass *alle* frühen menschlichen Fossilien, die in Afrika gefunden wurden, als *Sapiens* eingestuft werden sollten, da sich der *Sapiens* in Afrika entwickelt hat. *Sapiens* könnte dann bereits vor 300 000 bis 800 000 Jahren entstanden sein. Vielleicht sogar noch früher. Einige Wissenschaftler gehen davon aus, dass der *Sapiens* vor 500 000 Jahren entstanden ist.

Ein Grund, warum es schwierig ist, den Zeitpunkt des Auftretens genau zu bestimmen, ist, dass die Fossilien des *Sapiens* alle so unterschiedlich aussehen. Jedes Exemplar ist eine einzigartige Mischung aus älteren und moderneren Merkmalen. *Helmei*-Exemplare, die in Jebel Irhoud in Marokko gefunden und auf ein Alter zwischen 350 000 und 160 000 Jahren datiert wurden, haben moderne Gesichtszüge, aber Schädelformen, die eher denen von *Heidelbergensis* ähneln. Anatomisch moderne *Sapiens*-Exemplare, die in der Border-Höhle in Südafrika gefunden wurden und auf die Zeit vor etwa 200 000 Jahren datiert werden, haben moderne Schädelformen, aber Überaugenwülste, die eher denen des Neandertalers ähneln.

Noch verwirrender ist, dass selbst Fossilien, die aus *derselben Zeit* stammen, unterschiedlich aussehen.

Und noch viel verwirrender ist, dass einige jüngere *Sapiens*-Fossilien uns *weniger* ähnlich sehen als ältere. Exemplare, die in dem Höhlenkomplex an der Mündung des Klasies River in Südafrika gefunden wurden und zwischen 110 000 und 60 000 Jahre alt sind, haben Kiefer, die *weniger* wie unsere aussehen als das 160 000 Jahre alte Exemplar aus Herto (Äthiopien). Ein im Osten von Turkana County in Kenia gefundenes Exemplar, das auf die Zeit vor etwa 300 000 Jahren datiert wird, sieht uns viel ähnlicher als der *Helmei*. Es ist schwer zu sagen, wann die Merkmale, die uns ausmachen, entstanden sind.

Eine Erklärung für diese Vielfalt ist, dass im Laufe der Zeit in verschiedenen Teilen Afrikas unterschiedlich aussehende frühe menschliche Populationen lebten, die sich immer wieder vermischten.

Afrika ist groß und weist eine außerordentliche ökologische Vielfalt auf. Frühe menschliche Populationen konnten hier viel leichter leben und wachsen als anderswo. In Europa, wo das Klima gemäßigter ist, gefroren große Gebiete in Kälteperioden, was sie unbewohnbar und unpassierbar für die frühen Menschen machte. Im Gegensatz dazu gab es in Afrika selbst in sehr kalten Perioden immer Orte, an denen die frühen Menschen leben oder durch die sie ziehen konnten.

Frühe menschliche Populationen passten sich an die verschiedenen Umgebungen dieser Orte an und entwickelten so unterschiedliche körperliche Merkmale und Verhaltensweisen. Durch die Ausbreitung und Vermischung wurden diese weitergegeben und führten schließlich zu jenen Merkmalen, die uns ausmachen.

Vor Millionen von Jahren tauchten möglicherweise nicht nur unsere frühesten Vorfahren, sondern auch die ersten Afrikaner auf. Noch bevor sie einen anderen Kontinent erreichten, entwickelten sich diese Afrikaner über Millionen von Jahren körperlich, sozial, kulturell und technologisch. Sie praktizierten alles, was wir heute als wesentlich für die Menschheit ansehen. Sie verehrten Geister, stellten Werkzeuge her und erschufen Kunstwerke. Was wir dank archäologischer Funde entdeckt haben, ist nur ein Bruchteil im Vergleich zu dem, was verloren gegangen ist. Aber wenn man bedenkt, wie lange die Afrikaner schon existieren, wie viele ihrer Populationen in verschiedenen afrikanischen Umgebungen lebten und sich daher unterschiedlich entwickelten, und wie sehr sie nicht nur Gene, sondern auch Ideen, Fähigkeiten und Technologien austauschten, kann man sich leicht vorstellen, wie viele verschiedene Dinge – von Glaubenssystemen bis hin zu Jagdtechniken – sie im Laufe der Zeit hervorbrachten. All das gehört, ob wir davon wissen oder nicht, zur afrikanischen Geschichte. Diese Geschichte begann nicht erst, als die Europäer im Mittelalter Afrika erreichten. Es ist anzunehmen, dass es sich dabei um die älteste, reichste und vielfältigste Geschichte der Erde handelt.

Allerdings haben wir bisher nur eine relativ kleine Menge an unterschiedlichem archäologischem Material aus dieser sehr weit zurückliegenden Vergangenheit gefunden. Um also ein besseres Gefühl dafür zu bekommen, was genau Afrikaner taten, erfanden und erreichten, ist es sinnvoll, sich Beispiele aus der jüngeren Vergangenheit anzusehen.

Von allen afrikanischen Zivilisationen, die ich hätte auswählen können, habe ich mich aus drei Gründen für Mali und Songhai entschieden. Erstens haben ihre Bürger Errungenschaften von Weltklasse hervorgebracht. Gemeinsam haben die Bürger von Mali und Songhai eine Institution geschaffen, die nicht nur damals, sondern auch heute noch geachtet, innovativ und berühmt ist. Zweitens hatten die Handlungen ihrer Bürger und insbesondere die ihrer Herrscher globale Auswirkungen und trugen dazu bei, die Welt für immer zu verändern. Und drittens sind – wie wir gleich sehen werden – mit diesen Herrschern einige der faszinierendsten Geschichten der afrikanischen Geschichte verbunden.

*

Spulen wir vor ins Jahr 1307 n. Chr. in Mali, Westafrika. Das war das Jahr, in dem dieser berühmte König geboren wurde. Sein Name war Kanku Musa Keita. Er gehörte zu den Mandingo – einer der Volksgruppen, die im westlichen Teil der Sahelzone leben. Der Sahel ist die Region zwischen der Sahara im Norden und den Küstenstaaten im Süden. Sein westlicher Teil wird auch als »Sudan« bezeichnet, seine Bewohner als »Sudanesen«.

Musas Großonkel, der Mandingo-Fürst Sundiata Keita, gründete Mali im Jahr 1235. Es war ein riesiges Reich, das sich über das heutige Mali, Mauretanien, Senegal und Guinea erstreckte.

Um es zu errichten, musste Sundiata die Gebiete von Soumaoro Kanté, dem König von Sosso, dem damals mächtigsten Königreich der Sahelzone, erobern.

Nachdem er Kanté besiegt hatte, versammelten sich Sundiata und seine Generäle – die Anführer der anderen im Sudan lebenden Völker – auf einer Ebene namens Kouroukan Fouga. Hier riefen die Generäle Sundiata zum Herrscher aus. Er erarbeitete die erste Verfassung Malis – und eine der frühesten in der Geschichte –, die er nach der Ebene benannte.

Laut al-Maqrizi, einem ägyptischen Historiker aus dem 14. Jahrhundert, wuchs Musa zu einem »jungen Mann mit brauner Haut, einem freundlichen Gesicht und einer guten Figur heran«.[1] 1312 wurde er oberster Herrscher – oder, auf Mandingo –, *Mansa* von Mali, was eher dem Zufall geschuldet war.

Musa erzählte dem syrischen Historiker al-Umari, wie er Herrscher wurde, und dieser schrieb es auf. Musa hatte al-Umari wahrscheinlich 1324 in Kairo, Ägypten, getroffen.

Laut Musa wollte sein Vater Abu Bakr II. wissen, was jenseits des Atlantiks lag. Also stellte er eine Flotte von 400 Booten zusammen. 200 davon wurden mit Seeleuten bemannt, die anderen 200 mit Vorräten an Gold, Lebensmitteln und Wasser gefüllt, die für einige Jahre reichen würden. Er hatte dem Admiral der Flotte befohlen, erst zurückzukehren, wenn sie entweder Land gefunden hatten oder ihnen die Vorräte ausgingen.

Sie machten sich auf den Weg und waren lange Zeit fort. Schließlich kehrte eins der Boote zurück. Bei einer Audienz mit Abu Bakr und seinen Würdenträgern fragte Musa selbst nach, was geschehen war.

Der Kapitän antwortete: »Herr, wir … fuhren lange Zeit, bis wir in der Mitte des Ozeans etwas entdeckten, das aussah wie ein großer, reißender Fluss. Mein Boot war das letzte; alle anderen waren vor mir. Sobald sie diese Stelle erreichten, ertranken [sie] in dem Strudel und kamen nicht mehr heraus. So segelte ich rückwärts, um dieser Strömung zu entkommen.«[2]

Abu Bakr glaubte ihm nicht und beschloss, selbst eine weitere Expedition zu leiten. Er stellte eine Flotte von 3000

Booten zusammen – 2000 für sich und seine Männer, der Rest für die Vorräte. Er ernannte Musa zum Regenten und reiste ab. Er wurde nie wieder gesehen. Einige Wissenschaftler vermuten, dass es ihm gelang, Amerika zu erreichen, und zwar volle 200 Jahre vor Kolumbus.

Musa war sehr gläubig. Wie alle Herrscher Malis seit dem 11. Jahrhundert n. Chr. war er Muslim. Der Islam hatte die westafrikanischen Königreiche etwa im 8. oder 9. Jahrhundert n. Chr. erreicht. Die Handelsrouten, die sich quer durch die Sahara erstreckten, ermöglichten Handel zwischen arabischen und afrikanischen Kaufleuten. Die arabischen Händler brachten nicht nur Waren wie Seide zu ihren afrikanischen Partnern, sondern auch ihre Religion. Um ihre Beziehungen zu den Arabern zu verbessern, übernahmen afrikanische Kaufleute und Herrscher deren Religion.

Vor Musa hatten die malischen Herrscher zwar den Islam zu ihrer Religion gemacht – was ihrer Politik und ihrer Diplomatie mit anderen muslimischen Herrschern zugutekam –, aber sie hatten Mali nicht zu einem muslimischen Staat erklärt. Denn sie hielten, wie alle Malier, an ihren traditionellen Glaubenssystemen fest. Das galt insbesondere für diejenigen, die in erster Linie den Zugang zu den Goldreserven des Reiches kontrollierten. Der Reichtum der malischen Herrscher hing zu einem großen Teil von den Abgaben dieser Minenbesitzer ab. Sie taten alles, um sie nicht zu verprellen. Um sein Ansehen unter den muslimischen Herrschern zu verbessern, machte Musa den Islam also zur offiziellen Religion Malis, doch er setzte ihn nicht fanatisch durch. Wenn die Menschen nicht konvertieren wollten, mussten sie es auch nicht. Außerdem führte er weiterhin traditionelle Mandingo-Rituale durch.

Eines Tages tötete Musa aus Versehen seine Mutter. Wie es dazu kam, ist nicht überliefert. Doch Musa war verzweifelt. Er fühlte, dass er Allah großes Unrecht getan hatte. Er rief seine islamischen Gelehrten zu sich und fragte sie, wie er Allahs Vergebung erlangen könne. Sie sagten ihm, er solle das Grab des Propheten Mohammed in Medina (im heutigen Saudi-Arabien) besuchen und dort dafür beten, dass der Prophet Allah in seinem Namen um Vergebung bitten würde.

Musa wandte sich an den Statthalter von Niani, der Hauptstadt Malis, und bat ihn um Rat, an welchem Tag er am besten seine Pilgerreise nach Mekka beginnen sollte. Musa hatte diese noch nicht vollzogen, dabei ist es für jeden Muslim Pflicht, mindestens einmal im Leben dorthin zu pilgern. Da er ohnehin nach Medina reisen musste, das in der Nähe von Mekka liegt, dachte Musa wohl, dass er genauso gut beide Städte besuchen könnte.

Der Songhai-Gelehrte Mahmud Kati aus dem 15. Jahrhundert liefert uns die Antwort des Statthalters. Die Songhai sind ein Volk, das hauptsächlich im heutigen Niger lebt. Das Songhai-Reich ist nach ihnen benannt. Er sagte: »Du musst deine Reise an einem Samstag beginnen, der auf den zwölften Tag des Monats fällt, dann wirst du nicht eher sterben, ehe du nicht sicher nach Hause zurückgekehrt bist, so Gott will.«[3]

Ein solcher Samstag kam neun Monate später. In der Zwischenzeit rief Musa seine Untertanen dazu auf, so viel für die Reise zu spenden, wie sie konnten.

Musas Pilgerfahrt ging als eine der prunkvollsten in die Geschichte ein, die je unternommen wurde. Er versammelte über 60 000 seiner Untertanen (darunter fünfhundert Diener) und hundert Kamele. Alle diese Untertanen trugen persische Seide und Goldbarren bei sich. Jeder der Diener trug zudem einen Goldstab, der etwa drei Kilo wog. Jedes Kamel trug eine Ladung Gold von etwa 135 Kilo. Musa selbst reiste auf einem Pferd am Ende des Zuges, die 500 Diener direkt vor ihm. Der Zug soll so lang gewesen sein, dass, als Musa schließlich in Niani aufbrach, diejenigen an der Spitze bereits den Hunderte Kilometer entfernten östlichen Teil des Reiches erreicht hatten. Er ordnete an, dass überall dort, wo der Zug an einem Freitag anhielt, eine Moschee gebaut werden solle. Damit wollte er sein und Malis Ansehen in den Königreichen, die er durchquerte, erhöhen.

Im Juli 1324, acht Monate nach ihrem Aufbruch, kamen Musa und sein Zug in Ägypten an. Sie schlugen ihr Lager in der Nähe der Pyramiden von Gizeh auf, das aufgrund seiner schieren Ausmaße Aufsehen erregte. Drei Tage später schickte al-Malik al-Nasir, der Sultan von Ägypten, einen Gesandten, um dem Tross einen Besuch abzustatten.

»So etwas habe ich in meinem ganzen Leben noch nicht gesehen«, sagte der Beamte. »Diese Karawane wetteifert in ihrem Glanz mit der afrikanischen Sonne selbst!«[4] Im Namen seines Sultans lud er die Mandingo ein, in einem Palast in Kairo zu wohnen. Der Historiker al-Maqrizi beschreibt Musas Einzug wie folgt: »Er erschien inmitten seiner Gefährten, prächtig gekleidet und beritten, und umgeben von mehr als 10 000 seiner Untertanen.«[5]

In Kairo versuchte ein anderer Beamter, Musa zu überreden, al-Nasir zu begrüßen. Musa lehnte ab. »Ich bin wegen der Pilgerfahrt gekommen und wegen nichts anderem«, übermittelte er diesem Beamten laut al-Umari über einen Dolmetscher. »Ich möchte nicht das eine mit dem anderen vermischen.«[6] Dies war bloß eine Ausrede. Musa wusste, dass er bei einer Audienz mit dem Sultan den Boden vor ihm und seine Hand küssen musste. Ein Grund für seine große Pilgerreise war die Steigerung seines Ansehens. Er wollte sich keinem anderen Herrscher unterwerfen.

»Ich habe ihn immer wieder angebettelt, und er hat immer wieder Ausflüchte erfunden«, berichtete der Beamte, der al-Umari die Geschichte erzählte. »Aber das Protokoll des Sultans verlangte, dass ich ihn in den königlichen Palast bringe, und so blieb ich an ihm dran, bis er einwilligte.«[7]

Selbst in Anwesenheit von al-Nasir weigerte sich Musa, sich zu unterwerfen. »Wir sagten zu ihm: ›Küsse den Boden‹, aber er weigerte sich und sagte: ›Wie käme ich dazu?‹«, so der Beamte. Da flüsterte ihm ein kluger Mann, der bei ihm war, etwas zu, was wir nicht verstehen konnten, und er sagte: ›Ich verneige mich vor Gott, der mich erschaffen hat!‹ Dann warf er sich nieder und trat dem Sultan entgegen.«[8]

Musas kluger Berater hatte ihm gesagt, er solle nicht den Boden küssen, um sich al-Nasir zu unterwerfen, sondern um sich Allah zu unterwerfen. Da er selbst Muslim war, hätte al-Nasir sicher nichts dagegen einzuwenden. Der Berater behielt recht, der Sultan war tatsächlich nicht beleidigt. »Der Sultan erhob sich halb, um [Musa] zu begrüßen, und lud ihn ein, sich zu ihm zu setzen«, sagte der Beamte. »Sie unterhielten sich lange miteinander, dann … ging Musa hinaus. Der Sultan schickte ihm mehrere komplette Ehrengewänder für ihn selbst, seine Hofbeamten und alle, die mit ihm gekommen waren, und sattelte und zäumte Pferde für ihn und seine wichtigsten Höflinge.«[9]

Die Mandingo blieben drei Monate lang in Kairo und warteten auf den Beginn der muslimischen Pilgerzeit. Verglichen mit der Menge an Geschenken, die Musa den Ägyptern machte, waren al-Nasirs Geschenke nichts. Musa war außerordentlich wohlhabend. Schätzungen zufolge würde sich sein Reichtum heute auf 350 Milliarden Euro belaufen. Zusammen mit anderen Gütern brachte er fünfzehn Tonnen Gold mit. »Er brachte Geschenke und Präsente mit, die das Auge mit ihrer Schönheit und Pracht entzückten«[10], schrieb al-Maqrizi. Viele davon schenkte er den Beamten von al-Nasir. »Er überschwemmte Kairo mit seinen Wohltaten«, berichtete der ägyptische Beamte al-Umari. »[E]r schickte der königlichen Schatzkammer viele Ladungen unbearbeitetes Naturgold und andere Wertgegenstände … Es gab keinen Hofemir oder Inhaber eines königlichen Amtes, den er nicht mit einer Ladung Gold bedachte.«[11]

Die Vielfalt der in Kairo angebotenen Waren erstaunte die Mandingo. Sie kauften üppig ein. Musa war ein großzügiger Trinkgeldgeber. Er verschenkte 20 000 Goldstücke. Zudem kaufte er Eigentum – Häuser, in denen die Mandingo auf ihrem Weg nach Mekka wohnen konnten. Um so viel wie möglich von den Mandingo zu profitieren, erhöhten die Kairoer Händler ihre Preise. »Die Kairoer machten mit [Musa] und seinem Gefolge unerhörte Gewinne durch Kaufen und Verkaufen, Geben und Nehmen«[12], so der ägyptische Beamte gegenüber al-Umari. »In der Tat«, schrieb al-Umari, »haben mir Kairoer Händler von den Gewinnen erzählt, die sie mit den Afrikanern machten, etwa wenn einer von ihnen ein Hemd oder einen Mantel oder ein Gewand oder ein anderes Kleidungsstück für fünf Dinar kaufte, obwohl es nicht einmal einen wert war. Die Mandingos waren so einfach und ehrlich, dass es möglich war, sie zu täuschen.«[13] Musa gab schließlich fast das gesamte Geld aus, das er mitgebracht hatte. Es gelangte so viel Gold in die ägyptische Wirtschaft, dass sein Wert und sein Preis sanken. Die Preise für Waren, die mit

Gold gekauft wurden, schossen in die Höhe. Um sich Geld für seine restliche Reise zu beschaffen, lieh sich Musa große Summen von den reichsten Kaufleuten Kairos. Diese Kaufleute sahen eine weitere Gelegenheit, Profit zu machen, und verlangten von ihm sehr hohe Zinsen. Der Wert des Goldes erholte sich.

Medina und Mekka waren Treffpunkt von einigen der größten islamischen Gelehrten. In beiden Städten rekrutierte Musa begabte Fachleute aus verschiedenen Disziplinen, darunter Gelehrte, Juristen und Baumeister, die ihm bei der weiteren Entwicklung Malis helfen sollten. Zudem kaufte er Tausende von Büchern zu verschiedenen Themen, darunter Medizin und Astronomie.

Während Musas Abwesenheit hatte Saran Mandian, sein oberster General, Mali durch die Eroberung von Gebieten im Osten erweitert. Dazu gehörte auch die bedeutende Stadt Timbuktu. Ursprünglich war sie von einer Amazigh-Frau namens Buktu im 12. Jahrhundert gegründet worden, als Raststätte für Händler und Pilger, die die Sahara durchquerten. Die Amazigh sind ein indigenes Volk in Nordafrika. Buktu gab Timbuktu seinen Namen. In Tamascheq, einer Sprache der Amazigh, bedeutet *tin Buktu* »Buktus Brunnen«. Es war ein Ort, an dem man sich ausruhen konnte und Buktu sich um einen kümmerte. Da Timbuktu günstig in den fruchtbaren Ebenen des Niger gelegen war und über viele umliegende Wasserwege verfügte, auf denen man leicht Waren transportieren konnte, machten viele Menschen dort Rast. Schon bald entwickelte sich die Raststätte zu einem Dorf und später zu einer Stadt. Zu der Zeit, als Saran Mandian die Stadt eroberte, lebten viele sahelische Händler und Gelehrte dort dauerhaft.

In Mekka erfuhr Musa durch einen malischen Boten von Saran Mandians Eroberungen und beschloss, sich auf seinem Rückweg nach Niani einen Eindruck davon zu verschaffen. In Timbuktu veranlasste er verschiedene Arbeiten durch die von ihm angeworbenen Fachleute. So beauftragte er einen andalusischen (also muslimisch-spanischen) Architekten namens al-Sahili mit dem Bau der Moscheen Djinguereber und Sankoré sowie eines Audienzsaals in Niani. Ibn Khaldun, ein arabischer Soziologe aus dem 14. Jahrhundert, schrieb, dieser Saal sei »ein wunderbares Bauwerk«. Er fuhr fort: »[Es war] ein quadratischer Raum, der von einer Kuppel überragt wurde. Er war mit Gips verkleidet und mit Arabesken in schillernden Farben verziert.«[14]

Auf Musas Befehl hin wurden weitere Moscheen und Bibliotheken um Sankoré herum gebaut. Er füllte sie mit Gelehrten und Büchern und machte sie zu Madrasas (Koranschulen). Auf diese Weise schuf er praktisch eine Universität – eine der ersten weltweit. Bei seinem Tod im Jahr 1337 beherbergte Sankoré allein über 25 000 Studenten und verfügte über eine Bibliothek mit 400 000 bis 700 000 Büchern.

Sankoré brachte Ingenieure, Architekten, Richter und Priester von Weltrang hervor. Es gab Austauschprogramme mit bedeutenden Universitäten anderer muslimischer Staaten, darunter Marokko, Tunesien und Ägypten. Auf die gleiche Weise baute Musa weitere Universitäten in Timbuktu auf. Gegen Ende des 14. Jahrhunderts gab es in Timbuktu 180 Madrasas. Die Stadt wurde zu einem der bedeutendsten Bildungszentren in Afrika, der islamischen Welt und der Welt insgesamt.

Als Musa 1325 nach Niani zurückkehrte, zahlte er die gesamte Summe, die er sich von den Kairoer Kaufleuten geliehen hatte, auf einmal zurück, zuzüglich Zinsen. Das Gold überschwemmte erneut den Kairoer Markt, und sein Wert sank drastisch. Der Überfluss an Gold drängte die Geldverleiher aus dem Geschäft und destabilisierte die ägyptische Wirtschaft erneut. Musa war ein Mensch, der so reich war, dass er allein durch Souvenirshopping eine ganze Währung zum Absturz bringen, stabilisieren und wieder abstürzen lassen konnte. Dies betraf nicht nur Ägypten, sondern auch die Goldmärkte im übrigen Afrika, im Nahen Osten und in Europa. Als al-Umari Ägypten über ein Jahrzehnt nach Musas Aufenthalt besuchte, hatte sich die Wirtschaft des Landes noch immer nicht erholt. »Gold hatte in Ägypten einen hohen Preis, bis [1324 die Mandingo] kamen«, schrieb er. »Der *Mithqal* [arabische Goldmünze] sank nie unter 25 *Dirham* [arabische Silbermünze] und lag in der Regel darüber, aber von da an fiel sein Wert, und die Goldmünze wurde billiger und ist es bis heute geblieben. Der *Mithqal* liegt inzwischen bei maximal 22 *Dirham* oder weniger. Dieser Zustand währt nunmehr seit etwa zwölf Jahren, und zwar wegen der großen Menge an Gold, die [die Mandingo] nach Ägypten brachten und dort ausgaben.«[15]

Musas Pilgerfahrt brachte ihm und seinem Reich internationale Bekanntheit ein. Von Nordafrika und Arabien aus verbreitete sich die Nachricht von seinem Reichtum in ganz Europa. Im Jahr 1339 wurde Mali zum ersten Mal auf einer europäischen Landkarte abgebildet. Im Jahr 1375, im Auftrag des französischen Königs Karl V., zeichnete der spanische Kartograph Abraham Cresques den Katalanischen Atlas – eine Weltkarte, auf der er Mali, Musa und Timbuktu verzeichnete. Das ist die einzige Abbildung, die wir vom großen *Mansa* haben. Auf der Karte beschreibt ihn Cresques als »den edelsten und reichsten König im ganzen Land«.[16] Timbuktu wird »Tenbuch« genannt und als »*ciutat de* Melli« (»Stadt in Mali«) beschrieben.[17] Es kursierten Gerüchte, dass in Mali, wie es in einer Quelle heißt, »Goldpflanzen wachsen, deren Goldklumpen wie Karotten geerntet werden«[18]. Die Neugierde wuchs. Im darauffolgenden 15. Jahrhundert versuchten die Europäer, angefangen bei den Portugiesen, auf direktem Wege dorthin zu segeln. Unwissentlich hatte Musa das Zeitalter der europäischen Erkundung Afrikas eingeleitet, das in der kurzen, aber folgenreiche Kolonisierung Afrikas gipfelte.

Jetzt haben wir nicht nur Musas erstaunliche Geschichte gehört, sondern auch einen Eindruck von dem Reichtum, der Kultiviertheit und dem weltweiten Einfluss Musas und der mittelalterlichen Mandingos gewonnen. Musa war, wenngleich außergewöhnlich, nicht der einzige beeindruckende malische Herrscher. Es gibt noch andere, die erwähnenswert sind. Zudem müssen wir uns noch mit ähnlichen Errungenschaften von Songhai und seinen Bewohnern befassen, einschließlich der Entwicklung und Innovation von Timbuktu.

Betrachten wollen wir diese durch die Augen zweier berühmter mittelalterlicher muslimischer Amazigh-Reisender aus Marokko, die all die wunderbaren Dinge, die sie sahen, ausführlich beschrieben. Ihre Namen sind Ibn Battuta, ein Gelehrter, und al-Hasan al-Wazzan, ein Diplomat. Beginnen wir mit dem ersten Reisenden – Battuta –, der Mali 1352, 15 Jahre nach Musas Tod, besuchte.

*

Battuta wurde 1304 in Tanger in Marokko in eine muslimische Juristenfamilie geboren. In Tanger studierte Battuta schließlich ebenfalls Jura. Aufgrund seiner Lage war Tanger kosmopolitisch. An der Kreuzung zwischen dem restlichen Afrika, Europa und Arabien gelegen, kamen dort Menschen unterschiedlichster Berufe, wie Händler und Soldaten, aus all diesen Regionen auf ihrer Durchreise vorbei oder siedelten sich dort an. Der junge Battuta traf deshalb von Kindesbeinen an die halbe Welt und entwickelte ein Interesse für fremde Länder. Sobald er konnte, reiste er von Tanger aus. 1325 unternahm er seine Pilgerreise nach Mekka. Dabei ließ er es nicht bewenden. Bis zu seinem Tod im Jahr 1368 hatte er fast fünfzig der heutigen Länder bereist, darunter die Türkei, Tansania, Indien und China.

Als Battuta in Mali ankam, war dessen *Mansa* der Bruder von Musa, Sulayman. Nach der Rückkehr von seiner Pilgerreise wollte Musa abdanken, seinen Lieblingssohn Magha zum *Mansa* machen und sich in Mekka zur Ruhe setzen. Aber er starb, noch ehe es dazu kam. Magha folgte ihm auf den Thron. Doch nur wenige Jahre später war auch er tot. Die Umstände seines Todes sind bis heute ungeklärt, obwohl gemunkelt wurde, Sulayman habe seinen Neffen getötet. Sicher ist jedoch, dass er seine Nachfolge antrat.

Sulayman war geizig. Er hielt seinen Bruder für verschwenderisch und die berühmte Pilgerreise, die er unternommen hatte, für unnötig kostspielig. »Sulayman ist kein Mann, von dem man ein kostbares Geschenk erwarten kann«[19], schrieb Battuta. Battuta wusste dies aus erster Hand. Eines Tages, als Battuta sich in seinen Gemächern entspannte, platzte einer von Sulaymans Beamten, Ibn al-Faqih, herein.

»Steh auf, hier kommen die Gaben und Geschenke des [*Mansa*] für dich«[20], sagte al-Faqih.

»Ich stand also auf«, schrieb Battuta, »und dachte – da er es ›Gaben‹ genannt hatte –, dass es sich um Ehrengewänder und Geld handelte, doch siehe an, es waren drei Laibe Brot, ein in nativem Öl gebratenes Stück Rindfleisch, und eine Kalebasse [eine große melonenartige Frucht, auch »Flaschenkürbis« genannt] mit saurem Quark. Als ich das sah, brach ich in Gelächter aus und fand es höchst erstaunlich, dass man um eine so dürftige Gabe so viel Aufhebens machte.«[21]

Obwohl er nicht so großzügig war wie sein Bruder, war Sulayman genauso wohlhabend. »Um seinen Hals hängt ein Säbel mit einer goldenen Scheide. Er ist gestiefelt und gespornt [und] hält zwei kurze Speere mit Eisenspitze in der Hand, von denen einer aus Silber, der andere aus Gold besteht«[22], schrieb Battuta.

> An bestimmten Tagen hält [er] Audienzen im Hof des Palastes ab, wo sich unter einem Baum eine Plattform mit drei Stufen befindet. Diese wird »*Pempi*« genannt. Sie ist mit einem Seidenteppich ausgelegt und mit Kissen bedeckt. [Darüber] erhebt sich … eine Art Pavillon aus Seide, der von einem goldenen Vogel von der Größe eines Falken überragt wird. Der [*Mansa*] kommt aus einer Tür in einer Ecke des Palastes und trägt einen Bogen in der Hand und einen Köcher auf dem Rücken [in Mali waren Bögen und Köcher Statussymbole, die die Mitglieder des Adels kennzeichneten]. Auf dem Kopf trägt er eine enganliegende goldene Kopfbedeckung, um die ein goldenes Band gebunden ist, dessen schmale Enden die Form von Messern haben … [Er trägt] eine rote Samt-Tunika aus … europäischen Stoffen … Wenn er den *Pempi* erreicht, bleibt er stehen, blickt sich in der Versammlung um und erklimmt ihn dann in der ruhigen Art eines Predigers, der eine Moschee-Kanzel emporsteigt.[23]

Sulayman besaß mehrere andere Köcher aus Gold und Silber sowie, so schrieb Battuta, »mit Gold verzierte Schwerter mit goldenen Scheiden, goldene und silberne Lanzen und kristallene Streitkolben«.[24]

Sulayman war auch genauso mächtig wie Musa. Als *Mansa* wurde er von seinem Volk verehrt. »Wenn er einen von ihnen zu sich ruft, während er in seinem Pavillon eine Audienz abhält, legt der Gerufene seine Kleider ab und zieht ein altes Gewand an, nimmt seinen Turban ab und setzt eine schmutzige Kopfbedeckung auf und tritt mit zu den Knien hochgezogener Kleidung und Hose ein«, schrieb Battuta.

> Er geht in einer Haltung der Demut und Niedergeschlagenheit vorwärts und klopft mit seinen Ellenbogen hart auf den Boden, dann steht er mit gesenktem Kopf und gebeugtem Rücken da und hört zu, was er zu sagen hat. Wenn jemand den [*Mansa*] anspricht und von ihm eine Antwort erhält, entblößt er seinen Rücken und wirft Staub über seinen Kopf und Rücken … wie ein Badegast, der sich mit Wasser bespritzt. Wenn der [*Mansa*] während seiner Audienz eine Bemerkung macht, nehmen die Anwesenden ihre Turbane ab, legen sie nieder und hören schweigend zu, was er sagt.[25]

Die Mandingo waren nicht nur ehrfürchtig, sondern auch edel und gerecht. »Sie verabscheuen Ungerechtigkeit mehr als jedes andere Volk«, schrieb Battuta.

> Ihr [*Mansa*] zeigt keine Gnade mit jemandem, der sich auch nur der geringsten Tat schuldig gemacht hat. In ihrem

> Land gibt es [deshalb] völlige Sicherheit. Weder Reisende noch Bewohner haben etwas von Räubern oder Gewalttätern zu befürchten. Sie konfiszieren auch nicht das Eigentum eines Fremden, der in ihrem Land stirbt, selbst wenn es sich um unzählige Reichtümer handelt. Im Gegenteil, sie geben es in die Obhut einer vertrauenswürdigen Person unter [den Landsleuten des Ausländers], bis der rechtmäßige Erbe es in Besitz nimmt.[26]

Die Mandingo waren auch sehr fromm. »Sie achten auf die Einhaltung der Gebetszeiten, gehen eifrig in die Gebetshäuser und erziehen ihre Kinder nach dem Glauben«, schrieb Battuta.

> Wenn ein Mann freitags nicht früh in die Moschee geht, findet er ob der Menschenmenge keinen Platz zum Beten mehr. Es ist bei ihnen Brauch, dass jeder Mann seinen Knaben mit seinem Gebetsteppich [zur Moschee] schickt; der Knabe breitet ihn für seinen Herrn an einer ihm angenehmen Stelle aus [und hält den Platz frei], bis er zur Moschee kommt.[27]

Die Mandingo besaßen auch, so schrieb Battuta, »[einen] Eifer, den Koran auswendig zu lernen. Sie legen ihre Kinder in Ketten, wenn sie beim Auswendiglernen Lücken offenbaren, und sie werden nicht eher freigelassen, bis sie ihn vollständig wiederzugeben wissen. Ich besuchte [eines Tages] den *Qadi* [einen islamischen Richter] in seinem Haus. Seine Kinder waren angekettet, und ich sagte zu ihm: ›Willst du sie nicht freilassen?‹ Er antwortete: ›Das werde ich erst tun, wenn sie den Koran auswendig gelernt haben.‹«[28]

Es gab nur einige wenige, unbedeutende Dinge, die Battuta an den Mandingo missfielen. »[Ein] verwerflicher Brauch unter vielen von ihnen ist das Essen von Aas, Hunden und Eseln«, schrieb er. »Außerdem laufen die Dienerinnen, Sklavinnen und jungen Mädchen vor aller Augen nackt herum, ohne auch nur einen Hauch von Kleidung zu tragen. [Selbst] in Gegenwart des [*Mansa*] sind die Frauen nackt und unverhüllt, und auch seine Töchter gehen nackt umher.«[29]

Wahrscheinlich übertreibt Battuta in seiner Schilderung dieser »Nacktheit«. Er war ein Muslim, der womöglich noch strenger war als die Mandingo, für die Frauen, die auch nur ein wenig Haut zeigten, als »nackt« galten.

Battuta hat unser Bild von Mali bereichert. Er hat uns die Pracht des Landes und die bewundernswerten oder faszinierenden Eigenschaften seiner Bewohner nähergebracht. Er hat dazu beigetragen, die Imposanz und Einzigartigkeit der Mandingo-Gesellschaft zu verdeutlichen.

Lassen Sie uns nun 150 Jahre in die Zukunft reisen, um al-Wazzan auf seiner Reise nach und durch Songhai zu begleiten.

*

Vielen ist al-Wazzan besser als »Leo Africanus« bekannt. Im Jahr 1518 kaperten Ritter des Johanniterordens ein Schiff auf dem Weg von der Türkei nach Marokko, auf dem sich al-Wazzan befand. Die Entführer brachten ihn zum damaligen Papst Leo X. nach Rom. Dieser erhoffte sich von dem muslimischen Reisenden nützliche Informationen über seine Feinde, die muslimischen Osmanen. Deshalb ließ er al-Wazzan frei, zahlte ihm ein großzügiges monatliches Stipendium und überredete ihn, sich taufen zu lassen. Im Rahmen der Taufe benannte Papst Leo al-Wazzan nach sich selbst um. Dieser

Umstand sowie seine Reisen nach Afrika und seine berühmten Reiseberichte brachten al-Wazzan seinen Spitznamen ein.

Al-Wazzan wurde 1488 in Granada in Südspanien geboren. Er stammte aus einer wohlhabenden, großbürgerlichen Familie von Staatsdienern. Zum Zeitpunkt seiner Geburt befand sich Südspanien noch unter muslimischer Kontrolle. Die Mauren herrschten bereits seit dem 8. Jahrhundert n. Chr. über weite Teile der iberischen Halbinsel, doch die Christen hatten Südspanien nun fast vollständig zurückerobert. Aus Angst vor religiöser Verfolgung im Falle eines Sieges flohen viele Muslime nach Nordafrika.

So auch al-Wazzans eigene Familie, die kurz nach seiner Geburt nach Fès in Marokko ging und sich dort niederließ. Sie waren kurz vor der Übernahme Granadas durch die Christen aufgebrochen und hatten einen Großteil ihres Besitzes mitnehmen können. Al-Wazzans Vater und Onkel sicherten sich angesehene Posten in der Regierung des marokkanischen Sultans. Sein Vater verdiente zusätzliches Geld, indem er Häuser in der Nähe von Fès kaufte und vermietete.

In Marokko erhielt al-Wazzan eine hervorragende Ausbildung. Er besuchte örtliche Madrasas und anschließend die berühmte Universität von al-Qarawīyīn, eine der ältesten Hochschulen der Welt. Während seines Studiums arbeitete er zwei Jahre lang als Sekretär im Maristan, einer damals bedeutenden psychiatrischen Klinik. Offenbar gehörte es für al-Qarawīyīn-Studenten zum Bestandteil ihrer Ausbildung, eine Zeit lang in der Klinik zu arbeiten. Möglicherweise wollte sich al-Wazzan auch einfach etwas dazuverdienen. Nach seinem Abschluss wurde er Diplomat, wie sein Onkel.

Al-Wazzan besuchte Songhai erstmals um 1510, als er seinen Onkel auf einer diplomatischen Mission begleitete. Das Songhai-Reich wurde im 15. Jahrhundert von zwei Männern gegründet – von Sunni Madawu, dem Herrscher von Gao (einem der von Mali eroberten Gebiete), und seinem Sohn, Sunni Ali. Seit dem Tod von Musa und Sulayman war Mali von Bürgerkriegen heimgesucht worden. Das Land war geschwächt. Einige Amazigh rochen Blut. Sie überfielen und eroberten malische Städte und wichtige Handelsrouten. Das schwächte Mali weiter. Die Herrscher einiger Gebiete rebellierten und erlangten ihre Unabhängigkeit. Dadurch wurde Mali noch weiter geschwächt. Im frühen 15. Jahrhundert griff Sunni Madawu Mali an und besiegte es. Er plünderte Niani. Im späten 15. Jahrhundert eroberte Sunni Ali fast alle unabhängig gewordenen Territorien. Auf diese Weise wurde Songhai gegründet. 1492 starb Ali. Sein Sohn, Sunni Baare, wurde sein Nachfolger.

Doch nur ein Jahr später setzte Muhammad Ture, ein muslimischer Soninke aus Gao und Statthalter von Bandiagara (einer Stadt im Süden Malis), Baare ab und eroberte Songhai. Die Soninke sind ein sudanesisches Volk, das hauptsächlich im heutigen Mali lebt. Wie die Mandingo, mit denen sie verwandt sind, sprechen sie eine Mande-Sprache und werden daher als Mande-Volk betrachtet. Muhammad nahm den Titel *Askia* an und wurde zu Askia Muhammad. Die ursprüngliche Bedeutung von »*askia*« ist im Laufe der Zeit verloren gegangen und unbekannt. Möglicherweise hat der Begriff seinen Ursprung in der Songhai-Sprache.

Songhai, das seit Sunni Alis Eroberungen Timbuktu kontrollierte, war ein mächtiger Staat, der großen Einfluss auf den Transsaharahandel ausübte. Er hatte nicht nur Zugang zu im Ausland gefragten Gütern wie Gold, sondern seine Bürger waren auch eifrige Konsumenten ausländischer Luxusgüter, wie erlesene Stoffe und Bücher. Für ausländische Kaufleute war das Land deshalb ein wichtiger Anlaufpunkt, und für ausländische Könige war es wichtig, sich mit den Songhai gut zu stellen – vor allem, wenn sie aus Ländern kamen, die wie Marokko in das transsaharische Handelsnetz eingebunden waren.

Al-Wazzans Onkel wurde nach Songhai geschickt, um Askia Muhammad im Namen des marokkanischen Sultans zu huldigen und die Beziehungen zu pflegen. Während dieses Besuchs traf Al-Wazzan nicht den großen Herrscher, wohl aber den Statthalter von Timbuktu.

Al-Wazzan gefiel die Stadt so gut, dass er 1512 erneut dorthin reiste, allein, nur zum Vergnügen. Danach reiste er in andere wichtige westafrikanische Städte, darunter Djenné (im Süden Malis), Bornu (in Nigeria) und Agadez (im Niger). »Ich selbst habe fünfzehn [afrikanische] Königreiche gesehen, [aber] es gibt noch viele mehr, die ich zwar nicht mit eigenen Augen gesehen habe, die aber den [Afrikanern] hinreichend bekannt sind und von ihnen besucht werden«[30], schrieb er.

> [In Timbuktu] gibt es eine sehr stattliche Moschee mit Mauern aus Stein und Mörtel und einen prächtigen Palast, der von einem hervorragenden Baumeister aus Granada in Spanien errichtet wurde ... [E]s gibt [auch] viele Geschäfte von Handwerkern und Händlern, insbesondere solche, die Leinen- und Wollstoffe weben. Europäische Stoffe werden von marokkanischen Händlern hergebracht. Die Einwohner sind sehr reich ... Es gibt viele Brunnen, die gutes Wasser liefern ... Es gibt jede Menge Getreide, Vieh, Milch und

> Butter … Der [Herrscher] ist sehr reich und besitzt viele Dinge aus Gold. Er lebt sehr prächtig. Wenn er reist, reitet er auf einem Kamel, das von seinen Edelmännern geführt wird. Auf dieselbe Weise zieht er in den Krieg, während alle seine Soldaten auf Pferden reiten … Es gibt immer 3 000 Reiter, die bereit sind, dem [Herrscher] zu dienen, und [zahlreiche] Fußsoldaten, die vergiftete Pfeile abschießen … Das Volk ist freundlich und glücklich. Sie verbringen den Großteil der Nacht singend und tanzend in den Straßen der Stadt.[31]

Askia Muhammad hatte Timbuktu weiter ausgebaut. Wie Musa war auch er fromm. Er schätzte auch die Gelehrten sehr. Er umgab sich mit ihnen und bat sie um Rat in moralischen und rechtlichen Fragen. »In Timbuktu gibt es viele Lehrer, Richter, Imame und andere gelehrte Männer, die auf Kosten des [Herrschers] leben«[32], schrieb al-Wazzan. Muhammad stiftete die Lehranstalten der Gelehrten und schenkte Sankoré zwei prächtige Koranexemplare. Er steigerte das Ansehen der Gelehrten in Timbuktu noch mehr als Musa es getan hatte. Vor Muhammad hatten die Gelehrten von Timbuktu hauptsächlich Bücher studiert, die aus anderen Zentren der islamischen Gelehrsamkeit wie Kairo importiert worden waren. Unter Muhammad begannen die Gelehrten von Timbuktu jedoch, mehr eigene Werke zu verfassen und diese zu exportieren.

Es ist vor allem Muhammad zu verdanken, dass es eine so umfangreiche Sammlung von Büchern aus Timbuktu gibt. Etwa eine Million Bücher sind erhalten geblieben. Sie stammen aus der Zeit zwischen dem 11. und 20. Jahrhundert und kommen aus allen Teilen der Welt: aus Timbuktu selbst, aus

Nordafrika, dem Irak und Spanien. Es handelt sich um lose Blätter in Holz- oder Lederumschlägen, die aus Europa importiert wurden. Die Tinte, mit der sie geschrieben sind, wurde aus pflanzlichen Farbstoffen gewonnen, hauptsächlich aus Gummi Arabicum. Dieser Tinte wurden gemahlene und verbrannte Hörner und Hufe untergemischt, wodurch die Farben der Tinte stärker leuchteten. Die Bücher sind in einer Vielzahl von Sprachen geschrieben, vorwiegend auf Arabisch. Einige sind in den Songhai-Sprachen geschrieben. Andere in Tamascheq. Sie sind in verschiedenen Gattungen verfasst: Essays, Gedichte, Briefe. Diese decken eine erstaunliche Bandbreite an Themen ab: Medizin, Recht, Philosophie, Grammatik, Kalligraphie. Bei einem Manuskript handelt es sich um einen Roman über das Leben von Alexander dem Großen. Bei einem anderen um einen Essay über die Vorzüge von Hunden. Ein Gedicht aus dem 17. Jahrhundert über den Verzicht auf irdische Begierden zugunsten eines erfüllten Lebens lautet wie folgt:

Renounce this world; you'll be at ease,
Only a fool it seeks to please,
Gather from it only the least,
'Cos at the end, it turns to beast …

The ignorant are deceived by its beauty,
Until he tastes its veiled cruelty …

The joy of this life is followed by misery,
And its charm is brewed with agony.
Like a trip, brief! It never last,
Who yearns for it remains in lust …

Refrain from it! With your body and soul,
Abstain from its amity on the whole.[33]

...

Entsage der Welt – und du wirst dich befreien,
Nur der Tor sucht, sie zu erfreuen,
Nimm nur das Wenigste, was sie dir gibt,
Denn am Ende wird sie zum Biest ...

Der Unwissende wird von ihrer Schönheit betört,
Bis er den Schmerz ihrer verborgenen Grausamkeit spürt ...

Die Freude des Lebens weicht dem Leid,
Und ihr Zauber wird mit Qualen geeint.
Wie eine Reise – kurz! Sie währt nicht lang,
Wer nach ihr strebt, bleibt in Lust gefang' ...

Entsage ihr! Mit Leib und Geiste,
Vermeide ihre Freundschaft in gesamter Weise.

In Timbuktu gehörten Bücher zu den wertvollsten Gegenständen. Sie zu besitzen und zu spenden wurde zum Prestigeträchtigsten, was man tun konnte – sogar noch prestigeträchtiger als die Instandsetzung von Moscheen. Die Gelehrten von Timbuktu waren ausgesprochene Bücherliebhaber. Wenn ein Fremder in die Stadt kam, sprachen sie ihn an und schmeichelten ihm in der Hoffnung, dass er ihnen die Bücher, die er besaß, schenken oder verkaufen würde. »[In Timbuktu] sind handgeschriebene Bücher [aus Nordafrika] ... teurer als jeder andere Handelsartikel«[34], schrieb al-Wazzan.

Die Gelehrten legten umfangreiche Privatbibliotheken an und liehen sich oft gegenseitig Bücher aus. An den Rändern vieler Bücher finden sich Notizen und Kommentare in verschiedenen Handschriften. Bei einigen handelt es sich um ergänzende Informationen zum Haupttext, z. B. Daten oder biografische Details von Personen, die im Text erwähnt werden. Andere sind Überlegungen zu den Argumenten des Textes. Ahmad Baba, ein Gelehrter aus dem 16. Jahrhundert, der mehr als 60 Bücher schrieb, angefangen bei historischen Biografien bis hin zu Grammatiken, besaß 1600 Bücher. »[Und das war] die kleinste Bibliothek unter meinen Verwandten«[35], bemerkte er. Ein anderer Gelehrter aus dem 16. Jahrhundert, al-Wangari, verlieh seine Bücher großzügig an andere und vergaß so oft, sie zurückzufordern, dass er versehentlich fast seine gesamte Bibliothek verschenkte! Heute ist die wohl größte Bibliothek von Manuskripten aus Timbuktu die Mamma-Haidara-Bibliothek in Mali. Sie umfasst 5000 Bücher, die bis ins 16. Jahrhundert zurückreichen. Abdel Kader Haidara, der Gründer dieser Bibliothek, ist ein Nachkomme von Ahmad Baba. Es ist sehr wahrscheinlich, dass einige von Babas eigenen Büchern heute Teil dieser Bibliothek sind. Ein bekanntes sudanesisches Sprichwort besagt: »Salz kommt aus dem Norden, Gold aus dem Süden und Silber aus dem Land der Weißen, aber das Wort Gottes und die Schätze der Weisheit sind nur in Timbuktu zu finden.«[36]

Das mit Abstand am meisten verehrte Buch in Timbuktu war der Koran. Fast jeder Haushalt besaß ein Exemplar, auch wenn die Bewohner noch nicht lesen gelernt hatten. In den Madrasas wurde dieser Text am intensivsten und häufigsten gelehrt. Junge Schüler mussten ihn rezitieren. Zudem wurden sie in seiner Auslegung sowie in islamischem Recht unterrichtet. Wenn sie es sich leisten konnten, besuchten sie anschließend eine Universität wie Sankoré. Das Leben der Studenten drehte sich um die Universitäten oder Moscheen von Sankoré, Djinguereber und Sidi Yahya. Dort vertieften die Studenten ihre Ausbildung in einer Reihe von Fächern, darunter Arabisch, islamisches Recht, verschiedene Wissenschaften und Koranexegese. Um zusätzliches Geld zu verdienen und sich mit den Lehren ihrer Dozenten vertraut zu machen, fertigten sie von Hand Kopien von deren Büchern an. Diese Arbeit galt als wenig angesehen, denn sie brachte kaum Lohn ein und war sehr zeitaufwendig. Je nachdem, wie lang das Buch und wie kompliziert die darin enthaltene Kalligrafie war, konnte ein Schüler mehrere Wochen oder Monate mit dem Abschreiben zubringen. Dennoch brachte diese Übung dem leidenschaftlichen und entschlossenen Schüler einen gewissen Nutzen. Zweifellos fand sich in Timbuktu auch immer irgendwer, der an dem Resultat interessiert war.

Mit diesem Kapitel und den darin enthaltenen Erzählungen habe ich versucht, eine Vorstellung davon zu vermitteln, worum es in diesem Buch im Wesentlichen geht: die außergewöhnliche Bandbreite und Tiefe der afrikanischen Kulturen und Geschichten. Sie reichen bis zu den Anfängen unserer Spezies zurück und werden von verschiedenen Gesellschaften repräsentiert, die sozial, kulturell und wirtschaftlich hoch entwickelt waren und sind. Dies wird deutlich, wenn wir über die letzten 300 Jahre Sklaverei und Kolonialismus sowie deren Auswirkungen auf die modernen afrikanischen Gesellschaften hinausblicken.

Nachdem wir bereits ein wenig die historische Tiefe der afrikanischen Gesellschaften erforscht haben, wollen wir nun einen Blick auf ihre kulturelle Vielfalt in der Moderne werfen.

Betrachten wir vor allem eine Praxis, die zwar uralt, aber für Afrikaner heute noch genauso bedeutsam ist und die, obwohl sie in vielen afrikanischen Kulturen vorkommt, in fast jeder anders gehandhabt wird: die Ahnenverehrung.

2

Die Toten leben weiter

In vielen afrikanischen Kulturen gibt es, ebenso wie hinsichtlich Vergangenheit und Gegenwart, kaum eine Unterscheidung zwischen Lebenden und Toten. Diejenigen, die von uns gegangen sind, leben in gewisser Weise weiter und sind aktiv in unserem Leben präsent. Wenn sie besonders gut gelebt haben, inspirieren sie uns, als wären sie physisch anwesend. In Afrika bleibt die Gemeinschaft bestehen, egal, was geschieht.

Im Juli 2013 war ich mit meiner Familie in der Stadt Abetifi in Ghana zur Beerdigung meines Großvaters. Er war ein Kwahu. Abetifi ist ihre Hauptstadt. Sie liegt in einem Bezirk namens Kwahu. Mein Großvater ist dort geboren und aufgewachsen. Wir übernachteten in seinem Elternhaus. Mein Großvater war zum Katholizismus konvertiert. In Abetifi haben wir sowohl die christlichen als auch die Akan-Begräbnisriten durchgeführt. Mein Großvater wurde in einem Mausoleum unter einer Kirche beigesetzt. In der Kirche haben wir einen Gottesdienst zu seinen Ehren abgehalten. Hinterher kam das Gefolge des *Akyempimhene*, so der Titel des Häuptlings der Akim (eines anderen Akan-Volkes), zu den Stufen der Kirche. Der Häuptling war gekommen, um seine Aufwartung zu machen. Er fungiert oft als Vizekönig, sprich als Vertreter des *Asantehene*. Die Aschanti (auch

Asante) sind eine wichtige ethnische Gruppe der Akan, der auch ich angehöre. Der *Asantehene* ist unser König. Das Gefolge des *Akyempimhene* bestand aus Trompetern, Sängern und Schildträgern. Während des Umzugs machten sie Musik und führten akrobatische Kunststücke auf.

Wir blieben mehrere Tage in Kwahu. In Ghana werden Beerdigungen eine Woche lang zelebriert. An einem der Tage zeigte man mir ein bedeutendes Familienerbstück, das im Haus meines Großvaters stand – es war der Schemel seiner Familie.

Schemel sind bei den Akan die wichtigsten, weitverbreitetsten und erkennbarsten kulturellen Artefakte, und das schon seit etwa 500 Jahren. Sie sind nicht sehr groß – etwa fünfzig Zentimeter breit und dreißig Zentimeter hoch. Sie bestehen aus drei Teilen: einem Sockel, einem Mittelteil (den Beinen) und einer Oberseite (der Sitzfläche). Diese sind aus einem weichen, weißen Holz namens *Osese* gefertigt.

Die Mitte ist oft in Form eines traditionellen Symbols geschnitzt, mit dem ein Sprichwort verbunden ist. Eines der beliebtesten Symbole ist das *Gye Nyame*-Symbol. Nyame ist der Himmelsgott der Akan und die oberste Gottheit. Ein Sprichwort, das mit ihm und damit auch mit seinem Symbol assoziiert wird, lautet: »*Obi nkyere akwadaa Nyame*« (»Niemand lehrt ein Kind etwas über Gott«). Das heißt, dass Gott in unserem Leben allgegenwärtig ist, sodass niemand, nicht einmal ein Kind, über seine Existenz belehrt werden muss.

Je nachdem, für wen sie gemacht sind und wem sie gehören, haben diese Schemel entweder praktische, alltägliche oder heilige, offizielle Funktionen.

Die Hocker der gewöhnlichen Akan werden genau so benutzt, wie man es vermuten würde: Man nimmt darauf

Platz, etwa beim Kochen oder um den Abwasch zu erledigen. Wenn ein Akan einen neuen Lebensabschnitt begeht – z. B. eine Heirat – schenken ihm die Familienmitglieder oftmals einen Hocker, um diesen Anlass zu feiern.

Schemel, die für Akan-Häuptlinge angefertigt werden und ihnen gehören, sind dagegen Symbole ihrer königlichen Autorität. Sie sind Teil ihrer Insignien und werden zur Vereidigung der Nachfolger verwendet. Diese Schemel sind oft größer und aufwendiger verziert als die der einfachen Akan. Wenn ein Akan-Häuptling stirbt, wird sein Schemel mit einer Mischung aus Ruß und Eigelb eingerieben, um den Verstorbenen zu ehren. Die Akan glauben, dass diese »schwarzen Schemel« die Geister der Häuptlinge beherbergen, denen sie gehörten. Sie werden in einem besonderen Raum des Palastes aufbewahrt. Aufgrund ihrer Bedeutung für das oben beschriebene Ritual konnte man im Asante-Reich einst hingerichtet werden, wenn man ein Ei fallen ließ.

Das wichtigste Kulturartefakt der Asante ist der *Sika Dwa Kofi* (»Goldener Stuhl«). Er ist sechsundvierzig Zentimeter hoch und sechzig Zentimeter breit und besteht aus massivem Gold.

Nach der Überlieferung der Asante beschwor Okomfo (»Priester«) Anokye, Berater des Asante-Königs Osei Tutu, der 1701 das Asante-Reich gründete, den Goldenen Stuhl aus einem sturmgepeitschten Himmel herauf. Tutu brauchte ein Symbol, das mehrere ungleiche Akan-Königreiche zu einem einzigen Staat vereinigte und seine Herrschaft über sie bekräftigte.

Im späten 17. Jahrhundert führte Tutu eine Koalition von Akan-Königreichen gegen das damals mächtigste Akan-Königreich – Denkyira – an. Denkyira war durch den Handel mit den Europäern, darunter die Niederländer, reich geworden und tauschte Gold und versklavte Afrikaner gegen Waffen ein. Mit diesen hatten sie andere Akan-Königreiche erobert, von denen sie Tribut forderten. Dazu gehörte auch Kwaman, das Königreich der Asante. Die zunehmende Macht der Denkyira hatte ihre Anführer tyrannisch werden lassen. Ständig erhöhten sie die Tributzahlungen und richteten diejenigen hin, die nicht zahlen konnten.

Als Tutu in den 1680er-Jahren König von Kwaman wurde, hörte er auf, Tribut zu zahlen. Außerdem eroberte er einige der Territorien der Denkyira. Der erzürnte Denkyira-Herrscher Ntim Gyakari verlangte von Tutu Gold, eine Kette aus kostbaren Perlen – ein traditionelles Symbol der Akan für Unterwerfung – und seine Lieblingsehefrau. Tutu weigerte sich. Gyakari erklärte daraufhin Kwaman den Krieg. Tutu rekrutierte Akan-Führer, die ebenfalls genug von Denkyiras Tyrannei hatten.

Im Jahr 1701 schlugen die Truppen von Tutus Koalition die Denkyira und töteten Gyakari. Tutu marschierte in Denkyiras Hauptstadt Abankeseso ein, wo er plünderte und brandschatzte. Dann rief Anokye den Goldenen Stuhl herbei. Inmitten einer jubelnden Menge fiel er Tutu direkt in den Schoß. In afrikanischen Kulturen (wie auch in vielen anderen) verschwimmt die Unterscheidung zwischen Mythos und historischem Fakt, ebenso wie die zwischen Vergangenheit und Gegenwart, Lebenden und Toten.

Der Goldene Stuhl ist die Seele der Asante-Nation. Viele Aschanti glauben, dass er die Seelen der verstorbenen Asante enthält. Er wird in einem geheimen, heiligen Hain aufbewahrt. Er wird immer auf die Seite gelegt, damit die Seelen nicht zu Nyame in den Himmel strömen. Er darf weder angefasst werden noch den Boden berühren. Der Schemel wird wie ein Lebewesen behandelt. Bei Festen im Laufe des Jahres wird er »gefüttert«, das heißt, es werden ihm Opfer dargebracht. Er wird verwendet, um Asante-Könige zu krönen. Dazu heben ihn mehrere andere Akan-Häuptlinge dreimal über dem Schemel in die Höhe. Dabei sagt der Mamponghene, die rechte Hand des Asantehene, jedes Mal: »Wir setzen dich mit unserem vereinten Segen auf den Goldenen Stuhl der Asante.«[1] Wenn er »hungrig« bleibt, aufgestellt oder den Asante entwendet wird, so glaubt man, wird das Volk der Asante sterben.

Der Schemel im Elternhaus meines Großvaters soll die Seelen seiner toten Verwandten enthalten. In ihm leben sie weiter. Als er starb, ging auch seine Seele in ihn ein. Immer wenn ich ihn berührte, spürte ich seine Anwesenheit.

Sehen wir uns noch einige andere Beispiele dafür an, dass in Afrika der Tod nicht das Ende des Lebens ist.

*

Beginnen wir mit den Dagara, einem Volk, das hauptsächlich im Norden Ghanas lebt. Wie wir bei den Dagara (und den anderen Beispielen in diesem Kapitel) sehen werden, können die Toten in afrikanischen Kulturen, in denen sie weiterleben, dies nicht ohne die Hilfe der Mitglieder ihrer Gemeinschaft oder Verwandten tun. In vielen Fällen leben sie nur aufgrund der jahrhundertealten und vielfältigen Bestattungsrituale weiter, die diese Mitglieder nach ihrem Tod durchführen.

Um einen toten Dagara für die Bestattung vorzubereiten, muss der Körper zunächst gereinigt werden. Im Haus des Verstorbenen rasieren ihn die alten Dagara-Frauen mit einem scharfen Messer und reiben ihn mit Pomade – einem Wachs auf Öl- oder Wasserbasis – ein. Dagara-Männer kleiden ihn anschließend in ein reiches, farbenfrohes Kleidungsstück, den Batakari. In Vorbereitung auf ein späteres, wichtiges Ritual biegen und strecken sie seine Gliedmaßen, um die Gelenke zu lockern. Einer der Männer verlässt das Haus. Er weint und jammert laut. Vielleicht spielt er auch auf einem Xylophon oder feuert Schüsse aus einer Waffe ab. Dies geschieht normalerweise, wenn der Verstorbene wichtig oder wohlhabend war. Andere in der Gemeinde erfahren so, dass die Beerdigung bald beginnen wird. Sie fangen ebenfalls an zu weinen und zu klagen.

Dann bringen die anderen Männer den Leichnam des Verstorbenen nach draußen und setzen ihn an das Haus gelehnt ab. Die Ältesten – ranghohe Familienmitglieder des Verstorbenen – rufen den obersten Totengräber herbei. Der Totengräber ist ein Experte für Bestattungsbräuche. Sie geben ihm Äxte, Hacken und Messer, mit denen er und seine Gehilfen das Grab ausheben und den sogenannten Totenstand aufbauen. Währenddessen singen die Trauernden, Musiker spielen auf großen Holz-Xylophonen, und die Angehörigen des Verstorbenen werfen den Totengräbern Geld zu. Dies ist ihre Bezahlung.

Bei dem Stand handelt es sich um eine hölzerne Plattform auf vier langen Pfählen die aus *Dawadawa*-Bäumen gefertigt werden. Darüber errichten die Totengräber einen Baldachin, über dem sie farbenfrohe Tücher ausbreiten. Dann legen die Totengräber den Verstorbenen auf der Plattform ab. Je nachdem welches Geschlecht der oder die Verstorbene hat, muss der Körper auf eine bestimmte Weise positioniert werden. Die vorherige Lockerung der Gelenke erleichtert dies. Männer müssen im Schneidersitz mit Blick nach Osten,

Frauen mit ausgestreckten Beinen und auf dem Schoß gekreuzten Armen mit Blick nach Westen aufgebahrt werden. Dies steht für die unterschiedlichen Rollen von Männern und Frauen in der Dagara-Gesellschaft. Wenn im Osten die Sonne aufgeht, erwacht der Dagara-Mann, steht auf und beginnt mit seiner Feldarbeit. Wenn im Westen die Sonne untergeht, wartet die Dagara-Frau auf die Rückkehr ihres Mannes und bereitet das Essen für ihre Familie zu.

Mehrere Stunden lang bleibt der Leichnam auf der Plattform, während die Trauergesänge und das Xylophonspiel weitergehen. Anschließend stellen sich die Totengräber vor dem Stand auf, wobei einer von ihnen sich mit dem Rücken zum Verstorbenen positioniert. Zwei andere betreten die Plattform, heben die Leiche hoch und legen sie auf die Schultern des ersten Totengräbers. Dieser sprintet daraufhin zu dem ausgehobenen Grab. Die Dagara glauben, dass unbestattete Verstorbene Sterbliche töten können. Sie müssen deshalb schnell unter die Erde gebracht werden. Um zu verhindern, dass die Verstorbenen ihren Kollegen töten, sorgen die anderen Totengräber für Ablenkung, indem sie herumlaufen und schreien.

Wenn er das Grab erreicht, legt der Totengräber den Körper nieder. Aus seinen Taschen nimmt er ein Messer, weißes Stroh und Sheablätter. Diese schützen ihn vor den Angriffen des Verstorbenen. Als Nächstes springt er in das Grab. Die anderen heben den Leichnam an und reichen sie ihm, woraufhin er sie behutsam in die Erde legt. Nun treffen die Verwandten des Verstorbenen ein. Sie inspizieren das Grab. Wenn alles in Ordnung ist, geben sie den Totengräbern das Zeichen, den Leichnam mit Erde zu bedecken.

Nach Abschluss aller Rituale vor der Beerdigung beginnt die Seele des Verstorbenen ihre Reise nach *Dapar* – in die

Geisterwelt. Wie viele andere afrikanische Völker glauben auch die Dagara, dass der Tod lediglich der Übergang eines Menschen von der sichtbaren, physischen Welt in die unsichtbare, spirituelle Welt ist. Wenn sie diesen Übergang vollziehen, gehören sie nicht mehr zu den »Lebenden«, sondern werden zu den »lebenden Toten«. Die Geisterwelt ist nicht von der physischen Welt getrennt. Sie ruht auf ihr, wie ein unsichtbares Tuch auf einem Tisch. In ihrer Natur ist sie fast genauso wie die physische Welt. Alles, was in der physischen Welt existiert, existiert auch in der Geisterwelt. In dieser leben und verhalten sich die lebenden Toten genauso wie in der physischen Welt. Wie die Sterblichen haben sie Sinne und Gefühle. Sie üben sogar weiterhin die Berufe aus, denen sie schon zu Lebzeiten nachgegangen sind. Sie können sowohl untereinander als auch mit ihren physischen, sterblichen Verwandten kommunizieren.

Die Geisterwelt und alles, was sich in ihr befindet, ist für die Lebenden jedoch unsichtbar. Es ist für sie unmöglich, sie zu betreten. Sterbliche sehen die lebenden Toten nur dann, wenn diese sich absichtlich zu erkennen geben. Die einzige Möglichkeit für Sterbliche, in die Geisterwelt einzutreten, besteht darin, zu sterben und begraben zu werden – das heißt, selbst von den Lebenden zu den lebenden Toten überzugehen.

Die Seele des verstorbenen Dagara wandert zunächst in das Reich zwischen der physischen Welt und *Dapar*. Es handelt sich dabei um einen geisterhaften Wald. Getrennt von seinen lebenden Verwandten, aber noch nicht bei den lebenden Toten, ist der verstorbene Dagara ein *nyaakpiin* (»Geist«). Einige lebende Tote sind hierhergereist, um den Verstorbenen zu treffen. Sie binden ihn an einen Baumwipfel. Verstorbene müssen gereinigt werden, bevor sie *Dapar* betreten. Dies geschieht, indem ihre sterblichen Verwandten ein bestimmtes Ritual nach der Beerdigung vollziehen. Dabei werden zwei Arten von Bier für die lebenden Toten gebraut. Das erste ist das *koda tuo* (»bitteres Beerdigungsbier«). Es wird in großen Tontöpfen vor dem Haus des Verstorbenen abgestellt, damit die lebenden Toten es trinken können. Wenn es gebraut ist, binden die lebenden Toten den Verstorbenen vom Baum los und setzen ihn darunter ab. Sie rasieren den Kopf des Verstorbenen und kommen dann, um das *koda tuo* zu trinken. Wird am Tag, nachdem das Bier abgestellt wurde, in einem Topf ein Haar gefunden, gilt dies als Beleg dafür. Drei Wochen später brauen die lebenden Verwandten das *koda maar* (»kühles Beerdigungsbier«). Die lebenden Toten kommen und trinken es ebenfalls, danach geleiten sie den Verstorbenen nach *Dapar*.

Schauen wir uns nun unser zweites Beispiel an – die Kasena, ein Volk, das ebenfalls im heutigen Ghana lebt. Wie bei den Dagara sind es die Rituale, die die lebenden Verwandten der verstorbenen Kasena vollziehen, die es Letzteren ermöglichen, in der Geisterwelt weiterzuleben. In diesem Fall jedoch verwandeln diese Verwandten die verstorbenen Kasena metaphorisch in ein neugeborenes Baby, indem sie die gleichen Rituale wie bei der Geburt eines Kindes vollziehen, damit sie in der Geisterwelt »wiedergeboren« werden können.

Wie bei einem Neugeborenen waschen die Söhne und Brüder den Körper eines toten Kasena-Mannes mit warmem Wasser und Kräutern. (Die einzige Zeit, in der sie dies nicht tun, ist die Regenzeit, da man befürchtet, ein gewaschener Leichnam im Boden könne zu viel Regen verursachen). Dann kleiden sie ihn an. Mit einer schwarzen Schnur binden sie ihm ein schwarzes Tuch namens *kyira-ngwana* (»Geisterseil«) um den Mund. Sie wickeln ihn in eine *sara* – eine Matte aus Elefantengras – und lassen seinen Kopf unbedeckt. Bei toten Kasena-Frauen tun Töchter und Schwestern dasselbe.

Im *lua-songo* (»Bestattungshaus«, d. h. das Haus des Verstorbenen) wird der Leichnam eines verstorbenen Mannes im Zimmer der Witwe oder, wenn er unverheiratet war, im Zimmer der Großmutter aufgebahrt. Er wird auf den Rücken gelegt. Eine weibliche Leiche hingegen wird in das Zimmer der Schwiegermutter oder in ihr eigenes Zimmer gebracht. Sie wird auf die Seite gelegt. Einige Kasena-Familien haben einen besonderen Raum, der für alle Toten bestimmt ist.

Ältere Kasena tragen oft Talismane, die nach ihrem Tod entfernt werden müssen, bevor sie betrauert und beerdigt werden. Zu diesen Talismanen gehören *jom* (»Schutzamulett«) und *tamgom-kwara* (»Hainhorn«). Um sie zu entfernen, führt der *Tigatu* (»Besitzer des Landes«) verschiedene Rituale durch. Für die Entfernung des Horns werden eine frische Kalebasse und ein kleines Huhn benötigt. Der *Tigatu* betritt den Raum, in dem sich der Leichnam befindet, und reibt mehrmals sanft mit dem Huhn darüber – dreimal bei einem Mann, viermal bei einer Frau. Während er dies tut, sagt er »*Kwara kam mo a wora a lia*«. (»Es ist das Horn, das ich entferne.«)[2] Er opfert das Huhn und entfernt den Talisman. Als Bezahlung erhält er ein Schaf und ein Huhn von der Familie des Verstorbenen und geht.

Die männlichen Verwandten des Verstorbenen verlassen ebenfalls das Haus und versammeln sich im *Minchongo* (»Vorgarten«). Wenn ein Baby geboren wird, tun sie das Gleiche, während die Frauen bei der Geburt helfen. Um die Trauerzeit einzuleiten, stellt sich der älteste Bruder oder Sohn des Verstorbenen vor den Kornspeicher und weint. Sobald die Frauen, die drinnen um den Leichnam sitzen, ihn hören, fangen sie ebenfalls an zu weinen. Die Trauerzeit dauert mindestens drei Tage an. Sie kann aber auch Monate oder sogar Jahre dauern.

Wenn es sich um einen männlichen Verstorbenen handelt, singen die Männer drei Tage lang regelmäßig Trauerlieder und führen Kriegstänze auf. Bei Frauen sind es vier Tage. Handelt es sich bei dem Verstorbenen um einen Ältesten, schicken benachbarte Clans Tänzer und Trommler, und die im Haus befindlichen Frauen lachen und singen. In vielen afrikanischen Kulturen wird das Erreichen eines hohen Alters und das damit verbundene erfüllte Leben gefeiert. In der Nähe des Leichnams haben die Frauen einen Topf mit Shea-Nussöl aufgestellt. In regelmäßigen Abständen reiben sie den Verstorbenen damit ein.

In der Zwischenzeit, aufgeschreckt durch das Wehklagen, besuchen die Angehörigen und Freunde des Verstorbenen das Bestattungshaus, erweisen ihm die letzte Ehre und spenden Trost. Das ist der Art und Weise, wie Neugeborene willkommen geheißen werden, nicht unähnlich. Die Besucher halten Reden auf den Verstorbenen, in denen sie von ihrer Beziehung zum Toten erzählen und ihre Gefühle über seinen Tod zum Ausdruck bringen. Den Frauen schenken sie Kolanüsse und Getränke.

Jetzt übernehmen die *kwobia* – die Ältesten der Gemeinschaft – die Beerdigung. Sie fragen die Familie, wo der Tote begraben werden soll. Je nachdem, welchen Status sie im Leben hatten, werden verstorbene Kasena an einem der folgenden vier Orte begraben: im *didongo* (»alte Räume«, d.h.

die Familiengruft), im *kunkolo* (»Hof«), im *naboo* (»Viehhof«) oder auch im Hof vor dem Haus. Normalerweise wird der *songo-tu* (»Hausbesitzer«) im Viehhof, nahe dem Kornspeicher, begraben. Die *diga-tu* (»Oberste Frau des Hauses«) wird normalerweise im Hof begraben.

Von der Familie erhalten die Ältesten zwei Kalebassen, einen Grabstock, eine Hacke und eine Axt. Die Ältesten überreichen diese Utensilien an den obersten *Bajaa* (»Bestattungsexperte«) und bitten ihn, das Grab vorzubereiten. Bestattungsexperte ist, wer in eine Gilde namens *bayaaro* (»Umgang mit den Toten«) aufgenommen wurde. Für den Bajaa stellt es eine Ehre dar, das Grab auszuheben. So, wie eine Hebamme darauf spezialisiert ist, eine Seele aus der Geisterwelt in die Welt der Sterblichen zu bringen, so ist der Bestattungsexperte darauf spezialisiert, sie wieder zurückzubringen.

Zunächst vollzieht der oberste Bestattungsexperte ein bestimmtes Ritual. Dabei bittet er We (den Gott der Kasena), die Erdmutter Katiga (Wes Ehefrau) und die Geister um Erlaubnis, den Verstorbenen in ihrer Nähe zu begraben.

Er legt eine der Kalebassen auf den Boden und ruft zwei seiner Begleiter herbei. Jeder von ihnen trägt Kieselsteine bei sich – drei, wenn der Tote ein Mann ist, vier, wenn es sich um eine Frau handelt.

Sie stellen sich vor die Kalebasse und werfen abwechselnd die Kieselsteine darauf. Wenn alle geworfen haben, hebt der Häuptling die Kalebasse auf. Er hält sie gen Norden, Süden, Osten und Westen und klopft mit ihr auf den Boden – dreimal für einen Mann, viermal für eine Frau. Nach dem letzten Klopfen zieht er mit dem Grabstock einen Kreis um die Kalebasse. Genau an dieser Stelle sollte das Grab ausgehoben werden.

Das Ganze dauert etwa drei Tage. Die Bestattungsexperten legen das Grab in einer besonderen Form an, mit einem schmalen Eingang und einem breiten Raum, sodass es dem Mutterleib ähnelt. Es ist üblich, dass das Grab (bzw. der Leichnam) nie unbeaufsichtigt bleibt. Der mit dem Ausheben des Grabes Beauftragte isst und schläft sogar an der Grabstätte. Oft besuchen ihn Freunde des Verstorbenen und bringen ihm Geschenke.

Sobald er fertig ist, zündet er ein spezielles Pulver an und wirft es in das Grab, um es auszuräuchern. Außerdem ruft er »*boone-yeerem*« (»Hohn dem Loch«). Nach etwa fünf Minuten, wenn sich der Rauch verzogen hat, schließen sich ihm die anderen Anwesenden an. Auch sie schreien und spotten über das Loch. Einer von ihnen sammelt weißes Elefantengras und Asche. Er legt das Gras quer über die Öffnung des Grabes und verstreut die Asche um dieses herum. Das Grab gilt als das neue Zuhause des Verstorbenen, und dieses Ritual soll alle anderen Geister, die es möglicherweise bewohnen, verscheuchen.

Sobald der oberste Bestattungsexperte erfährt, dass das Grab fertig ist, schickt er zwei Begleiter, um die Ältesten zu benachrichtigen. Die Ältesten wiederum informieren die Familie.

Die Familie besichtigt daraufhin das Grab. Wenn sie zufrieden sind, schenken sie dem Experten, der es ausgehoben hat, Erdnüsse, Hühner, Kolanüsse, Tabak und Getränke. Anschließend gehen sie nach Hause, um dem Verstorbenen die letzte Ehre zu erweisen. Die Experten folgen ihnen.

Nun müssen noch jegliche Flüche, die der Verstorbene seinen Kindern zu Lebzeiten auferlegt hat, gebrochen werden. Dies geschieht, damit die Kinder an der Beerdigung teilnehmen können, denn normalerweise können Kinder, deren wütende Eltern sie verflucht haben, nicht daran teilnehmen. Um den Fluch aufzuheben, nimmt einer der Bestattungsexperten ein junges, geschlachtetes Huhn und geht mit dem »verfluchten« Kind zum Körper des Toten. Der Experte sagt: »Es war falsch, dass du deinen Sohn verflucht hast. Dein Vater hat dich nie verflucht oder verjagt oder dich daran gehindert, seine Beerdigung zu begehen, insofern kannst du deinen Sohn nicht durch einen Fluch von deiner Beerdigung fernhalten. Aus diesem Grund ist dein Sohn heute hier: um zu zeigen, dass er einen Vater hat. Hier ist ein Huhn für dich, damit du deinen Fluch zurücknimmst.«[3]

Der Experte legt dem Verstorbenen das Huhn in die Hand, ohne es selbst loszulassen. Dann bittet er das Kind, ebenfalls danach zu greifen und daran zu ziehen. Das Huhn wird in zwei Hälften gerissen. Der Experte hebt die beiden Hälften auf, geht und vergräbt sie.

Wenn er zurückkehrt, wickeln er und die anderen Anwesenden den Leichnam in eine weitere Matte ein. Auf dem Weg zur Grabstätte tragen sie den Leichnam mit dem Kopf voran aus dem Haus, genau wie ein Baby bei der Geburt. Die Familie, Tänzer und Trommler folgen ihnen. Die Ältesten bleiben zurück.

Wenn sie die Grabstätte erreichen, gehen alle bis auf die Familie und die Experten.

Die Experten legen die Leiche neben das Grab, der Kopf zeigt Richtung Loch. Ein Experte steht im Grab. Ein anderer hebt den Leichnam an und lässt ihn mit den Füßen voran zu ihm hinab. Es ist, als würde der Verstorbene in Katigas Schoß zurückkehren.

Der Experte im Grab bringt den Körper in Fötusstellung

(Männer werden nach Osten, Frauen nach Westen ausgerichtet) und klettert hinaus. Ein letztes Mal begutachtet die Familie das Grab. Wenn sie einverstanden ist, betritt der Experte es erneut, entfernt die äußere Matte und löst das Geisterseil. Er legt das Seil und die Schnur vor dem Leichnam ab. Wenn er wieder herausgeklettert ist, bedecken er und die anderen Anwesenden den Toten mit Tonscherben und Erde. Wenn Trockenzeit ist, verbrennen sie die äußere Matte. Wenn Regenzeit ist, vergraben sie sie in einem Tal.

Auf dem Friedhof waschen sich die Experten, die den Leichnam getragen und die Bestattung durchgeführt haben. Zwei gehen zu den Ältesten, um ihnen mitzuteilen, dass alle Aufgaben erledigt sind. Die Ältesten danken den Experten und überreichen ihnen noch mehr Geschenke: Tabak, Hacken, Hirse und Erdnüsse.

Wenn die Familie nach Hause zurückkehrt, wird sie von den Ältesten gefragt, ob noch etwas zu tun ist. Wenn die Antwort nein lautet, verabschieden sie sich und gehen.

Die Frauen und die Trauernden, die nicht zur unmittelbaren Familie gehören, gehen hinein. Die Trauernden haben selbstgekochtes Essen mitgebracht. Für die Familie des Verstorbenen ist es verboten, während der Trauerzeit zu kochen. Die männlichen Familienmitglieder gehen zurück in den Vorgarten. Wenn die verstorbene Person männlich war, trauern sie, wie bereits erwähnt, drei Tage lang. Vier, wenn es eine Frau war.

Wir haben einen ersten Eindruck davon bekommen, wie in Afrika die Toten auf unterschiedliche Weise weiterleben. Bei den Akan werden sie zu Geistern in Schemeln. Für die Dagara leben sie in der Geisterwelt *Dapar* weiter. Für die Kasena werden sie in der Geisterwelt wiedergeboren.

Darüber hinaus ist es möglich, dass sterbliche Verwandte mit ihnen kommunizieren, sie um Rat fragen und sie sogar in die physische Welt zurückholen, damit sie ihnen helfen, wie wir gleich sehen werden.

*

Konzentrieren wir uns hierfür zunächst auf die Yoruba, ein Volk, das hauptsächlich in Nigeria lebt. Ihre lebenden toten Verwandten wieder in die Welt der Sterblichen aufzunehmen, ist ein wesentlicher Bestandteil ihrer Beziehung zu ihnen. Sie glauben an *atunwa* (»Reinkarnation«). Ein Kind, das kurz nach dem Tod eines Yoruba geboren wird, gilt als dessen Reinkarnation. Insbesondere, wenn das Kind dasselbe Geschlecht hat wie der oder die Verstorbene. Die Familie bestätigt diese Reinkarnation, indem sie nach Ähnlichkeiten zwischen dem neuen Kind und dem verstorbenen Verwandten sucht – zum Beispiel nach einer ähnlichen Narbe an einer ähnlichen Stelle oder, bei etwas älteren Kindern, nach der Erinnerung an Ereignisse, die nur der Verstorbene erlebt hat. Solche Kinder erhalten Namen wie Babatunde (»der Vater ist wiedergekommen«) oder Sehinde (»wiedergekommen«).

Bei den Yoruba gibt es ein bedeutendes Fest, das eigens dazu dient, gezielt wichtige Vorfahren wiederauferstehen lassen. Dieses Fest wird *Egungun* genannt. Auf Yoruba bedeutet *Egun* »Ahn«. Das Fest findet einmal im Jahr statt, irgendwann zwischen Juli und Dezember, und dauert zwei Wochen.

Die Ahnen sind eine besondere Art von lebenden Toten. Viele Afrikaner glauben, dass eine Hierarchie von unsichtbaren und sichtbaren Wesen das Universum bewohnt. An der Spitze dieser Hierarchie steht Gott. Gott ist allwissend, allmächtig und der Schöpfer von allem anderen im Universum.

Der Gott der Yoruba ist Olodumare. Unter Gott stehen etwas weniger mächtige Gottheiten. Diese wachen über Aspekte des menschlichen Daseins wie Krieg, Liebe und Krankheit. Sie ähneln den Gottheiten im alten Ägypten, Griechenland oder Mesopotamien. Unter ihnen stehen die Ahnen. Dann gibt es die lebenden Toten. Dann die Sterblichen, die Tiere, die Pflanzen und die Mineralien der Erde.

Um nach dem Tod ein Ahne zu werden, muss eine Person entweder ein vorbildliches oder außergewöhnliches Leben geführt haben. In Afrika, wo Familie und Gemeinschaft von größter Bedeutung sind, bedeutet dies, dass man auf eine Weise gehandelt hat, die beiden zugutekam. Das Absolvieren von Ritualen, die wichtige Lebensübergänge wie Pubertät und Heirat markieren, ist von zentraler Bedeutung. Solche Rituale sind ein wichtiger Teil der Tradition, die von den Gründern der Gemeinschaft geschaffen und weitergegeben wurde. Sie zu vollziehen ist ein Zeichen des Respekts gegenüber den Gründern und der Gemeinschaft. Zudem wird die jüngere Generation dazu ermutigt, diesem Beispiel zu folgen. Dies sichert das Überleben der Tradition und damit der Gemeinschaft. Aus diesem Grund muss eine Person bis ins hohe Alter gelebt haben, um Ahne zu werden. Bei älteren Menschen ist die Wahrscheinlichkeit höher, dass sie diese Rituale bereits begangen haben.

Kinder zu haben, ist ebenfalls wichtig. Dadurch erhöht sich die Zahl der Menschen, die einen Beitrag zur Gemeinschaft leisten. Genauso wichtig ist es, dass man sich zu Lebzeiten sozial verhalten hat. Damit ist z. B. gemeint, dass man andere respektiert, freundlich zu ihnen ist und ihnen hilft. Außerdem sollte man Laster meiden wie Klatsch und Tratsch, Glücksspiel, Verbrechen und Diebstahl.

Es gibt sowohl persönliche als auch gemeinschaftliche Ahnen. Erstere sind Vorfahren der Kernfamilie. Beispielsweise ein Vater oder eine Großmutter. Zweitere gelten als Vorfahren eines ganzen Clans oder einer ethnischen Gruppe. Oft lebten und starben diese zu einer längst vergessenen Zeit.

Die *Orisha* – Gottheiten der Yoruba – waren einst persönliche Ahnen und wurden später zu Ahnen der gesamten Gemeinschaft. Aus historischer Sicht handelte es sich dabei um besonders fähige und hoch angesehene Herrscher, Krieger oder Heiler. Ihre Nachkommen schätzten sie so sehr, dass sie begannen, sie als Gottheiten zu betrachten. Aus mythologischer Sicht starben die *Orisha* nicht wie gewöhnliche Menschen. Sie begaben sich durch eine Höhle direkt in den *Orunrere* (»Himmel«) oder verwandelten sich in Steinskulpturen. Dadurch wurde ihr Status als Gottheit besiegelt.

Nach dem Glauben der Yoruba helfen die *Orisha* bei der Erschaffung der Menschen.

Für die Yoruba besteht der Mensch aus drei Teilen: *Ara* (»Körper«), *Emi* (»Lebenskraft« oder »Atem«) und *Ori* (»Persönlichkeit«).

Von diesen drei Elementen ist das *Ori* wohl das Wichtigste. Mitunter wird es von den Yoruba auch »innerer Kopf« genannt und als ein Kopf innerhalb des physischen Kopfes imaginiert. Für sie ist der Kopf, der vier von fünf Sinnen beherbergt, der wichtigste Teil des Körpers. Das *Ori* bestimmt die Persönlichkeit eines Menschen und den Verlauf seines Lebens. Mit anderen Worten: Das *Ori*, das eine Person von dem *Orisha* erhält, bestimmt darüber, was sie sehen und tun wird und wie glücklich, reich oder erfolgreich sie sein wird. Bisweilen sehen die Yoruba darin eine Art Schutzengel, der seinen Träger dazu anleitet, Entscheidungen zu treffen, die ihn zu seinem Schicksal führen. Es gibt *Ori*, die ein tragisches Schicksal in sich tragen, aber eine herausragende Persönlichkeit besitzen.

Für die Yoruba zählt Letzteres weit mehr und kann seinem Besitzer helfen, Ersteres zu überwinden. Ein vom Pech verfolgter, aber fleißiger, freundlicher und respektvoller Mensch kann viel mehr erreichen als ein vom Glück gesegneter, aber fauler, gieriger und unhöflicher Mensch.

Bevor ein Mensch geboren wird, erschafft Obatala, der *Orisha* des Friedens und der Reinheit, dessen *Ara*. Olodumare, der Obatala diese Aufgabe übertragen hat, haucht ihm *Emi* ein. Die Person wird dann in eine Werkstatt geschickt, in der Hunderte von *Ori*, die Kopfskulpturen ähneln, reihenweise in den Regalen stehen.

Diese Werkstatt gehört dem *Orisha* Ajala. Anders als bei den meisten *Orisha* haben die Yoruba wenig Ehrfurcht vor ihm. Er ist ein geschickter Handwerker, der *Ori* herstellt. Aber er ist auch faul, nachlässig, ein wenig feige, ständig verschuldet und ein Trunkenbold. Optisch sind die *Ori*, die er erschafft, nicht voneinander zu unterscheiden. Einige bescheren ihren Besitzern jedoch großartige Schicksale, die sie zu Glück, Ruhm und Reichtum führen. Andere, nun ja, bewirken das Gegenteil. Nur Ajala kann den Unterschied erkennen.

Doch wenn die Person seine Werkstatt betritt, ist Ajala nirgends zu sehen. Normalerweise versteckt er sich in den Dachsparren vor seinen Gläubigern. Er macht keine Anstalten, der Person bei der Auswahl ihres *Ori* zu helfen. Die einzige Möglichkeit, ihn zum Runterkommen zu bewegen, besteht darin, ihm anzubieten, seine Schulden zu bezahlen. Wenn die Person ihr *Ori* gewählt hat, wird ihr Schicksal enthüllt. Jetzt kann sie die Entscheidung nicht mehr ändern.

Gemeinsam gehen sie daraufhin zum Tor zwischen Himmel und Erde. Dort teilen sie dem Torwächter das Schicksal mit, das die Person gewählt hat. Dieser besiegelt es und führt die Person durchs Tor, woraufhin sie in die Welt geboren wird. Dabei vergisst sie völlig, was ihr Schicksal für sie bereithält.

Als afrikanische Völker kommunizieren wir oft mit unseren Vorfahren. Der Tod trennt nicht die Beziehungen, die wir zu unseren verstorbenen Verwandten haben. Die lebenden Toten nehmen weiterhin an unserem Leben teil, genauso wie die Lebenden. In vielen Fällen können wir mit ihnen sprechen und tun dies auch, als wären sie noch Teil der physischen Welt.

»Du, [Vater], dein jüngerer [Verwandter] ist krank«, sagt beispielsweise ein Suku-Älterer am Grab seines Vaters. Die Suku sind ein Volk im Kongo. »Wir wissen nicht warum, wir wissen nicht, wer dafür verantwortlich ist. Wenn du es bist, der zornig ist, bitten wir um Vergebung. Wenn wir Unrecht getan haben, verzeih uns. Lass ihn nicht sterben. Andere Linien gedeihen, und unser Volk stirbt … Warum kümmerst du dich nicht richtig um uns?«[4]

Wir treten oft mit unseren Ahnen in Kontakt, weil wir ihre Hilfe brauchen. Wir wenden uns eher an sie als an andere lebende Tote, weil wir sie am meisten respektieren. Sie sind die perfekten Vorbilder für unsere Gesellschaft. Außerdem sind sie von allen Wesen der Geisterwelt am ehesten in der Lage, uns zu helfen. Göttliche Wesen sind oft unnahbar. Sie kümmern sich nicht um die belanglosen Sorgen der Sterblichen. Wir wagen es nicht, uns den Göttern zu nähern, weil sie so mächtig und temperamentvoll sind. Die Ahnen sind viel zugänglicher und sympathischer. Sie stehen den Gottheiten in der universellen Hierarchie nahe genug, um einige ihrer mystischen Kräfte erhalten zu haben. Die Ahnen sind einflussreicher als die gewöhnlichen lebenden Toten. Sie können diese Kräfte zu unserem Nutzen einsetzen.

Oder zu unserer Zerstörung. Nur Ahnen, die wir ehren, sind bereit, uns zu helfen. Ansonsten bestrafen sie uns. Diese Ehrung ist auch als Ahnenverehrung bekannt. Sie ist die Grundlage unserer Beziehung zu unseren Vorfahren. Zur Ahnenverehrung gehört, dass wir unsere Vorfahren so oft wie möglich auf verschiedene Weise beschwichtigen. Zum Beispiel indem wir ihre Ruhestätte pflegen. Oder ihnen an diesem Ort Opfergaben darbringen, darunter Lebensmittel wie Honig, Früchte und Kolanüsse, aber auch Alkohol. Oder, insbesondere was die Ahnen der Gemeinschaft angeht, indem wir Feste zu ihren Ehren veranstalten.

Üblicherweise wird die Verehrung durch die Durchführung eines Trankopferrituals praktiziert. Dabei wird ein alkoholisches Getränk auf den Boden geschüttet, während ein Gebet zu Ehren der Ahnen gesprochen wird.

»Höchster Gott, Größter von allen, auf den sich die Menschen stützen und nicht fallen, nimm diesen Wein und trinke«, heißt es in einem Trankopfergebet der Akan. »Erdgöttin, deren Tag der Anbetung der Donnerstag ist, empfange diesen Wein und trinke. Geister unserer Ahnen, nehmt diesen Wein und trinkt.«[5]

Wenn wir unsere Vorfahren verehren, segnen sie uns. Sie bescheren uns Glück und Wohlstand. Sie erhöhen die Niederschläge und unsere Ernteerträge. Sie lenken die Umstände zu unseren Gunsten, sodass wir unsere Ziele erreichen können. Sie halten uns bei guter Gesundheit. Sie machen uns glücklich. Sie erscheinen uns in unseren Träumen oder als bestimmte Tierarten, z.B. Vögel, und geben uns Rat und Orientierung.

Werden sie hingegen ignoriert, verfluchen sie uns. Oft nicht aktiv. Sie entziehen uns einfach ihren Segen und Schutz. Dann verlässt uns das Glück. Wir werden krank. Wir leiden unter Dürren und Hungersnöten.

Die Mbeere, ein Volk in Kenia, glauben, dass ihre Vorfahren, die *Ngoma* (»Schatten«) genannt werden, ihnen aktiv schaden, wenn sie vernachlässigt werden. *Die Ngoma* sind wie Schatten. Sie sind nicht greifbar. Es ist unmöglich, sie einzufangen. Auch wenn man sie jagt, bleiben sie immer unerreichbar. Man sagt, sie leben in Naturformationen außerhalb menschlicher Siedlungen, wie Bergen, Wäldern, Flüssen und Höhlen. Bei Tageslicht verbergen sie sich an diesen Orten. In der Nacht besuchen sie ihre lebenden Verwandten, von denen sie sich vernachlässigt fühlen. Man weiß, dass ein *Ngoma* in der Nähe ist, wenn man aus heiterem Himmel einen gespenstischen Gesang hört. Die *Ngoma* machen die nachlässigen Lebenden krank. Oder erdrosseln sie. Oder töten ihr Vieh.

Um zornige *Ngoma* zu besänftigen, führen die Mbeere ein Trankopfer durch. Sie schütten Bier aus, zuerst um ihr Haus herum und dann hinaus zum Rand der Siedlung. Die *Ngoma* werden durch dieses alkoholische Opfer besänftigt. Außerdem werden sie dabei aus dem betroffenen Haus zurück in ihre natürliche Behausung geführt und hören auf, ihre Nachkommen zu behelligen.

Egungun – das bereits erwähnte Reinkarnationsfest der Yoruba – dient der Verehrung der Ahnen der Gemeinschaft. Es beginnt damit, dass der *Egungun*-Kult einen geschickten Tänzer auswählt. Dieser Kult besteht ausschließlich aus Männern. Sie sind für die Durchführung des Festes verantwortlich.

Indem der Tänzer ein spezielles Kostüm namens *Eku* anzieht, verwandelt er sich, so glauben die Yoruba, in den Vorfahren. Das Kostüm bedeckt ihn dabei von Kopf bis Fuß und besteht aus Stoff und Leder. Es ist farbenfroh gestaltet und kann blau, weiß oder gelb sein. Der Überlieferung zufolge bevorzugen die Ahnen bestimmte Farben. Shango, der *Orisha* des Krieges, mag Rot, während Orunmila, der *Orisha* der Weisheit, Weiß präferiert. Das *Eku* wird außerdem mit Perlen, Muscheln und Tierschädeln verziert, die an Metalldrähten baumeln. Je schöner das Kostüm und je präsenter die Lieblingsfarben des Ahnen sind, desto glücklicher ist er. Und je glücklicher der Ahne ist, desto mehr Segen wird er der Gemeinschaft spenden.

Die Kultmitglieder bezahlen den Tänzer entweder mit Geld oder Stoffen. An Schreinen oder in heiligen Hainen veranstalten die Kultführer ein Fest, das die ganze Nacht andauert. Der Tänzer ist ebenfalls anwesend. Sie singen. Sie rezitieren Beschwörungsformeln. Sie schenken Trankopfer mit Gin aus. Unter Umständen opfern sie ein Tier, zum Beispiel eine Ziege. Der Tänzer kann das Blut mit den Füßen berühren oder es trinken. Auf diese Weise heißen sie den Ahn aus der Geisterwelt in unserer Welt willkommen.

Sobald der Tänzer das Kostüm trägt, hört er – im Verständnis der Yoruba – auf, er selbst zu sein und wird zu einem leeren Gefäß, das der Ahn betritt. Nun *ist* er für die Yoruba der Ahn. Einige der vorherigen Rituale wurden zu seinem Schutz vollzogen. Denn die Yoruba glauben, dass er ohne sie sterben würde, wenn der Geist des Ahnen in ihn einfährt. Das Kostüm stellt somit nicht nur ein Tor zwischen der physischen und der Geisterwelt dar. In ihm befinden sich laut den Yoruba auch die Geister der Ahnen. Für sie ist es heilig, mächtig und gefährlich. Es darf nur für *Egungun* verwendet werden. Wenn es gerade nicht im Einsatz ist, wird es in einem Schrein aufbewahrt. Wie der Goldene Stuhl wird auch das Kostüm wie eine lebende Person gepflegt. Es wird mit dem Blut von rituell geopferten Tieren »gefüttert«. Ziegen, Hähne und Tauben werden dafür aufgeschlitzt. Ihr Blut wird auf das Kostüm gegossen. Die Ahnen werden besänftigt. Die spirituelle Kraft des Kostüms wird erneuert.

Der Ahn (bzw. der Tänzer) verlässt daraufhin den Hain oder Schrein und tanzt in die Stadt. Die Kultführer sowie Trommler, singende Frauen und Kinder folgen ihm. Wenn der Ahn den Platz erreicht, führt er vor der Menge einen Tanz auf. Seine Bewegungen sind anmutig – mühelose, fließende Schritte, durchbrochen von kraftvollen Impulsen.

Am letzten Tag des Festes wird der Ahn in die Geisterwelt zurückgeführt. In der Abenddämmerung führen ihn die Kultmitglieder durch die Stadt und singen Abschiedslieder. Sie begeben sich zum Hain. Dort werden erneut ähnliche Rituale wie zu Beginn des Festes abgehalten. Für die Yoruba kehrt der Ahn dort in die Geisterwelt zurück und die »Verwandlung« des Tänzers wird rückgängig gemacht.

Allein durch ihre bloße Existenz in der physischen Welt helfen Ahnen ihren Nachkommen. Ihre Anwesenheit hält Unglück, Gefahr und böse Absichten fern. Einige bieten einen aktiveren Schutz. Sie nehmen an Ritualen teil, die dazu beitragen sollen, die Gemeinschaft von Hexerei und Krankheiten zu befreien. Sie fungieren als Richter, um Streitigkeiten in der Familie oder der Gemeinschaft zu schlichten. Sie rezitieren Sprichwörter, um diejenigen zu verspotten und zu warnen, die sich unsozial verhalten haben. Sie sorgen für das Wohlergehen der Yoruba.

Wir haben einen Eindruck von der Bedeutung bekommen, die Ahnen im afrikanischen Kontext haben, wie Afrikaner mit ihnen in Beziehung stehen und kommunizieren und was Ahnen und ihre sterblichen Verwandten füreinander tun.

Ich habe bereits erwähnt, wie jemand durch ein vorbildliches Leben zu einem Ahn werden kann. Als Nächstes möchte ich auf ein spezielles, überaus faszinierendes Beispiel dafür eingehen. Faszinierend deshalb, weil es so aktuell ist und weil es zeigt, dass Menschen afrikanischer Abstammung überall auf der Welt, auch wenn sie nicht in einer rein afrikanischen Kultur aufgewachsen sind, einen ausgeprägten Sinn für die Ahnenverehrung haben.

*

Der amerikanische Schauspieler Chadwick Boseman stellte amerikanische und insbesondere afroamerikanische Ahnen wie den Musiker James Brown dar. Als er starb, wurde er selbst auch als Ahn betrachtet. Das lag zum großen Teil daran, wie erfolgreich er diese Vorfahren gespielt hatte, und an seiner Entschlossenheit, Afrikaner nicht nur als Opfer darzustellen. Aber es lag auch an seiner Persönlichkeit – seiner Tatkraft, Beharrlichkeit und Bescheidenheit –, die viele bewunderten. Boseman stammte unter anderem von den Yoruba ab. Und ganz offensichtlich hatte er sich einen guten *Ori* ausgesucht.

Chadwick Aaron Boseman wurde am 29. November 1976 in Anderson, South Carolina geboren. Seine Mutter war Krankenschwester, sein Vater arbeitete in einer Textilfabrik. Er hatte nie vor, Schauspieler zu werden.

Seine erste Liebe galt der Kunst. Er zeichnete viel und wollte Architekt werden. Später träumte er davon, Basketballer zu werden. Er war sogar so gut darin, dass die College-Trainer bereit waren, ihm ein Stipendium zu geben. Vielleicht hätte er es eines Tages womöglich in die Profiliga NBA geschafft.

Doch einer seiner Schulkameraden wurde erschossen. Boseman war verzweifelt. Um seine Trauer zu verarbeiten, schrieb und inszenierte er ein Stück namens *Crossroads*. Dabei wurde ihm klar, dass er Geschichten erzählen wollte. »Ich hatte einfach das Gefühl, dass das eine Art Berufung war«, sagte er. »Plötzlich war Basketball nicht mehr so wichtig.«[6]

Boseman bewarb sich an der Howard University, einer traditionell afroamerikanischen Universität, und studierte Regie. Er tauchte in die afroamerikanische und afrikanische Geschichte und Kultur ein. Er begegnete Afrikanern aus aller Welt und arbeitete in einer afrikanischen Buchhandlung. Gemeinsam mit einem Freund flog er nach Ghana – seine erste Afrikareise –, wo sie an traditionellen Ritualen teilnahmen. Später bezeichnete er dies als »eine der bedeutendsten Erfahrungen meines Lebens«.[7] »An einem historisch schwarzen College bekommt man ein Bewusstsein für all das – für unser kulturelles Erbe«, erklärte Boseman. »Angefangen bei John Coltrane über James Baldwin bis hin zu *Black Panther*.«[8]

Manchmal hat Boseman geschauspielert. Aber nur, weil er glaubte, dadurch ein besserer Regisseur zu werden. »Ich fand es wichtig, die Arbeitsprozesse der Schauspieler zu verstehen, damit ich sie besser anleiten konnte«[9], so Boseman.

Doch Phylicia Rashad, seine Schauspiellehrerin, erkannte sein Talent und überredete ihn, die Schauspielerei ernsthaft zu verfolgen. Rashad ist vor allem für ihre Rolle der Claire Huxtable in der Sitcom *Die Cosby Show* aus den 1980er- und 90er-Jahren bekannt. Sie erzählte Boseman vom »Midsummer in Oxford«-Programm der British American Drama Academy. Dabei beschäftigen sich amerikanische Studenten einen Monat lang an der Universität Oxford mit britischem Theater. Das war eine wunderbare Gelegenheit. Doch aus Angst vor einer Ablehnung zögerte Boseman zunächst, sich zu bewerben. Nur dank Rashads Unterstützung tat er es schließlich doch. »Im Grunde hat sie mich überredet, für das Programm vorzusprechen«[10], erzählte er später.

Zusammen mit einigen Klassenkameraden wurde Boseman angenommen. Sie hatten sich allerdings beim Budget verkalkuliert. Rashad, seine Lehrerin, erinnert sich: »›Wir wollten Ihnen mitteilen, dass wir vorgesprochen haben … und angenommen wurden!‹. ›Das ist ja großartig!‹, erwiderte ich, doch sie meinten nur: ›Aber wir werden nicht hinfahren.‹ Ich fragte: ›Warum nicht?‹, worauf sie antworteten: ›Weil wir kein Geld haben. Wir können es uns nicht leisten.‹ Da gab ich zurück: ›Ihr werdet fahren. Packt eure Koffer und macht euch bereit.‹«[11]

Sie griff zum Telefon, rief einige Leute an und trieb das nötige Geld auf. »Im Wesentlichen hat sie ein paar prominente Freunde dazu gebracht, für uns zu bezahlen«[12], sagte Boseman. Später verriet Boseman, dass sein Sponsor der Hollywood-Star Denzel Washington war. Als Washington den Life Achievement Award des American Film Institute für sein Lebenswerk erhielt, würdigte Boseman ihn in seiner Laudatio: »Stellen Sie sich vor, Sie erhalten einen Brief, in dem Ihnen mitgeteilt wird, dass Ihre Studiengebühren für diesen Sommer bezahlt wurden und dass Ihr Wohltäter niemand

Geringerer ist als der tollste Schauspieler der Welt … Es gibt keinen *Black Panther* ohne Denzel Washington.«[13]

In Oxford beschäftigte sich Boseman mit Dramatikern wie William Shakespeare, Samuel Beckett und Harold Pinter und entdeckte seine Leidenschaft für die Schauspielerei. »Als ich zurückkam, hatte ich das Gefühl: ›Jetzt weiß ich, was es bedeutet, Schauspieler zu sein. Es gibt einen Unterschied dazwischen, etwas sein zu können und etwas zu *sein.*‹«[14]

Nach seinem Abschluss an der Howard University zog Boseman nach New York und tat praktisch nichts anderes als zu schreiben, Regie zu führen und für Theaterstücke vorzusprechen. Seine Familie und Freunde sah er kaum noch. Jedes Projekt, an dem er arbeitete, musste bedeutsam sein. »Denn so hat alles angefangen«[15], sagte er.

Seine Karriere nahm Fahrt auf. Seine Stücke wurden inszeniert. Er bekam Aufträge als Regisseur. In dem ersten Stück, für das er vorsprach, bekam er die Hauptrolle. Seine Leistung brachte ihm einen Agenten ein – Michael Greene. Greene verhalf ihm zu seinem ersten Engagement beim Fernsehen in der Seifenoper *All My Children.* »Ich hatte einen Lauf«, erzählt Boseman. »Mit diesem Auftritt würde ich sechsstellig verdienen. Mehr Geld, als ich je gesehen hatte.«[16]

Doch als er das Drehbuch erhielt, war Boseman darüber nicht sehr glücklich. »Die Rolle reproduzierte zunächst nicht unbedingt rassistische Stereotype«, sagte er. »Ein junger Mann in seinen prägenden Jahren mit einem Hang zur Gewalt gerät in die Fänge einer Gang. Das ist die wahre Geschichte von jemandem … Aber dann war ich hin- und hergerissen, weil die Rolle bestimmte Annahmen über uns Schwarze bediente … Es gab kaum einen Anflug von Positivem oder Talent in der Figur, kaum einen Anflug von Hoffnung … Die Howard University hatte mir ein gewisses Maß an Stolz eingeflößt, und für meinen Geschmack wurde diese Rolle diesem Anspruch nicht gerecht.«[17]

An seinem dritten Tag riefen zwei Produzenten Boseman in ihr Büro. Er hatte bereits zwei Folgen gedreht. Sie sagten, sie seien von seiner Leistung begeistert und hofften, er würde weitermachen. Wenn er irgendetwas bräuchte, solle er einfach fragen.

»Wo ist der Vater [meiner Figur]?«, fragte Boseman.

»Naja, er hat die Familie verlassen, da war die Figur noch jünger«, antwortete einer der Produzenten.

»Okay«, sagte Boseman. »Im Drehbuch wird angedeutet, dass die Mutter [meiner Figur] nicht imstande ist, eine gute Mutter zu sein. Wieso genau sollten [sein] kleiner Bruder und [er] in eine Pflegefamilie gehen?«

»Sie ist natürlich heroinabhängig«, erklärte derselbe Produzent.

»Wenn sämtliche Schwarze Figuren in der Serie kriminell, drogenabhängig und Rabeneltern sind, dann wäre das vermutlich ziemlich klischeehaft, oder?«

Stille erfüllte den Raum. Der Produzent, mit dem Boseman gesprochen hatte, nahm seinen Lebenslauf und betrachtete ihn aufmerksam.

Die andere Produzentin lächelte unbeholfen. Dann sagte sie: »Wie Sie gesehen haben, geht hier alles ziemlich schnell voran. Aber wir sind gerne bereit, Sie mit den Autoren zu vernetzen, wenn Sie Vorschläge haben.«

»Das wäre super«, sagte Boseman. »Mir war nicht klar, ob ihr schon alle Details festgelegt habt, aber vielleicht gibt es ja ein paar Dinge, die wir uns einfallen lassen könnten, ein Talent oder eine Begabung, die wir aufbauen könnten. Meine

Figur könnte zum Beispiel richtig gut in Mathe sein oder so. Irgendwas, was ihn aktiver erscheinen lässt. Ich tue mein Bestes, damit die Figur nicht wie ein Opfer rüberkommt …«

»Sie waren also an der Howard University?«, fragte der Produzent mit seinem Lebenslauf.

»Ja«, erwiderte Boseman.

»Vielen Dank für die Anmerkungen«, sagte er und legte den Lebenslauf wieder in die Schublade seines Schreibtischs. »Wir behalten Sie im Auge.«

Boseman verließ das Büro, drehte die Folge für den Tag ab und ging dann nach Hause.

Am nächsten Tag wurde er entlassen.

»Sie haben sich für einen anderen Weg entschieden«[18], erklärte ihm sein Agent Greene.

Gerüchte machten die Runde, Boseman sei »schwierig«. Während seine Drehbücher gelobt wurden und er häufig als Regisseur angefragt wurde, blieben die Schauspielrollen aus. Es würde eine ganze Weile dauern, berichtete Greene, bis er wieder eine bekommen würde.

Aber Boseman gab nicht auf. Er zog nach Los Angeles und bekam kleine Rollen in Fernsehserien wie *Law & Order*, *CSI: NY* und *Cold Case*. Zehn Jahre vergingen, und er fühlte sich seinem großen Durchbruch noch immer nicht näher. »Bei jedem Pilotfilm, für den ich mich beworben habe, lief es nach demselben Muster ab: Ich sprach vor, und dann bekam jemand anderes die Rolle«, so Boseman. »Aus irgendeinem Grund ging ich immer leer aus.«[19]

Eines Abends war Boseman mit ein paar Freunden in einer New Yorker Bar. Sie tranken, unterhielten sich und sahen sich die Baseball World Series im Fernsehen an. Gerade war die Laufzeit eines Stücks an einem Off-Broadway-

Theater zu Ende gegangen, bei dem Boseman Regie geführt hatte, und nun feierten er und seine Kollegen nebenan.

Kurz zuvor hatte er für eine Rolle in *Django Unchained* vorgesprochen. Er hatte sie zwar nicht bekommen, aber der Casting-Direktor hatte seinen Namen an Brian Helgeland weitergegeben, einen Filmemacher, der an einem Jackie-Robinson-Biopic arbeitete. Über seinen Agenten Greene erfuhr Boseman, dass Helgeland ihn kennenlernen wolle.

»Am Ende traf ich Brian … und ich glaube, wir haben uns deshalb so gut verstanden, weil wir einen ähnlichen Arbeitsstil haben«, sagte Boseman. »Er erzählte mir, warum er den Film machen wollte – unser Treffen dauerte etwa eine Stunde, aber ich maß dem keine große Bedeutung bei. Man hat ständig Vorsprechen, bei denen man denkt, dass man die Rolle bekommt und dann bekommt man sie nicht, insofern rechnete ich mir keine allzu großen Chancen aus.«[20] Auch von Greene hatte Boseman nichts gehört, was ihm einen Hinweis darauf hätte geben können, wie das Vorsprechen gelaufen war. »Niemand hat mich angerufen. Niemand hat mir etwas gesagt«, erzählte Boseman. »Ich hatte mich zu 100 Prozent darauf eingelassen, aber es gab keinen Grund für mich zu glauben, dass ich gut gewesen war.«[21]

Doch irgendetwas hatte sich bei dem Vorstellungsgespräch einfach richtig angefühlt. »Die Cardinals spielten gegen die Texas Rangers«, erinnerte sich Boseman. »Ich sah den Cardinals beim Feiern zu, und ich hatte das Gefühl, dass ich die Rolle bekommen würde. Ich stupste einen Freund an und sagte: ›Hey, ich glaube, ich werde die Rolle des Jackie Robinson bekommen.‹ Er fragte: ›Was, meinst du das ernst?‹ Und ich antwortete: ›Ja, ich habe gerade dafür vorgesprochen, als ich in L.A. war.‹ Er wandte sich zu meinem anderen

Freund und sagte: ›Lass uns darauf anstoßen.‹ Also stießen wir auf die Rolle an, noch bevor ich sie tatsächlich bekommen hatte.«[22]

In der darauffolgenden Woche, als Boseman wieder in L. A. war, klingelte sein Telefon.

»Ich will nur wissen, ob du Jackie Robinson spielen willst«[23], sagte Helgeland.

»Was soll das heißen?«[24], fragte Boseman.

Er dachte, Helgeland wolle ihn testen – nach dem Motto, wenn er die Rolle wirklich haben wolle, müsse er sich noch ein wenig mehr anstrengen. Der Form halber lud Helgeland ihn zu einem zweiten Vorsprechen ein. »Bei diesem Treffen stellte ich erneut fest, dass unsere Arbeitsstile gut zusammenpassen«, so Boseman. »Ich machte das Baseball-Probetraining, und der Rest ist Geschichte.«[25]

Der Film *42* machte Boseman zum Star. Er wurde als Schauspieler bekannt, der die komplexen Charaktere afroamerikanischer Ikonen gekonnt darstellen konnte. Als der Regisseur Tate Taylor einen Hauptdarsteller für sein James-Brown-Biopic suchte, war Boseman seine erste Wahl. »Ich sagte: ›Ich brauche verflucht nochmal den besten Schauspieler, den ich finden kann‹«[26], so Taylor. Man habe ihn unter Druck gesetzt, die Rolle mit einem Rapper zu besetzen – »der übliche Angeberscheiß«, sagte er. »[Aber] ich hatte einfach so eine Vorahnung [bei Boseman]. Und seine Performance war top.«[27] Danach spielte Boseman Thurgood Marshall, den ersten afroamerikanischen Richter am Supreme Court der USA. Damit wurde sein Ruf als Ikonen-Interpret gefestigt. »Bei manchen Projekten … haben wir riesige Castings veranstaltet, bei denen wir uns buchstäblich Tausende Leute für eine Rolle angesehen haben«, berichtete Sarah Halley Finn,

Casting-Direktorin bei Marvel. »Aber als es um die Besetzung von *Black Panther* ging, war die Entscheidung einfach. Wir waren uns alle sofort einig, dass [Chadwick] die richtige Besetzung für die Rolle war.«[28]

Boseman hatte sich schon länger für die Rolle des Superhelden interessiert. Seit 2012 führte er ein Tagebuch mit Notizen über ihn. »Als Schauspieler … läuft man herum und sagt: ›Hey, ich könnte diesen oder jenen Typen spielen, ich könnte diese oder jene Art von Film oder Geschichte machen‹«, so Boseman. »Insofern war Black Panther auf meinem Radar als Traum, als etwas, das cool wäre, und wovon ich Fan war. Aber es war nie etwas, das so sehr in meinem Bewusstsein war, dass ich es als etwas ansah, das ich tatsächlich tun würde.«[29]

2014 war Boseman in Australien, um *Gods of Egypt* zu drehen. Der Film war in die Kritik geraten, weil nur wenige Rollen mit afrikanischen Schauspielern besetzt wurden. Boseman war derselben Meinung gewesen, weshalb er sich bereit erklärt hatte, Thot, den Gott des Schreibens, der Magie und der Weisheit zu spielen.

Am Set lernte er einen Bodyguard namens Charles Carter kennen. Sie waren sich auf Anhieb sympathisch und stellten fest, dass sie sich beide für Kampfsport, insbesondere Boxen interessierten, und wurden schnell gute Freunde.

Eines Tages fragte Carter, ein begeisterter Comic-Fan, Boseman, was er über *Black Panther* wisse. Nicht viel, sagte Boseman. Damit war das Gespräch auch schon beendet.

Doch als Boseman zu seinem Wohnwagen zurückkehrte, sah er ein Originalexemplar der Erstausgabe von *Black Panther* von 1977, das Carter als Kind gekauft hatte. Darauf hatte Carter notiert: »Du wirst die Rolle kriegen.«[30]

»Wenn sie jemals einen Black-Panther-Film machen, wird dieses Comicheft eine Menge wert sein«[31], sagte Boseman später zu Carter.

»Nein, das ist ein Glücksbringer, der dich für immer begleiten soll«, sagte Carter. »Vergiss mich nur nicht, wenn du erstmal ein Superstar bist!«[32]

»Es gab keinerlei Anzeichen dafür, dass Marvel überhaupt einen Black-Panther-Film plante oder [Black Panther] überhaupt in das [Marvel-]Universum aufnehmen würde«, erinnerte sich Boseman. »[Aber] es wurde etwas, das in meinem Kopf Gestalt annahm: ›Vielleicht könnte es eines Tages wahr werden.‹ So fing ich an, mehr über die Figur zu recherchieren.«[33]

Später im selben Jahr war Boseman in Zürich auf dem roten Teppich für *Get On Up* – den James-Brown-Film. Da bekam er einen Anruf von Greene. »›Marvel will mit dir sprechen‹, hörte ich am anderen Ende der Leitung. ›Wirklich?‹, fragte ich ungläubig. ›Ja‹, bestätigte Greene. ›Ich bin gerade auf dem roten Teppich.‹ ›Tja, dann sieh zu, dass du vom roten Teppich runterkommst, denn die wollen mit dir reden.‹ Das Kuriose an diesem Anruf war, dass ich bis zu diesem Tag nicht mal einen internationalen Tarif für mein Handy hatte«, so Boseman.[34] »Aber an diesem Tag war ich morgens aufgewacht und irgendetwas – ich schätze, Gott – sagte mir: ›Du brauchst einen internationalen Tarif für dein Telefon. Man weiß ja nie, wer dich anrufen könnte‹, und ich habe noch am selben Tag einen eingerichtet.«[35]

Nachdem er über den roten Teppich gelaufen war, stieg er in ein Auto, um den Anruf entgegenzunehmen. »Marvel tat sehr geheimnisvoll«[36], erinnerte sich Boseman später. »›Hey, wir haben gehört, dass Sie an einer bestimmten Figur interessiert sind‹, sagte der Marvel-Vertreter, während Boseman herumgefahren wurde. ›Wenn es die Figur ist, von der wir glauben, dass sie Sie interessiert, hätten Sie dann Lust, sie zu spielen?‹«[37]

Boseman war fassungslos. Er war grundsätzlich eher zurückhaltend und redete nicht viel. Er hatte nie öffentlich über seinen Wunsch gesprochen, die Rolle zu übernehmen. »›Gehört? Von wem?‹, entgegnete er. ›Also falls es die Figur ist, von der ich annehme, dass Sie sie meinen, dann: Ja. Mir ist alles recht.‹«, antwortete Boseman, der dieses Angebot im Nachhinein für eine fast schon unheimliche Fügung des Schicksals hielt. »Es gibt da diese Casting-Direktorin namens Sarah [Halley] Finn, und ich glaube, sie hatte irgendwie das richtige Gespür.«[38] Noch seltsamer war, was dann geschah: Während Boseman telefonierte, hielt das Auto vor einem Antiquariat, und im Schaufenster standen Pantherstatuen.

Nachdem Marvel *Black Panther* angekündigt und Boseman diese Geschichte erzählt hatte, sprachen Journalisten Charles Carter an. Doch er lehnte Interviewanfragen ab. »Ich bin natürlich nicht verantwortlich für Chad und *Black Panther*«, sagte er. »Das ist allein das Verdienst von Chad – seines Könnens, seiner Schönheit und seines unglaublichen Talents. Ich wollte nicht, dass er denkt, ich würde versuchen, die Lorbeeren einzuheimsen, nur weil ich ihm ein Geschenk gemacht habe.«[39]

Neun Tage vor der Premiere von *Black Panther* schrieb Boseman eine SMS an Carter. »Ich weiß, es ist etwas kurzfristig«, sagte er, »aber die Tickets für die Premiere sind schwer zu bekommen, selbst für mich. Falls du am 29. November zufällig an der Westküste bist, habe ich eins für dich.«[40] Glücklicherweise hatte Carter gerade einen Auftrag in Las Vegas. Er besuchte die Premiere in L. A. und die anschließende After-Show-Party, wo er Bosemans Familie und die anderen Darsteller traf.

Bei der Vorbereitung auf seine Rolle als T'Challa aka Black Panther bat Boseman als Erstes seinen Vater darum, einen DNA-Test zu machen. »Bei AfricanAncestry.com können sie einem genau sagen, von welcher ethnischen Gruppe man abstammt, und nicht nur, aus welchem Land«[41], so Boseman. Er erfuhr, dass er nicht nur Yoruba ist, sondern auch von den Limba und den Mende abstammt – beides Völker, die vor allem in Sierra Leone leben. Zudem ergab der Test, dass er von den Jola abstammt, einem Volk aus u. a. Guinea-Bissau »Einer der Schlüsselmomente, als ich die Hauptrolle in *Black Panther* bekam, war, dass ich ein Gefühl für meine Herkunft bekam«[42], sagte Boseman. »Alle Afroamerikaner, sofern sie nicht eine direkte Verbindung zu Afrika haben, wurden von dieser Vergangenheit abgeschnitten. Es gibt Dinge, die sich nicht mehr zurückverfolgen lassen. Man war ein Produkt, wurde verkauft. Es ist also sehr schwierig, als Afroamerikaner eine direkte Verbindung zu Afrika herzustellen. Diese Suche ist zu einem Teil meines Lebens geworden. All diese Themen waren also schon da, als ich die Rolle bekam.«[43]

Boseman und der Regisseur des Films, Ryan Coogler, unternahmen Rechercheireisen nach Afrika, die sie unter anderem nach Südafrika, in den Binnenstaat Lesotho und nach Kenia führte. »Wir mussten dem Film eine afrikanische Authentizität verleihen«, so Boseman. »In meinem Fall hieß das: Ich bin Yoruba, was ist das Besondere daran? Außerdem bin ich Limba. Was bedeutet das für mich? Und wie kann ich das in den Film einbringen? Denn man kann all das in Wakanda

– diesen fiktiven Ort, an dem alles spielt – einfließen lassen … Er enthält Verweise auf Südafrika. Auf die Dogon in Mali. All das waren Ryans Recherchen, meine Recherchen, die Recherchen der Filmdesigner und von allen, die in dem Film mitspielten. Jeder hat sich etwas herausgepickt, das ihm gefiel, und hat es in den Film eingebracht.«[44]

In Kapstadt gab ein Straßenmusiker Boseman den Namen Mxolisi, was »Friedensstifter« auf Xhosa bedeutet – einer alten, traditionellen Sprache, die in Südafrika weit verbreitet ist. »Ich glaube, er wollte damit sagen: ›Ich weiß, dass du als Afroamerikaner von der Kultur und den Traditionen deiner Vorfahren entkoppelt bist. Das ist meine Art, dich wieder willkommen zu heißen‹«[45], so Boseman.

»[Chad und ich] sprachen oft über unsere Herkunft und darüber, was es bedeutet, Afrikaner zu sein«, so Coogler. »Während der Dreharbeiten trafen wir uns im Büro oder in meinem Mietshaus in Atlanta, um den Text zu besprechen und Möglichkeiten, wie wir jeder Szene mehr Tiefe verleihen konnten. Wir sprachen über Kostüme, militärische Praktiken … Chad wog jede Entscheidung, jede Wahl, nicht nur im Hinblick darauf ab, wie sie sich auf ihn selbst auswirkte, sondern auch welches Bild sie insgesamt vermittelte … Er sagte zu mir: ›Die Wakandaner müssen während der Krönungszeremonien tanzen. Wenn sie nur mit Speeren dastehen, was unterscheidet sie dann von den Römern?‹«[46]

Shaka (König der Zulu), Patrice Lumumba (ehemaliger Premierminister der Demokratischen Republik Kongo), Nelson Mandela, Fela Kuti (der Vater des modernen Afrobeats), die Kriegsführung der Massai, die Praktiken der *Babalawo* (Sammelbegriff für traditionelle Priester und Heiler der Yoruba), das Dambe-Boxen, der Stockkampf der Zulu, das angolanische *Capoeira* (Kampftanz), die südafrikanische Sprache Xhosa und ein südafrikanischer Akzent sind nur einige der Elemente, die Boseman in die Figur von T'Challa und das Königreich Wakanda einfließen ließ. Für ihn waren vor allem die letzten beiden Aspekte wichtig, um die Wakandaner als ein eindeutig afrikanisches Volk darzustellen, das nie von den Europäern erobert worden war. »Da war ich hartnäckig«, so Boseman. »Ich hatte das Gefühl, dass wir den Film auf gar keinen Fall ohne Akzent machen konnten. Aber ich musste Marvel erst davon überzeugen, dass wir nicht davor zurückscheuen sollten. Mein Argument war, dass sich die Ohren des Publikums in den ersten fünf Minuten schon daran gewöhnen würden – mit Untertiteln oder anderen Hilfsmitteln – und dann, so glaubte ich, wären sie in der Lage, dem Film genauso problemlos zu folgen, wie wenn darin ein irischer Akzent oder der Londoner Cockney-Dialekt vorkommen würde.«[47]

Am Filmset von *The First Avenger: Civil War* – dem MCU (Marvel-Cinematic-Universe), in dem T'Challa erstmals auftritt – bat Boseman den südafrikanischen Schauspieler John Kani, ihm etwas Xhosa beizubringen. Kani spielte T'Chaka, T'Challas Vater. Bei den Dreharbeiten spielten sie spontan eine komplette Szene auf Xhosa. Da Boseman bewiesen hatte, dass er sich die Sprache schnell aneignen konnte, stimmte Marvel ihrer Verwendung zu. Genau diese Aufnahme veranlasste Coogler dazu, später bei *Black Panther* Regie zu führen. »Ich werde nie vergessen, wie ich in einem Redaktionsraum auf dem Disney-Gelände saß und mir [Chads] Szenen ansah«, so Coogler. »Seine erste mit Scarlett Johansson als Black Widow und dann mit … John Kani … In diesem Moment wusste ich, dass ich [*Black Panther*] machen wollte. Nachdem Scarletts Figur gegangen war, begannen Chad und John sich auf einer Sprache zu unterhalten, die ich noch nie zuvor gehört hatte. Sie klang vertraut, voll von denselben Klick- und Schnalzlauten, die ich von Schwarzen Kindern in den USA kannte … Aber sie hatte eine Musikalität, die sich uralt, kraftvoll und afrikanisch anfühlte.«[48]

Boseman ahnte, welche Strahlkraft *Black Panther* haben würde. »›Die wissen gar nicht, was da auf sie zukommt. Das hier ist *Star Wars*, das ist *Herr der Ringe*, aber für uns … nur noch eine Nummer größer!‹, sagte [Chad] zu mir, als wir gerade damit kämpften, eine dramatische Szene fertigzustellen, die sich ewig hinzog und teure Überstunden kostete«, so Coogler. »Oder während er von Kopf bis Fuß mit Body Paint bedeckt war und seine eigenen Stunts machte. Oder sich in eiskaltes Wasser und auf Schaumstoffmatten stürzte. Ich habe genickt und gelächelt, aber ihm nicht geglaubt. Ich hatte keine Ahnung, ob der Film funktionieren würde, und war mir nicht sicher, ob ich wusste, was ich da tat. Aber rückblickend wird mir klar, dass Chad etwas wusste, was wir damals noch nicht wussten. Er dachte langfristig. Und währenddessen hat er jede Menge Arbeit reingesteckt. Und wie er geackert hat.«[49] Zu sagen, dass Boseman ein engagierter Schauspieler war, ist noch untertrieben. »Er war unglaublich detailverliebt und hat sich monatelang [auf *Black Panther*] vorbereitet und sein Training während der gesamten Dreharbeiten fortgesetzt«[50], so Halley Finn. Für *Get On Up* arbeitete Boseman mit einem Tanzlehrer zusammen – acht Stunden pro Tag. Er hatte nur sechs Wochen Zeit, um sämtliche Tanzschritte des »Godfather of Soul« James Brown zu lernen. Selbst wenn ich mit Freunden unterwegs war und mich unterhielt, bewegte ich mich«[51], sagte er. »[Bei *42*] habe ich einige Takes 50 Mal gemacht. Bei *Get On Up* kam es schon mal vor, dass ich 96 Mal am Tag einen Spagat gemacht habe. Aber ich habe nicht aufgegeben.«[52]

»Wir alle wussten, dass [*Black Panther*] einzigartig war«, sagte Boseman. »Man denkt nicht unbedingt: ›Vermassel das bloß nicht‹, sondern eher positiv nach dem Motto: ›Nutze es. Genieße es.‹ … Aus dieser Sache werden bestimmt andere Dinge entstehen.«[53] An den Kinokassen weltweit spielte *Black Panther* 1,3 Milliarden Dollar ein. Er wurde für sieben Oscars nominiert, unter anderem in der Kategorie »Bester Film«, und gewann drei – für die beste Musik, die beste Produktion und das beste Kostümdesign.

Chadwick Boseman starb am 28. August 2020 an Dickdarmkrebs. 2016 war die Krankheit diagnostiziert worden. Er wurde 43 alt.

Die Nachricht schockierte alle. Nicht nur, dass Boseman noch recht jung war, es wusste auch kaum jemand, dass er überhaupt krank war oder dass er während der Dreharbeiten zu Filmen wie *Black Panther* gegen die Krankheit gekämpft hatte. »[Chadwick] hat euch viele der Filme gebracht, die ihr so sehr lieben gelernt habt«, heißt es in einem Statement auf seinem X-Account. »Von *Marshall* bis *Da 5 Bloods … Ma Rainey's Black Bottom* und einige mehr, all diese Filme wurden während und zwischen unzähligen Operationen und Chemotherapien gedreht. Es war die Ehre seiner Karriere, König T'Challa in *Black Panther* zum Leben zu erwecken.«[54]

Fans, Kollegen und sogar Politiker zollten ihm ihren Respekt. ABC brachte eine Sondersendung über Bosemans Leben. In den sozialen Medien wurden Bilder von Kindern geteilt, die neben ihren Black-Panther-Actionfiguren den Wakanda-Gruß zeigen. Ebenso wurden Bilder und Clips der

Szene aus *Black Panther* geteilt, in der T'Challa die Ahnen in der Geisterwelt besucht und mit dem kurz zuvor verstorbenen T'Chaka spricht. In vielen Bildunterschriften hieß es, Boseman sei zu den Ahnen hinabgestiegen und selbst zu einem von ihnen geworden. »Ich erinnere mich, wie ihm einmal eine Rolle in einem Film angeboten wurde, in dem es um zwei Sklaven ging, und er sie mit den Worten ablehnte: ›Ich will die Sklaverei nicht fortführen‹«, so Greene, sein Agent. »Womit er sagen wollte: ›Ich habe keine Lust, die Stereotype über Schwarze als Sklaven fortzuführen.‹ Deshalb wollte er Männer mit Stärke und Charakter zeigen. Es ging immer darum, Licht ins Dunkel zu bringen.«[55]

»Wir waren in Atlanta, in einem verlassenen Lagerhaus, mit Blue-Screens und riesigen Filmscheinwerfern, aber dank Chads Leistung fühlte es sich dennoch real an«, so Coogler über die Dreharbeiten zur Geisterwelt-Szene. »Ich glaube, das lag daran, dass die Ahnen seit unserer ersten Begegnung durch ihn sprachen. Es ist für mich kein Geheimnis mehr, wie er einige unserer bedeutendsten Ahnen so gut darstellen konnte. Ich hatte keinen Zweifel daran, dass er weiterleben und uns mit weiteren Werken segnen würde. Aber jetzt muss ich mit schwerem Herzen und einem Gefühl tiefer Dankbarkeit dafür, dass ich ihn kennenlernen durfte, anerkennen, dass Chad nun selbst ein Ahn ist. Und ich weiß, dass er über uns wachen wird, bis wir uns wiedersehen.«[56]

In den Filmen, in denen er mitspielte und die er mitgestaltete, sowie in der Inspiration, die er für viele Menschen ist, lebt Boseman weiter, genau wie die lebenden Toten der Dagara in Dapar oder die Geister der Akan in einem Schemel. Oder einfach ausgedrückt: Er hat ein Vermächtnis hinterlassen. Wie die Ahnen zahlreicher afrikanischer Kulturen lebte er ein Leben, das viele als erstrebenswert ansehen dürften. Wie die Yoruba ihren *Egun* (Ahn) anrufen, könnten sie ihn vielleicht um Kraft oder Rat bitten, wenn sie etwas auf dem Gebiet erreichen möchten, auf dem er brillierte – der Schauspielerei. Sie könnten ihn zum Beispiel um Hilfe bitten, um bei einem Vorsprechen erfolgreich zu sein. Ein echtes Vorbild und ein moderner Ahn.

Wir haben uns nun ein wenig mit der Ahnenverehrung beschäftigt – einem der wichtigsten Merkmale der afrikanischen Identität. Wir haben gesehen, wie die Toten weiterleben, wie die Beziehung zwischen Sterblichen und Geistern funktioniert und wie der Tod nicht notwendigerweise die Bande zwischen lebenden und verstorbenen Familienmitgliedern zerreißt. Wir haben auch gesehen, was Ahnen sind, wie man einer wird und was sie für die Lebenden tun.

Als Nächstes möchte ich ein weiteres kulturelles Merkmal untersuchen, das für viele afrikanische Kulturen und die afrikanische Identität wesentlich ist: von Frauen geführte Gemeinschaften.

3

Königinmütter und Kriegerköniginnen

Wie im vorangegangenen Kapitel dargestellt, sind Familie und Gemeinschaft (ob lebendig oder tot) für afrikanische Völker und Kulturen von entscheidender Bedeutung. Die Bindungen, die wir mit anderen eingehen, bilden die Grundlage für alles, was wir im Leben tun. Deshalb werden Frauen – denen jedes Familien- und Gemeinschaftsmitglied das Leben verdankt – in weiten Teilen Afrikas besonders verehrt. Damit einher gehen eine entsprechende Behandlung, Stellung und ein entsprechender Status. In einigen Kulturen ist die Frau de facto die Herrscherin und wichtigste Persönlichkeit. In anderen Kulturen regiert sie autokratisch. In wiederum anderen herrschen Frauen an der Seite ihrer männlichen Amtskollegen. Das liegt allerdings nicht daran, dass man Frauen nicht zutraut, allein zu regieren, vielmehr geht man davon aus, dass ein Gleichgewicht in der Regierung – sei es hinsichtlich des Geschlechts, des Wohlstands oder der Klasse – entscheidend für eine gute Regierungsführung ist.

Die drei Beispiele für weibliche Führungsmodelle, die ich oben aufgeführt habe, schließen sich nicht gegenseitig aus. So kann in manchen afrikanischen Kulturen eine Frau sowohl die wichtigste Person sein als auch an der Seite von Männern herrschen.

Schauen wir uns einige Beispiele – aktuelle und historische – für von Frauen geführte afrikanische Gesellschaften an. Beginnen wir mit den heutigen Asante in Ghana, bei denen Frauen seit Langem eine herausragende Rolle spielen und an der Seite der Männer und manchmal auch an deren Stelle regieren.

Seit mindestens fünf Jahrhunderten sind die Asante sowohl matrilinear organisiert als auch ein Matriarchat. Wir aus dem Volk der Asante glauben, dass wir alle Nachkommen alter Ahninnen sind. Ein neugeborenes Asante-Kind gehört automatisch zur Familie seiner Mutter. Wohlstand und Titel werden über die weibliche Linie vererbt. Die älteste Tochter – oder zumindest ihre Kinder – bekommen alles. Erst wenn keine weiblichen Nachkommen mehr übrig sind, kommen die Männer zum Zug.

Bei den Asante ist die wichtigste Person die *Ohemmaa* (»Herrscherin«), besser bekannt als die »Königinmutter«. Sie bekleidet den *Okonua Panyin* – den ranghöchsten Thron. Sie ist ein weibliches Mitglied der königlichen Familie – normalerweise die Mutter des Asante-Königs. Sie lebt in ihrem eigenen Palast, dem *Nkotimse*, mit Dienern und anderen Mitgliedern der königlichen Familie.

Sie wird vom *Abusua Tiri* (»Rat des königlichen Clans«) und den Ältesten gewählt. Beide setzen sich aus Männern und Frauen zusammen. Nach der Wahl wird ein Datum festgelegt, an dem die neue Königinmutter ihrem Volk vorgestellt wird. An diesem Tag wird sie in einer Sänfte durch das Asanteland getragen. Dabei winkt sie und bedankt sich bei den jubelnden Zuschauern.

Letztlich wählt die Königinmutter den Asante-König. Bei den Asante erbt nicht zwangsläufig der älteste Sohn des verstorbenen Königs den Thron. Der neue König wird stattdessen aus einer Gruppe geeigneter Kandidaten ausgewählt, in der Regel sind das die erwachsenen männlichen Verwandten des ehemaligen Königs. Die Königinmutter beruft zunächst andere wichtige Mitglieder der königlichen Familie zu einem geheimen Treffen ein, um über die Eignung der Kandidaten zu diskutieren. Wenn die Königinmutter sich für einen Kandidaten entschieden hat, nominiert sie ihn offiziell. Anschließend informiert sie die Ältesten anderer einflussreicher Familien über ihre Wahl. Diese diskutieren ihrerseits über seine Eignung. Sie lehnen ihn jedoch nur sehr selten ab. Wer nach Ansicht der Königinmutter nicht für das Amt geeignet ist, kann nicht König werden. Sobald die Ältesten zugestimmt haben, verkündet die Königinmutter ihren Kandidaten dem Volk der Asante.

Die Königinmutter führt den Vorsitz bei der Amtseinführung des neuen Königs. Vor allen Anwesenden, einschließlich der Mitglieder der königlichen Familie, sagt sie ihm, er müsse gerecht regieren, warnt ihn vor Korruption und gibt ihm Tipps für eine gute königliche Herrschaft. Als Mitglied des *Asanteman*, des Obersten Staatsrats von Asante, besucht die Königinmutter täglich den Hof des Königs und leitet ihn an. Dort sitzt sie zu seiner Linken, leicht hinter ihm. Sollte jemand ihr Leben bedrohen, kann der König eingreifen. Normalerweise erteilt sie ihre Ratschläge subtil und leise, indem sie sanft in sein Ohr spricht. Ihr Wort gilt mehr als das aller anderen und hat größtes Gewicht bei den Entscheidungen des Königs. Sie begleitet ihn auch auf Reisen durch sein Königreich.

Sie allein kann ungestraft den König oder einen seiner Beamten öffentlich kritisieren. Sie wählt auch seine offizielle

Frau aus, die sie *Ba* – »mein Kind« – nennt. Diese Frau wiederum nennt sie *Ena* – »Mutter«.

»[Die Königinmutter] ist von dem größten Luxus umgeben, den man sich vorstellen kann«, schrieb der französische Forscher Marie-Joseph Bonnat, der die Asante im 19. Jahrhundert besuchte: »Alles, was der König besitzt, hat sie in Hülle und Fülle.«[1]

Der König wird als »Vater« der Nation angesehen, die Königinmutter als deren »Mutter«. Der König kümmert sich dabei in erster Linie um die Interessen der Asante-Männer, während die Königinmutter vorrangig die Interessen der Frauen vertritt.

Zu diesem Zweck steht ihr eine eigene Regierung zur Verfügung, die ausschließlich aus Frauen besteht und die ein genaues Abbild der Regierung des Königs ist. Die Frauen darin haben die gleichen Titel, Zuständigkeiten und Befugnisse wie die Beamten des Königs. Die Königinmutter hat auch ihr eigenes Gericht, das genauso einflussreich ist wie das des Königs, wenn nicht gar noch einflussreicher.

Die Königinmutter ist bei den Pubertätsritualen der Mädchen anwesend und hat den Vorsitz inne. Wenn am Königsgericht ein Rechtsfall verhandelt wird, in den Frauen verwickelt sind, wie etwa Ehebruch, häusliche Gewalt oder sexuelle Übergriffe, ist die Königinmutter anwesend. Sie sorgt dafür, dass die Seite der Frau gehört wird und ihre Rechte gewahrt bleiben. Oft werden solche Fälle an ihr eigenes Gericht überwiesen oder zuerst dort verhandelt.

Historisch betrachtet, war die Kriegsführung das Einzige, woran die Königinnenmütter nicht teilnahmen. Der König führte die Armee gegen den Feind an, während die

Königinmutter das Asante-Reich in seiner Abwesenheit regierte. Es gab jedoch auch Ausnahmen. Die wohl berühmteste Königinmutter von Asante war Yaa Asantewaa – unter anderem, weil sie die Asante gegen die Briten im Krieg um den Goldenen Stuhl im Jahr 1900 anführte, nachdem sich die Männer geweigert hatten.

Schauen wir nun noch ein historisches Beispiel für eine afrikanische Kultur an, in der Frauen zwar nicht unbedingt die wichtigsten Personen waren, aber dennoch gleichberechtigt mit den Männern herrschten.

*

Dieses Beispiel führt uns ins 19. Jahrhundert zu den Igbo, ein Volk, das auch heute noch in Nigeria lebt.

Einige Igbo hatten zwei Monarchen – den männlichen *Obi* (»Vater« der Gemeinschaft) und die weibliche *Omu* (»Mutter«). Sie wurden gewählt und waren nicht unbedingt miteinander verwandt.

Beide leiteten ihre eigenen Räte von zwölf Ältesten. Der Rat des *Obi* wurde *Onotu* genannt. Der Rat der *Omu* hieß *Ilogo*. Abgesehen davon, dass alle Ältesten des *Onotu* männlich und die des *Ilogo* weiblich waren, waren sie genau gleich. Ihre Mitglieder hatten die gleichen Titel, Befugnisse und Verantwortlichkeiten. Die Räte waren auch gleich mächtig. Der *Onotu* konnte Entscheidungen des *Ilogo* anfechten und umgekehrt. Oft arbeiteten sie gemeinsam daran, das harmonische Zusammenleben ihrer Gemeinschaft zu gewährleisten. Offenbar erfolgreich, denn es gibt keine Belege dafür, dass je ein Konflikt zwischen einem *Obi* und einer *Omu* bestanden hätte.

Während der *Obi* speziell für die Angelegenheiten der

Männer zuständig war und sich hauptsächlich um diese kümmerte, tat die *Omu* dasselbe für die Frauen.

Sie setzte sich für die Rechte, die Sicherheit und die Zufriedenheit der Frauen ein. Sie wachte über weibliche Bräuche wie Initiationsrituale und Institutionen, darunter auch Geheimbünde.

Alle vier Tage wurde der Gemeindemarkt geöffnet, der ausschließlich den Frauen vorbehalten war. Dort verkauften sie den Überschuss an landwirtschaftlichen Erzeugnissen ihrer Ehemänner. Die *Omu* und der *Ilogo* legten die Regeln und Vorschriften für den Markt fest und änderten sie auch. Sie leiteten den Markt, achteten auf Fairness und bestraften diejenigen, die gegen die Regeln verstießen.

Wenn eine Frau Rat suchte oder eine Klage gegen jemanden vorbringen wollte, wandte sie sich an die *Omu*. Oftmals wandten sich auch Männer an die *Omu*, wenn sie Hilfe mit einem ihrer weiblichen Familienmitglieder brauchten. In Fällen, die einen Mann und eine Frau betrafen, konsultierte die *Omu* normalerweise den *Obi* und seinen *Onotu*. Oberstes Ziel war es, eine gerechte, faire und versöhnliche Lösung zu finden.

Bevor die *Omu* größeren Veränderungen in der Gemeinschaft zustimmte, etwa einem neuen Gesetz, konsultierte sie den *Ikporo Ani* und holte dessen Zustimmung ein. Der *Ikporo Ani* war ein informeller Frauenrat, der sich aus allen Teilen der Gesellschaft zusammensetzte. Darin waren Frauen unterschiedlichen Alters, Berufs und Familienstandes vertreten. Die Mitglieder des *Ikporo Ani* wurden aufgrund ihrer Fähigkeiten, etwa ihrer Intelligenz, ihres öffentlichen Auftretens und ihrer Leistungen ausgewählt. Wurde ein neuer Vorschlag an die Mitglieder herangetragen, diskutierten sie ihn in einer allgemeinen Sitzung mit allen anderen Frauen. Anschließend trugen sie der *Omu* alle Bedenken und Änderungsvorschläge vor. Auf diese Weise ging es so lange hin und her, bis beide Seiten zufrieden waren.

Es ist bemerkenswert, wie lange es in Afrika bereits von Frauen angeführte Gesellschaften und Kulturen gibt. Zur Veranschaulichung möchte ich ein Beispiel einer solchen matriarchalen Gesellschaft vorstellen, das zeitlich besonders weit zurückreicht. Es handelt sich um die wohl älteste uns bekannte afrikanische Gesellschaft, in der Frauen das Sagen hatten. Frauen wurden dort nicht nur als bedeutend anerkannt und herrschten an der Seite der Männer, sondern wurden zwischenzeitlich sogar zu absoluten Herrscherinnen.

*

Die Gesellschaft, von der ich spreche, ist am besten als Nubien oder als das Reich von Kusch bekannt. Benannt ist sie nach der antiken Region, in der sie einst existierte, die heute Südägypten und den Nordsudan umfasst.

Das erste nubische Königreich, Kerma, bestand von etwa 3000 bis 1500 v. Chr. Der Mittelpunkt dieses Königreichs war seine namensgebende Hauptstadt. Im Jahr 1500 v. Chr. eroberten die Ägypter nicht nur Kerma, sondern herrschten auch über einen großen Teil Nubiens. Sie führten Elemente ihrer Kultur in die nubische Gesellschaft ein, darunter ihre Sprache, ihre Religion sowie einige Kunst- und Architekturstile. Doch Nubien war zu groß und seine Gesellschaft zu komplex, als dass die Ägypter es ohne lokale Hilfe hätten verwalten können. Daher schlossen die nubischen Eliten einen Pakt mit den Ägyptern und erklärten sich bereit, Nubien für Letztere zu regieren. Im Gegenzug erhielten sie ein hohes

Maß an Autonomie, sodass die Nubier im Grunde souverän waren. Als Teil der nominellen Eroberung von Nubien nannten die Ägypter das Land Kusch. Auf diese Weise kam die Region zu ihrem zweiten Namen. Wissenschaftler verwenden die Begriffe Nubien und Kusch praktisch synonym, wenn sie über die Region, ihre Gesellschaft und ihre Bevölkerung sprechen.

Im Jahr 1000 v.Chr. erlangten die Nubier ihre volle Unabhängigkeit zurück und machten 800 v.Chr. Napata, eine Stadt südlich von Kerma, zu ihrer neuen Hauptstadt. Sie gründeten ein neues Königreich, das ebenfalls den Namen Napata trug und das bis etwa 300 v.Chr. bestand.

Zu dieser Zeit machten sie Meroë, eine Stadt noch weiter südlich als Napata, zu ihrer neuen Hauptstadt und zum Zentrum eines neuen Königreichs, das sie nach ihr benannten. Dass sie ihre Hauptstadt ein zweites Mal verlegten, hatte mehrere Gründe. Erstens waren die Ägypter immer noch eine Bedrohung – 591 v.Chr. nahmen sie sogar kurzzeitig Napata ein –, und die Nubier wollten so weit wie möglich auf Abstand gehen. Zweitens fing der Boden um Napata im 6. Jahrhundert v.Chr. an zu erodieren, weil die Nubier ihn mit ihrem Vieh überweideten. So sahen sie sich im 4. Jahrhundert v.Chr. gezwungen, frisches Weideland zu finden, da die Viehzucht das Rückgrat ihrer Wirtschaft darstellte. Sie mussten aber gleichzeitig neue Produktionszweige erschließen. Meroë und das umliegende Land verzeichneten deutlich höhere Niederschläge als Napata, was es den Nubiern ermöglichte, Gerste, Weizen, Linsen, Melonen, Gurken und Trauben anzubauen. Drittens war Meroë für den regionalen und internationalen Handel wesentlich günstiger gelegen als Napata, da es an der Kreuzung des Karawanenhandels zwischen dem afrikanischen Binnenland, Nordafrika und Arabien lag. Karawanen, die Gold, Weihrauch und Elfenbein aus dem afrikanischen Kernland nach Ägypten oder Jemen brachten, von wo aus die Waren bis zum Mittelmeer transportiert wurden, starteten oft in Meroë oder machten dort Halt.

Meroë existierte bis etwa 350 n. Chr., bis das Aksumitische Königreich entstand, das sich über das heutige Nordäthiopien, Eritrea und den Ostsudan erstreckte und die Stadt verdrängte.

Frauen, und insbesondere königliche Frauen, hatten in Nubien immer eine besondere Stellung. In Kerma waren königliche Frauen Priesterinnen, die Rituale durchführten, die die Verbindung des nubischen Königs mit den Göttern vertieften und seine religiöse und damit auch politische Legitimität stärkten. Wenn königliche Frauen starben, wurden sie geehrt, indem man sie in großen, mit Schätzen gefüllten Gräbern neben den toten Königen auf deren persönlichem Friedhof beisetzte.

Der nubische König Alara, der Napata gründete, steigerte die Bedeutung der königlichen Frauen in Nubien erheblich.

Irgendwann zwischen 780 und 760 v. Chr. übernahm er den ägyptischen Kult des Sonnengottes Amun. Amun war wohl der wichtigste und meistverehrte Gott Ägyptens. Die Anführer seines Kults verfügten über ein großes Maß an sozialer, kultureller und politischer Macht. In Ägypten spielten die königlichen Frauen eine wesentliche Rolle im Kult, indem sie bei wichtigen Zeremonien die Sistren spielten, rasselartige Instrumente aus Metall oder Keramik.

Alaras Nachfolger setzten fort, was er begonnen hatte. Als sein Bruder Kaschta um 750 v. Chr. Ägypten eroberte und die 25. Dynastie einleitete, übernahm er die Institution der »Gottesgemahlin des Amun«. Vor allem aber stärkte er ihre Macht.

Die »Gottesgemahlin des Amun« war ein mächtiges religiöses Amt im alten Ägypten. Es wurde von königlichen Frauen – meist Königinnen oder Prinzessinnen – ausgeübt. Die Trägerin der Ehrenbezeichnung galt als symbolische Ehefrau des Gottes Amun und hatte großen Einfluss im Tempelkult von Theben. Besonders in der 25. Dynastie gewann dieses Amt an politischer Bedeutung. Als Vorsteherin dieses Tempels war sie das religiöse Gegenstück zum Pharao. Sie tat für ihn, was die königlichen Frauen von Kerma für den nubischen König taten: Sie führte Rituale durch, die seine religiöse und somit politische Stellung verbesserten. Sie hatte ihre eigene Verwaltung und kontrollierte die Ressourcen des Tempels.

Als Kaschta König von Napata wurde, war die Gottesgemahlin des Amun eine ägyptische Prinzessin namens Shepenwepet I. Das Amt der Gottesgemahlin wurde häufig von der Mutter an die Tochter weitergegeben. Wenn eine Gottesgemahlin keine leibliche Tochter hatte, konnte sie aber auch eine andere königliche Frau als ihre Nachfolgerin ernennen, indem sie sie adoptierte. In der Regel war dies eine Blutsverwandte.

Nachdem er Ägypten erobert hatte, zwang Kaschta Shepenwepet, seine Tochter Amenirdis I. zu adoptieren. (Einige Forscher argumentieren, es sei vielmehr Kaschtas Sohn Piankhy gewesen, der Shepenwepet dazu zwang, seine Schwester Amenirdis zu adoptieren.) Zu Amenirdis' weiteren Titeln gehörten »Oberste Prophetin des Amun« und »Herrin von Ägypten«.

Amenirdis' leibliche Tochter, Shepenwepet II., trat ihre Nachfolge an. Während der 25. Dynastie regierte die Gottesgemahlin Ägypten so gut wie unabhängig. Die nubischen Könige blieben in Napata und regierten von dort aus den Rest des Königreichs.

König Alara hatte die königlichen Frauen auch zu einem wichtigen Bestandteil der Erbfolge gemacht. Er wertete den Status seiner Schwestern auf und erhob sie in eine offizielle, wichtige Position, die er »Königsschwestern« nannte. Das nubische Königtum wurde nun per Wahl bestimmt. Ebenso wie die Söhne der Königin hatten nun auch alle Söhne der Königsschwestern – die Neffen des Königs – den gleichen Anspruch auf den Thron. Eine Gruppe hochrangiger Bediensteter, darunter Generäle, hohe Beamte und Clanführer, wählte den tugendhaftesten unter ihnen zum nächsten König. Die Frau, deren Sohn ausgewählt wurde, wurde »Königinmutter«. Wie in Asante hatte die amtierende Königinmutter – also die Mutter des gerade verstorbenen Königs – ein entscheidendes Mitspracherecht bei der Wahl des Königs. Vor der Wahl war sie zudem für die Betreuung ihrer Enkelsöhne zuständig, die gemeinsam im Königspalast aufwuchsen. Da sie ihnen am nächsten stand, hatte sie großen Einfluss auf sie. Und somit auch auf Nubien.

Dennoch ging die Krone erst dann auf die jüngere Generation über, wenn alle infrage kommenden Prinzen der vorherigen Generation gestorben waren. Mit anderen Worten: Wenn ein König starb, wurde eine Wahl unter seinen dazu berechtigten Brüdern und männlichen Cousins abgehalten. Erst wenn diese allesamt verstorben waren, wurde eine Wahl unter ihren Söhnen abgehalten.

Sowohl in Napata als auch in Meroë spielte die Königinmutter eine entscheidende Rolle bei der Krönung des gewählten Prinzen. Bei bestimmten wichtigen Ritualen rasselten sie und die Frau des Auserwählten mit den Sistren, schenkten Trankopfer aus und sangen Lieder, in denen sie sowohl ihn als auch die Götter priesen. Damit wurde die Verbindung des Prinzen zu den Göttern bekräftigt, und seine Legitimität und sein Status wurden gestärkt. In Ägypten durfte nur der Pharao als Zeremonienmeister des Rituals Trankopfer ausschenken. In Nubien wurde den königlichen Frauen als Priesterinnen des Amun dieses Privileg zuteil.

Der Auserwählte besuchte anschließend die Tempel des Amun, die in wichtigen Städten Nubiens standen, nämlich in Napata, Kawa und Pnubs. Zwei Napatanische Könige beschlossen auch, den Tempel der Göttin Bastet in der Stadt Tele zu besuchen. In jedem Tempel veranstalteten die Nubier ein einwöchiges Fest zu Ehren von Amun, bei dem eine Statue des Gottes durch die Stadt getragen wurde. Dabei erteilte Amun dem Auserwählten gewissermaßen symbolisch seinen Segen zum Ausüben der Herrschaft. »Das Volk erhebt denjenigen zum König, den der Gott erwählt hat, während er [der Gott] in einer Prozession herumgetragen wird«, schrieb Diodorus Siculus, ein griechischer Historiker aus dem 1. Jahrhundert v. Chr., der Zeuge dieses Rituals wurde. »Sofort adressieren und ehren sie ihn, als wäre er ein Gott, da ihm das Königreich durch den Willen [Amuns] anvertraut wurde.«[2]

Der Auserwählte setzte sich dann auf einen Thron im Tempel. Die Königinmutter traf jedes Mal kurz nach dem Fest in der jeweiligen Stadt ein, in der sich ihr Sohn befand. Sie stellte sich neben ihn und hielt eine Rede, in der sie Amun bat, ihn als rechtmäßigen Herrscher von Napata (oder Meroë) zu bestätigen. So wurde der Auserwählte offiziell vom irdischen Prinzen zum göttlichen König.

Die nubischen Könige gaben Kunstwerke ihrer Krönungen in Auftrag, auf denen immer eine Darstellung der Königinmutter und der Königin zu finden ist. Beide halten ein Sistrum in der linken Hand und eine Vase in der rechten, aus der sie die Trankopfer ausschenken. Verstorbene königliche Frauen wurden auf den Friedhöfen der Könige – El Kurru und Nuri – beigesetzt. Königliche Männer genossen dieses Privileg, abgesehen vom König, nicht. In Napata, zumindest in Nuri, bekamen die Königinnen zudem die größten Gräber.

Angesichts der großen Bedeutung der königlichen Frauen für Nubiens Machtgefüge ist es nicht verwunderlich, dass sie schließlich selbst an dessen Spitze standen. Spätestens seit Napata hatten königliche Frauen Regierungsfunktionen inne (z. B. als Gottesgemahlin des Amun), wählten den nächsten nubischen König und führten alle nötigen Rituale durch, um seine königliche Herrschaft zu bestätigen. In Meroë wurden einige dieser Frauen zu unabhängigen (oder weitestgehend unabhängigen) Herrscherinnen, die als bis heute bekannte Persönlichkeiten in die nubische Geschichte eingegangen sind. Sie werden Kandakes genannt. Im nächsten Abschnitt erfahren wir, wer sie waren, was sie taten und warum sie so bedeutend sind.

*

Die vielleicht bekannteste Kandake ist Amanirenas, die im späten 1. Jahrhundert v. Chr. über Meroë herrschte. Sie war, wie Strabo, ein griechischer Geograph aus dem 1. Jahrhundert v. Chr., schrieb, »ein mannhaftes Weib und verstümmelt an einem Auge«.[3]

Seit 30 v. Chr. herrschten die Römer über Ägypten. Sie hatten dort 15 000 Soldaten stationiert und beabsichtigten, Nubien sowie Südarabien zu erobern.

Nicht lange nach der Eroberung durch Rom erhoben sich die Ägypter gegen ihre neuen Herrscher. Rom hatte die Steuern erhöht. Die Nubier unterstützten die Aufständischen. Die Römer bedrohten daraufhin ihre nördliche Grenze und versuchten, sie zurückdrängen.

Cornelius Gallus, römischer Präfekt von Ägypten, schlug die Aufständischen nieder und eroberte auch das nördliche Nubien. Er setzte zwar einen nubischen Vizekönig ein, aber die Bürger wurden de facto römische Vasallen.

Um 25 v. Chr. beging der in Ungnade gefallene Präfekt Cornelius Suizid. Es gibt wenige gesicherte Quellen darüber, einige berichten jedoch, Kaiser Augustus Caesar persönlich sei an Gallus' Untergang beteiligt gewesen. Nach Cornelius Gallus' Tod ernannte Caesar einen Mann namens Aelius Gallus zum Präfekten von Ägypten.

Als Aelius in Arabien einfiel, nahm er fast die Hälfte der 15 000 römischen Soldaten mit. An seiner Stelle wurde ein Mann namens Gaius Petronius zum Präfekten von Ägypten ernannt. Die andere Hälfte der Soldaten war für den Einmarsch in Nubien vorgesehen.

Als sie feststellten, dass die Hälfte der römischen Streitkräfte abgezogen worden war, rebellierten die nördlichen Nubier und marschierten nach Ägypten.

Die Nachricht von der Rebellion erreichte Meroë. Teriteqas, der König von Meroë und Ehemann von Amanirenas, führte ein Heer nach Norden, um die Rebellen zu unterstützen. Amanirenas zog mit ihm in den Krieg. Im Sommer 25 v. Chr. plünderten die nubischen Truppen römisch-ägyptische Städte im Süden. Sie nahmen Soldaten gefangen, versklavten Bürger und raubten Statuen des Augustus. Anfang des 20. Jahrhunderts fanden Archäologen den Kopf einer dieser Statuen aus Assuan unter dem Eingang eines Palastes von Meroë.

Petronius ging zum Gegenangriff über und drängte die Nubier in ihre Stadt Pselchis zurück. Es wird angenommen, dass Teriteqas in dieser Schlacht getötet wurde. Amanirenas folgte ihm auf den Thron.

Petronius forderte die Nubier auf, sich zu ergeben. Die Nubier reagierten nicht. Petronius griff erneut an, so schrieb Strabo, »und zwang sie [die Nubier] sich zur Schlacht zu stellen; bald aber trieb er die schlecht Geordneten und schlecht Bewaffneten in [die] Flucht. [...] Ein Theil nun wurde in die Stadt zurückgetrieben, die übrigen flohen in die Wüste, Einige in die Stromfurt sich werfende nahm eine nahe Insel auf; [...] Diese nun nahm Petronius, auf Flössen und Barken hinüberfahrend, alle lebendig gefangen und sandte sie sofort nach Alexandreia [...].«[4]

»[W]orauf er Pselchis angriff und eroberte«, heißt es bei Strabo weiter. »Von Pselchis die Sandhügel durchwandernd, [...] kam er nach Premnis, einer naturfesten Stadt. Mit Anlauf angreifend nahm er die Veste, und wandte sich sodann gegen Napăta. Dies war Kandake's [Amanirenas'] Königssitz, und hier war ihr Sohn [Akinidad], sie selbst aber lag in einer nahen Veste. Als sie eben Gesandte abschickte zur Freundschaft«[5], lehnte Petronius ihr Friedensangebot ab. Sodann »rückte [er] vor Napata, welches er, da der Sohn entflohen war, eroberte und zerstörte«. »[M]it den Gefangenen aber und der Beute wandte er sich wieder rückwärts, weil er das tiefere Land für unzugänglich hielt. Nachdem er Premnis besser befestigt und Besatzung eingelegt hatte, auch Lebensmittel auf zwei Jahre für vierhundert Mann, ging er zurück nach Alexandreia; […] tausend [Gefangene] übersandte er […] Cäsar […].«[6] An dieser Stelle sei angemerkt, dass sich die Wissenschaft uneinig ist, ob Petronius wirklich Napata geplündert hat. Einige argumentieren, dass die Aufnahme dieses Ortes in Petronius' Siegesliste lediglich römische Propaganda war. Meroitisch, die Sprache der Nubier, ist immer noch weitgehend nicht entschlüsselt, sodass wir nur die römische Seite der Geschichte kennen.

Im Jahr 22 v.Chr. marschierte Amanirenas, nachdem sie abgewartet hatte, bis die Vorräte der Stadt aufgebraucht waren, mit einem großen Heer gegen Premnis (oft auch Qasr Ibrim).

Die Nachricht von diesem Marsch erreichte Petronius, der daraufhin seinerseits nach Qasr Ibrim eilte. Dort gelang es ihm, Amanirenas zu schlagen. Amanirenas und Petronius einigten sich auf Frieden. Beide Seiten waren erschöpft, vor allem die Römer.

Im Winter des Jahres 21 v.Chr. reisten nubische Botschafter nach Samos, einer Insel in der Ägäis vor der Ostküste Griechenlands. Petronius hatte ihnen Geleitschutz gegeben. Caesar befand sich auf der Insel, der unterwegs nach Syrien war. Amanirenas hatte sich nicht die Mühe gemacht, mitzukommen.

Die nubischen Botschafter verhandelten, entwarfen und unterzeichneten einen Vertrag mit Caesar. Der nördlichste Teil von Nordnubien (den Cornelius erobert hatte) wurde offiziell römisch. Er sollte als Pufferzone zwischen dem römisch regierten Ägypten und Nubien dienen, aber von nubischen Eliten regiert werden. Nubien sollte auch den Rest des

Gebietes kontrollieren. Außerdem erklärten sich die Römer bereit, die Steuern in Nordnubien aufzuheben und ihre Truppen aus Qasr Ibrim abzuziehen. Die Nubier, so Strabo, hätten »[alles] erlangt, was sie begehrten«.[7]

Amanirenas ist vor allem dafür bekannt, dass sie die Eroberung Nubiens durch Rom verhinderte und einen günstigen Friedensvertrag mit den Römern schloss. Sie war eine von mindestens fünf Kandakes.

Kandake, der Name für die königlichen Frauen in Nubien, die Meroë entweder absolut oder fast absolut regierten, leitet sich von dem königlichen Titel *Kdke* ab, den die meisten dieser Frauen trugen. Auf Meroitisch bedeutet *Kdke* (auch *Ktke* oder *Kentake*) übersetzt »Königinmutter«. Die Kandakes waren die Ersten, die dieses Wort als offiziellen königlichen Titel annahmen, um die Bedeutung der Königinmutter zu unterstreichen.

Die anderen vier Kandakes waren Shanakdakhete, Nawidemak, Amanishakheto und Amanitore. Amanirenas eingeschlossen, regierten sie Meroë zwischen etwa 200 v. Chr. und 50 n. Chr und waren maßgeblich an der Entwicklung des Königreichs beteiligt.

Drei dieser Kandakes – Amanirenas, Amanishakheto und Amanitore – trugen den Titel *Kdke*. Sie herrschten über Meroë, aber es gab auch einen König.

Drei von ihnen – Amanirenas, Nawidemak und Amanishakheto – trugen den Titel *Qore*: »Herrscher«, der den absoluten Herrschern von Meroë vorbehalten war. Zumindest eine Zeit lang herrschten diese Frauen autokratisch.

Wie oben zu sehen ist, trugen zwei Kandakes – Amanirenas und Amanishakheto – sowohl den Kdke- als auch den Qore-Titel. Offenbar regierten sie als Mütter junger, neu gewählter Könige absolut über Meroë, bis ihre Söhne volljährig wurden. Amanirenas muss den Qore-Titel angenommen haben, als sie nach dem Tod ihres Mannes Teriteqas die Herrschaft über Meroë übernahm. Als dann ihr kleiner Sohn (Akinidad) zum nächsten König von Meroë gewählt wurde, erhielt sie offenbar den Titel Kdke. Anders verhielt es sich bei Amanitore, deren Ehemann Natakamani an ihrer Seite regierte.

In jedem Fall waren die Kandakes während ihrer Herrschaft die wichtigsten Personen in Nubien. Sie leiteten die Regierung, trieben Handel und Diplomatie, befehligten die Armee und führten Kriege. Sie gaben auch den Bau von prächtigen Monumenten, Palästen und Gräbern in Auftrag.

Sie ließen Kunstwerke anfertigen, die ihre Bedeutung verdeutlichen sollten. In Schnitzereien auf Stelen oder Tempelwänden werden sie als große Frauen abgebildet, mitunter mit langen Fingernägeln. Sie konnten sich so viel Essen leisten, wie sie benötigten, und sogar noch mehr, und mussten niemals körperliche Arbeit verrichten. In Bildnissen werden sie mit juwelenbesetzten Armbändern, Ringen und Ohrringen dargestellt. Amanishakheto wird gezeigt, wie sie ihre Feinde erschlägt, ein altägyptisches Motiv zur Demonstration von Macht, das normalerweise der Darstellung von Pharaonen vorbehalten war.

Kandakes wurden oft allein, manchmal aber auch zusammen mit einem König porträtiert. In letzterem Fall wurden sie häufig größer oder genauso groß wie der König dargestellt. Außerdem stehen sie oft vor ihm.

Nubien ist zwar eine der frühesten, aber nicht die einzige afrikanische Gesellschaft, die eine von Frauen geführte Autokratie hatte. In der gesamten afrikanischen Geschichte gab es zahlreiche Herrscherinnen, die unabhängig regierten, ihre

Gesellschaften weiterentwickelten und ihre Bürger in Kriegen gegen ihre Feinde anführten, oft zum Schutz der Souveränität ihrer Gemeinschaft. Die Tatsache, dass die Kandakes und sogar Amanirenas keine Einzelfälle sind, zeigt, wie tief die Verehrung der Frau in vielen afrikanischen Kulturen verankert ist.

Ein Beispiel für eine solche Kultur ist die der Mbundu, ein Volk in Angola. In der Mbundu-Kultur wurden Frauen traditionell als wichtig erachtet und entsprechend behandelt. In den Gründungstraditionen der Kultur tauchen sie als bedeutende Ahninnen auf. Im Gegensatz zu vielen anderen Kulturen der Antike und des Mittelalters galten Mbundu-Frauen, wenn sie heirateten, nicht als Eigentum ihres Mannes und konnten ihn jederzeit und aus jedem beliebigen Grund verlassen. Wenn sie dies taten, wurden sie in der Regel wieder in die Familie ihres Vaters aufgenommen und konnten – mussten aber nicht – einen anderen Ehemann wählen. Die königlichen Mbundu-Frauen besaßen bei Hofe große Macht. Sie nahmen an offiziellen Staatsgesprächen teil und hatten einen privilegierten Zugang zum König. Es ist daher wenig überraschend, dass diese Kultur eine der mächtigsten Alleinherrscherinnen der afrikanischen Geschichte hervorbrachte: Nzinga Mbande, eine Königin des frühen 17. Jahrhunderts aus Ndongo, einem Königreich, das einst zu Angola gehörte. Mit ihrer Geschichte werden wir uns als Nächstes befassen.

*

Nzinga wurde ca. 1582 mit den Füßen voran geboren, wobei die Nabelschnur um ihren Hals gewickelt war. Für die Mbundu war diese ungewöhnliche Geburtsposition ein gutes Omen. Es bedeutete, dass Nzinga zu Großem bestimmt war.

Die Menschen, die bei ihrer Geburt anwesend waren, bestaunten sie und riefen: »*mà mà, o aoè aoè*!«[8] (»Oh! Meine Mutter!«) – das traditionelle Mbundu-Äquivalent zu unserem »Wow!«.

Nzinga war ein außergewöhnlich starkes und intelligentes Kind. Sie konnte eine Streitaxt – das Symbol der Könige von Ndongo – besser werfen als jedes andere Königskind. So wurde sie zum Liebling ihres Vaters, Mbande a Ngola. Er lud sie zu Ratssitzungen mit seinen Beratern, Diplomaten und Generälen ein. Er nahm sie sogar mit auf seine Feldzüge. Bereits im späten Teenageralter hatte sie sich einen Ruf als geschickte Kriegerin und Diplomatin erworben. Ihr Bruder, Ngola Mbande, war dementsprechend rasend vor Eifersucht.

Die Portugiesen waren bereits seit dem 15. Jahrhundert in West-Zentralafrika. Sie hatten zunächst Kontakt mit Kongo, einem Königreich südlich von Ndongo, aufgenommen. Mitte des 16. Jahrhunderts nahmen sie schließlich Kontakt mit Ndongo auf. Die Herrscher Kongos erlaubten ihnen, eine dauerhafte Siedlung zu errichten – Luanda, die heutige Hauptstadt Angolas.

Die Portugiesen wollten die vollständige Kontrolle über den westafrikanischen Handel Europas erlangen. Zu diesem Zweck beauftragte der portugiesische König Sebastião I. den Diplomaten Paulo Dias de Novais im Jahr 1571 mit der Kolonisierung von Ndongo. De Novais hatte rund zehn Jahre zuvor die erste portugiesische Mission nach Ndongo geleitet.

1575 traf de Novais mit neun Kriegsschiffen, 1000 Soldaten und Kanonen in Luanda ein. Er trug den anmaßenden Titel »Erster Gouverneur und Generalkapitän des eroberten Königreichs Angola«. »Angola« – der heutige Name des Landes – geht auf die Bezeichnung zurück, die Portugiesen und

Kongolesen ursprünglich für das Königreich Ndongo verwendeten. Der Name leitet sich von dem Titel »Angola Inene« ab, den der Herrscher von Ndongo trug.

In den folgenden fünfzehn Jahren wütete de Novais im Königreich, brannte Dörfer nieder, zwang die *Sobas* – die landbesitzenden Adligen von Mbundu – zur Unterwerfung, übernahm die Kontrolle über ihr Land und versklavte Zehntausende, die auf brasilianische Zuckerplantagen verschleppt wurden.

Ngola Kilombo kia Kasenda, der König von Ndongo und Großvater von Nzinga, konnte ihn nicht aufhalten. »Innerhalb von drei Monaten hat [de Novais] drei Kriege gegen den König von Angola gewonnen und dabei unendlich viele Menschen getötet und gefangen genommen«[9], schrieb ein portugiesischer Priester an Sebastião. In nur einem Feldzug verlor Kasenda Berichten zufolge 40 000 Soldaten. Die Portugiesen schnitten den getöteten Mbundu die Nasen ab und schickten sie als Trophäen in ihre Lager.

Deprimiert gab Kasenda den Kampf auf und zog sich in seinen Palast in Kabasa, der Hauptstadt von Ndongo, zurück. De Novais starb 1589. Die portugiesische Regierung übernahm das von ihm eroberte Gebiet und nannte es »Königreich Angola«. Kasenda starb drei Jahre später. Nzinga war zu diesem Zeitpunkt gerade einmal zehn Jahre alt.

Unter Mbande a Ngola, Nzingas Vater, dem Nachfolger von Kasenda, setzten sich die portugiesischen Siege, Eroberungen und Versklavungen fort. Der König verlor die Unterstützung und das Vertrauen seiner Adligen. Einige *Sobas* nutzten das Chaos in Ndongo aus, um mehr Macht für sich zu erlangen. Im Jahr 1617 überzeugte ein Teil des inneren Kreises des Königs diesen, gegen die rebellierenden *Sobas* vorzugehen. In dem Glauben, dass ein Sieg seinen beschädigten Ruf wiederherstellen würde, beschloss Mbande a Ngola, selbst die Truppen anzuführen. Doch die Männer, mit denen er unterwegs war, wandten sich gegen ihn und erstachen ihn.

Im selben Jahr riss Ngola Mbande, Nzingas Bruder, den Thron brutal an sich. Nzinga war inzwischen 35 Jahre alt und hatte einen Sohn mit ihrer männlichen Lieblingskonkubine Kia Ituxi. Mbande ließ seinen eigenen Halbbruder, dessen Mutter und ihre Geschwister und sogar Nzingas kleinen Sohn ermorden. Zudem ließ er eine kochende Kräutermischung auf die Bäuche von Nzinga und seine beiden anderen Schwestern Kambu und Funji gießen, wodurch sie unfruchtbar wurden. Keine von ihnen wurde je wieder schwanger.

Nzinga zog sich nach Matamba zurück, ein Königreich nordöstlich von Ndongo.

Währenddessen rekrutierten die Portugiesen die Imbangala. Bei den Imbangala handelte es sich um verschiedene Gruppen von Söldnern, die sich durch ethnische Vielfalt auszeichneten. Die meisten waren einst Soldaten gewesen. Sie wurden wegen ihrer Gewalttätigkeit und ihrer brutalen, kultischen Praktiken gefürchtet. Sie zogen umher, mordeten und plünderten. Sie zwangen junge Männer dazu, sich ihnen anzuschließen, töteten alle Kinder, die in ihren Lagern geboren wurden, und waren Berichten zufolge Kannibalen.

1618 wurde Kabasa von einer Truppe aus portugiesischen Soldaten und Imbangala geplündert. Ngola Mbande gelang es, mit einem Teil seiner Familie und engen Anhängern zu fliehen. 1620 brandschatzte die Truppe Mkaria ka Matamba, die Hauptstadt von Matamba. Einige Imbangala kehrten um und überfielen Kabasa noch einmal. Als sie abgezogen waren, kehrte Mbande in seine Hauptstadt zurück.

Doch bereits 1621, als die Truppen Kabasa ein weiteres Mal plünderten, floh auch er erneut. Diesmal gelang es dem Feind, seine engsten Vertrauten zu töten und seine Mutter sowie seine Schwestern Kambu und Funji gefangen zu nehmen.

Mbande suchte Frieden und plante, eine Delegation nach Luanda zu schicken. Er rief Nzinga aus Matamba zurück und bat sie, diese zu leiten, da er wusste, dass sie außerordentlich stolz auf die Bräuche der Ndongo und Mbundu war und dass es ihr wie ihm ein Anliegen war, diese zu schützen. Er wusste auch, dass sie politisch klug und erfahren agierte. Die Mbundu schätzten sie wahrscheinlich mehr als ihn.

Ende 1621 reiste Nzinga, auf einem von Leibeigenen getragenen Stuhl sitzend, die über 300 Kilometer von Kabasa nach Luanda. Dies war eine Gelegenheit, ihr eigenes Ansehen sowie das von Ndongo zu steigern. Sie trug die traditionelle Kleidung der Mbundu – bunte Stoffe, Schmuck an Armen und Beinen, farbige Federn im Haar. Neben ihr liefen Wachen, ihre Hofdamen (die wie sie gekleidet waren), Musikanten und weitere Leibeigene, die Geschenke trugen.

Die Portugiesen empfingen sie mit einem militärischen Salut und Musikkapellen und begleiteten Nzinga und ihr Gefolge anschließend zu ihrer Unterkunft. Man versprach ihr, für all ihre Kosten aufzukommen, veranstaltete ihr zu Ehren ein Fest und überreichte ihr Geschenke.

Nzinga verhandelte direkt mit dem portugiesischen Gouverneur. Die Portugiesen demütigten die Mbundu bei Gelegenheiten wie diesen gern, wie Nzinga am eigenen Leib erfahren sollte. Während der Gouverneur etwa auf einem prächtigen Sessel aus Gold und Samt saß, erhielt der Mbundu-Adlige nur eine Matte auf dem Boden, sodass Letzterer niedriger saß als der Gouverneur und zu ihm aufblicken musste, während sie sich unterhielten, wodurch er erniedrigt wurde, während sich die Portugiesen als überlegene Macht inszenierten.

Als Nzinga sah, dass sie keinen Stuhl bekam, befahl sie einer Bediensteten, sich in den Vierfüßlerstand zu begeben. Nzinga setzte sich auf den Rücken der Dienerin und befand sich nun auf Augenhöhe mit dem Gouverneur. Während des gesamten Gesprächs, das Stunden dauerte, blieb sie so sitzen.

Die Portugiesen erklärten sich bereit, ihre Truppen aus Ndongo abzuziehen. Kambu und Funji wurden freigelassen. Nzinga konvertierte zum Christentum. Sie stimmte zu, dass Ndongo Portugals Verbündeter werden würde. Mit dem Argument, dass die Portugiesen Mbande nicht besiegt hatten und dieser ein unabhängiger Souverän blieb, weigerte sie sich jedoch entschieden, Tribut zu zahlen, wodurch Ndongo zum Vasallen Portugals geworden wäre.

Ende 1622 kehrte sie triumphierend nach Kabasa zurück. Der Gouverneur hatte versprochen, dass ein Vertrag, der alles Besprochene enthielt, übermittelt werden würde.

Doch Mbande, der sich nur zwei Jahre später umbringen würde, sollte diesen Friedensschluss nicht mehr erleben.

Die Portugiesen bekamen die Imbangala nicht unter Kontrolle, die weiterhin im Land wüteten. Außerdem zögerten sie die Ausarbeitung des Vertrags hinaus. Mbande, der ihnen misstraute, dachte, sie hätten ihr Friedensversprechen gebrochen, und verfiel in eine Depression. Nzinga verschlimmerte seinen Kummer noch. Regelmäßig schimpfte sie öffentlich über Mbande wegen seiner militärischen Verluste, seiner Kriecherei vor den Portugiesen und seiner Unfähigkeit, den Frieden zu sichern. Hätte sie das Sagen gehabt, sagte sie, wäre all das nicht passiert. Kurze Zeit später nahm Mbande Gift.

Mbande hinterließ einen männlichen Erben. Dieser war jedoch erst sieben Jahre alt und wurde deshalb zur Ausbildung zu einem Imbangala-Anführer namens Kasa geschickt, den Mbande einst rekrutiert hatte. Offiziell unterstützte Nzinga die Erbfolge, gemäß der das Kind König werden würde. Sie machte sich selbst lediglich zur Regentin und nahm den Titel »Herrin von Ndongo« an.

1625 schließlich näherte sie sich Kasa, überhäufte ihn mit Geschenken und verführte ihn. Zunächst wollte Kasa sie nicht heiraten, weil sie älter war als er. Doch bald willigte er ein. Er übergab ihr auch Mbandes Sohn.

Bei ihrer Hochzeit in Matamba warf Nzinga aus Rache für das, was Ngola Mbande ihrem eigenen Sohn angetan hatte, ihren Neffen in den Fluss Kwanza, der darin ertrank. Anschließend ließ sie alle tatsächlichen und potenziellen Rivalen ermorden. Sie bestieg den Thron und nahm den Titel »Herrin von Angola« an.

Nzinga versuchte, den Frieden mit den Portugiesen zu sichern, indem sie an den Gouverneur schrieb und ihn an sein Versprechen erinnerte. Diesmal weigerten sich die Portugiesen rundheraus. Hari a Kiluanje, ein pro-portugiesischer Ndongo-Adliger und entfernter Verwandter von Nzinga, hatte sich gegen sie aufgelehnt. Die Portugiesen versuchten, dies auszunutzen, um Ndongo vollständig zu unterwerfen. Der Gouverneur befahl die Eroberung weiterer *Sobas*. Er rekrutierte zudem weitere Imbangala und verlangte von Nzinga Tribut.

Doch anstatt sich zu unterwerfen, rief Nzinga 1625 offiziell eine Revolution gegen die Portugiesen aus. Sie schickte

Boten in die von ihnen kontrollierten Gebiete, um den Mbundu mitzuteilen, dass ihre Königin rebellierte und sie sich ihr anschließen sollten.

Nzingas Popularität führte dazu, dass viele ihrem Ruf folgten. Ganze Dörfer waren verwaist, nachdem sich Hunderte von Mbundu, darunter auch *Sobas*, zu ihr begaben. Viele waren bewaffnet und kampferfahren. Die Portugiesen, deren Tribute versiegten, bekamen allmählich Angst.

Kurze Zeit später erklärten sie Hari a Kiluanje zum rechtmäßigen König von Ndongo. Im Mai 1626 griffen sie Nzinga an.

Seit ihrer Rückkehr von Luanda nach Ndongo im Jahr 1622 waren die Kindonga-Inseln am Fluss Kwanza im Osten Ndongos zu Nzingas Aufenthaltsort geworden. Dies war ein äußerst strategischer Standort. Die Inseln waren von niedrig gelegenen Hügeln umgeben, auf denen man Bogenschützen platzieren konnte. Nzinga hielt sich auf der zentralen Insel auf. Sie schützte sich zusätzlich, indem sie Gräben ausheben ließ und Mbundu mit Gewehren auf den anderen Inseln postierte.

Truppen der Portugiesen und der besiegten *Sobas* setzten mit Kanus über und feuerten Musketsalven und Pfeile ab. Bis Ende Juli hatten sie Nzinga umzingelt. Doch dann brachen die Pocken aus. Es traf sowohl die Portugiesen, deren Vorräte fast erschöpft waren, als auch Nzingas Truppen. Wieder forderten die Portugiesen Nzinga auf, sich zu ergeben. Statt dem Folge zu leisten, verbrannte sie jedoch ihre Vorräte und die Boote der Portugiesen und zog sich mit ihren engen Anhängern zurück.

Als sie Ende 1627 auf die Inseln zurückkehrte, war Hari a Kiluanje tot, und die Portugiesen hatten dessen Halbbruder

Ngola Hari zum König von Ndongo gemacht. Nzinga schickte ihren *mwene lumbo* – den Premierminister – zu den Portugiesen, um ein Friedensabkommen auszuhandeln. Diese erklärten ihn zum Spion und richteten ihn kurzerhand hin. Der Gouverneur schickte daraufhin die Botschaft an Nzinga, sie müsse sich ihm unterwerfen. Sollte sie sich erneut weigern, würde er sie jagen und töten. Nzingas Antwort: Sie würde bis zum Tod für die Unabhängigkeit Ndongos kämpfen.

Im Jahr 1629 griffen die Portugiesen erneut an. Die Schlacht war blutig. Im Angesicht der Niederlage zog sich Nzinga zurück, und die Portugiesen nahmen ihre Verfolgung auf. Eines Nachts schlugen sie ihr Lager genau an der Stelle auf, an der Nzinga in der Nacht zuvor gelagert hatte.

Am nächsten Tag, als Nzinga am Rande einer 200 Meter hohen Klippe wanderte, wurde sie von feindlichen Mbundu entdeckt. Einige stürmten auf sie zu, verloren Halt und stürzten in die darunter liegende Schlucht. Nzingas Wachen bildeten einen schützenden Ring um sie, während sie eine Liane ergriff, die an der Klippe wuchs, und sich in die Schlucht hinabseilte. Da sie nicht wagten, es ihr gleichzutun, suchten die Portugiesen nach einem sichereren Weg nach unten. Als sie einen gefunden hatten, war Nzinga ihnen bereits einen Tag voraus.

Tagelang durchkämmten die Portugiesen die umliegenden Dörfer. Sie konnten Nzinga nirgends finden, stießen aber auf das Lager, in dem Kambu und Funji sich aufhielten. Sie überfielen es, besiegten Nzingas Truppen und nahmen ihre Schwestern gefangen. Sie zogen sie nackt aus und brachten sie nach Luanda. Der Gouverneur machte sie zu Vasallinnen und zwang sie, sich zum Christentum zu bekennen.

Geschwächt sowie verärgert darüber, dass ihre Schwestern erneut gefangen genommen worden und dringend auf Verstärkung angewiesen waren, wandte sich Nzinga an einen Imbangala-Anführer namens Kasanje.

Sie heiratete ihn und absolvierte dann die Rituale, um selbst eine Imbangala-Anführerin zu werden. Für die *cuia*-Zeremonie – einen Blutschwur – trank sie Menschenblut. Beim *maji a samba* – dem »heiligen Öl«-Ritual – zermalmte sie ein Baby in einem Mörser und bestrich ihren Körper mit dessen Blut (das sogenannte *maji a samba*). Der Imbangala-Tradition zufolge hatte Tembo a Ndumbo, ihre Ahnin, dies einst mit ihrem eigenen Sohn getan, um die erste Imbangala zu werden. Dieses Ritual wurde daraufhin zum ersten *kijila* (»Gesetz«) der Imbangala. Viele Rituale der Imbangala leiteten sich von Tembo a Ndumbos Handlungen ab. Da Nzinga keine eigenen Kinder mehr hatte, opferte sie das Kind einer treuen Dienerin. Dann nahm sie einen neuen Titel an: *Ngola Nzinga Ngombe e Nga* (»Königin Nzinga, Waffenmeisterin und große Kriegerin«).

Anfang der 1630er-Jahre eroberte Nzinga mit einer Imbangala-Armee das Königreich Matamba, nachdem es ihr gelungen war, dessen Königin Muongo zu besiegen, gefangen zu nehmen und abzusetzen. Nzinga plante, Matamba zu ihrem Stützpunkt zu machen, von dem aus sie Ndongo zurückerobern konnte. Im Kampf hatten ihre Krieger Tausende massakriert. Muongo durfte einen weniger wichtigen Teil des Königreichs regieren, starb jedoch kurz darauf. Nzinga ließ ihr ein königliches Begräbnis zuteilwerden und adoptierte ihre Tochter, die ebenfalls Muongo hieß und bis zu Nzingas Tod bei ihr lebte.

Nzinga startete anschließend eine Reihe von Angriffen gegen Ndongo. Ihre Armee tötete übergelaufene *Sobas*, zerstörte Siedlungen und blockierte portugiesische Handelswege. »[Sie war] so etwas wie die Königin des Amazonengebiets [und] sie regierte die Armee [wie] eine Kriegerin«[10], heißt es bei einem zeitgenössischen portugiesischen Missionar. Die Einnahmen der Portugiesen versiegten. »Das Land produziert nicht mehr viel, da die Märkte, die mithilfe der vielen Sklaven geöffnet waren, nun geschlossen sind … wegen der Armeen, die Nzinga … in das Landesinnere bringt«[11], schrieb ein portugiesischer Beamter an seinen König.

Die Portugiesen waren besorgt, dass sie es sich nicht leisten konnten, Nzinga zu besiegen. Um sie zu besänftigen, gaben sie ihre Schwester Kambu zurück. Doch Nzinga setzte ihre Angriffe fort.

1642 griffen die Niederländer, die gerade in West-Zentralafrika eingedrungen waren, die Portugiesen an und fügten ihnen eine schwere Niederlage zu. Ihr erklärter Plan war es, sie als führende europäische Macht in Afrika zu ersetzen. Im folgenden Jahr überließen die Portugiesen ihnen im Rahmen eines Waffenstillstands Luanda. Während die Portugiesen abgelenkt waren, gelang es Nzinga, Teile von Ndongo zurückzuerobern.

Wütend griffen die Portugiesen 1646 Nzinga mit aller Macht an. Die von ihnen aufgestellte Streitmacht war riesig – größer als jede portugiesische Armee, der Nzinga bisher gegenübergestanden hatte. Sie bestand aus 30 000 Mbundu-Soldaten, 2000 Spähern, 600 portugiesischen Soldaten, 16 Reitern, Kanonen, den Truppen von Ngola Haris und Imbangala-Banden.

Die Schlacht zwischen dieser Armee und der von Nzinga dauerte sieben Stunden und verlief entsetzlich blutig. Die Portugiesen durchbrachen Nzingas letzte Verteidigungslinie und drangen in ihr Kriegslager ein. Nzinga entkam, aber ihre Gegner nahmen Kambu wieder gefangen. Der Rest von Nzingas Armee geriet entweder in Gefangenschaft oder wurde getötet. Die Portugiesen machten reiche Beute an Waffen, Stoffen und Juwelen. Dabei fanden sie Briefe, die Nzingas Schwester Funji heimlich an sie geschickt hatte, um sie über die portugiesischen Pläne zu informieren. Sie setzten alle Gebäude in Brand und zogen ab.

Am Ende ihrer Kräfte angelangt, wurde Nzinga zur Verbündeten der Niederländer. In ihrem Vertrag hieß es, sie würden zusammenarbeiten, »um die Portugiesen zu vernichten«[12].

Nzinga musste zudem erfahren, dass Funji tot war. Zur Strafe für ihre Spionage hatten die Portugiesen sie ertränkt.

Ende 1647 versuchten Nzinga und die Niederländer, Massangano, eine portugiesische Festung, einzunehmen. Seit dem Verlust von Luanda war dies eine der letzten portugiesischen Hochburgen. Die Eroberung der Festung würde die Portugiesen mutmaßlich dazu zwingen, West-Zentralafrika zu verlassen.

Die Alliierten eroberten die Ländereien rund um die Festung und blockierten ihre Versorgungswege. Doch es fehlte ihnen an Schlagkraft, um die Verteidigungsanlagen zu durchbrechen. Frustriert zogen sich einige der Niederländer nach Luanda zurück. Nzinga griff pro-portugiesische *Sobas* an.

1648 traf eine portugiesische Flotte mit 15 Schiffen und 900 Soldaten aus Brasilien ein. Sie bombardierte Luanda, wo wegen des Angriffs auf Massangano nur 250 Niederländer zurückgeblieben waren. Salvador Correia de Sa, der neu ernannte portugiesische Gouverneur und Admiral der Flotte, gab den Niederländern drei Tage Zeit, sich zu ergeben.

Ouman, der Niederländer, der Luanda befehligte, schickte Briefe an Nzinga und Pieterszoon, einen weiteren niederländischen Beamten, und bat um Hilfe. Nzinga und Pieterszoon waren im Begriff, Massangano erneut anzugreifen.

Ouman versuchte, die Verhandlungen mit den Portugiesen in die Länge zu ziehen. Ungeduldig nahm Correia de Sa die Bombardierung wieder auf, woraufhin Ouman kapitulierte.

Oumans Hilferuf folgend, marschierte Nzinga bis zu den Außenbezirken Luandas. Pieterszoon war vorausgeeilt, und sie wartete auf seine Anweisungen. Als sie nichts hörte, setzte sie ihren Marsch auf Luanda fort. In der Festung São Miguel sah sie die portugiesische Flagge wehen. Pieterszoon war gerade noch rechtzeitig eingetroffen, um an Bord eines der holländischen Schiffe zu gehen, die aus der Stadt flohen. Niedergeschlagen kehrte Nzinga nach Matamba zurück.

Sie kämpfte weiterhin gegen die Portugiesen in und um Ndongo, schickte aber gleichzeitig Friedensdelegationen. Die Portugiesen in Luanda waren über ihre fortwährenden Angriffe erzürnt und baten ihren König um die Erlaubnis, zum Gegenschlag auszuholen. Der König konsultierte seine Berater, die ihm jedoch davon abrieten. Nzinga war immer noch mächtig und bereit zu kämpfen. Aber sie war auch nach wie vor offen für Frieden. Der Krieg mit ihr hatte bislang nur hohe Kosten, Tod und Zerstörung gebracht.

Bis 1656 hatten Nzinga und die Portugiesen zahlreiche Botschaften ausgetauscht. Sie verhandelten hin und her. Schließlich kehrte Nzingas Botschafter mit einem Friedensvertragsentwurf zurück.

In Anwesenheit von portugiesischen Diplomaten nahmen Nzinga und ihre Vertrauten den Vertrag unter die Lupe.

Er sah vor, dass Nzinga sich bereiterklärte, sich von den Imbangala loszusagen, Matamba zu einem katholischen Gebiet zu erklären und sich mit Portugal zu verbünden. Die Portugiesen erklärten sich ihrerseits bereit, fast alle Teile von Ndongo, die sie erobert hatten, zurückzugeben (sie behielten nur einen kleinen Teil im Norden des Königreichs) und Nzinga als Königin von Matamba anzuerkennen.

Nzinga wies auf eine Passage im Vertrag hin, die besagte, dass sie Tribut zu zahlen habe. »Was das Bezahlen des Tributs betrifft, den ihr von mir fordert, so gibt es keinen Grund dafür, da ich geboren wurde, um mein Königreich zu regieren, sodass niemand von mir verlangen kann, einem anderen Herrscher zu gehorchen oder diesen anzuerkennen«, erklärte sie. »Würden die Portugiesen jedes Jahr ein Geschenk von mir wollen, würde ich ihnen dieses freiwillig geben, solange sie mir im Gegenzug ebenfalls eines schenken würden, als Zeichen eines höflichen Umgangs miteinander.«[13]

Die portugiesischen Botschafter strichen daraufhin die Klausel.

Anschließend ließen portugiesische Beamte Kambu frei und begleiteten sie nach Matamba.

Als Kambu den Palast betrat und Nzinga sie sah, fiel diese auf die Knie. Sie stand auf, küsste Kambus Hand und sank erneut zu Boden. Als sie wieder aufstand, umarmten sich die beiden Schwestern lange Zeit ohne ein Wort zu sagen und küssten einander auf die Wangen.

Nzinga unterzeichnete den Vertrag.

Im Januar 1657, anlässlich der Unterzeichnung des Friedensvertrags mit den Portugiesen, leitete Nzinga ihre letzte militärische Zeremonie. Sie war 75 Jahre alt. Nachdem sie 1602 erstmalig gegen die Portugiesen ins Feld gezogen war, hatte sie über fünfzig Jahre lang immer wieder gegen sie gekämpft. Während der Zeremonie trug sie ihre vollständige Kriegskleidung. Auf dem Platz vor der Hauptkirche von Matamba saß sie auf einem Stuhl. Ihre Hauptarmee – 2000 Krieger – marschierte vor ihr, trommelte und schwenkte Fahnen. Sie befahl ihnen, ihren traditionellen Kriegstanz aufzuführen.

Als sie fertig waren und sich wieder in Formation befanden, nahm sie ihren Bogen und stellte sich auf den Stuhl. »Wer kann diesen Bogen jemals besiegen?«, schrie sie und reckte ihn in die Höhe.

»Niemand! Niemand!«, brüllten ihre Truppen.

»Nur Maniputo, der König von Portugal, kann ihn besiegen [...] Hiermit verkünde ich euch allen, dass ich soeben mit ihm Frieden geschlossen habe und nicht mehr wie bisher durchs Land streifen will ... [Jetzt] ist es an der Zeit, dass ich diesen Bogen niederlege.«

Sie warf den Bogen auf den Boden.

»Ich möchte in Ruhe und Frieden leben«, fuhr sie fort. »Ich bin schon alt und möchte nicht länger durch die Lande ziehen ... Ich danke euch für all die Entbehrungen und das Leid, die ihr während der Kriege auf euch genommen habt, und dafür, dass ihr meine Schwester zurückgebracht habt. Sie ist wieder bei mir, um mir Gesellschaft zu leisten, und das ist alles, was ich mir wünsche.«[14]

Kambu, die alles mitangesehen hatte, eilte auf Nzinga zu und warf sich vor ihr auf den Boden.

So wurde Ndongo gerettet.

Dieses Kapitel hat hoffentlich einen Eindruck davon vermittelt, welchen Stellenwert Frauen traditionell in vielen afrikanischen Kulturen hatten. Ganz gleich, ob Frauen als die wichtigsten Persönlichkeiten ihrer Kultur angesehen wurden (wie in Asante), ob sie an der Seite der Männer herrschten (wie in Igbo oder Nubien), oder ob sie allein an der Spitze standen (wie in Nubien und Mbundu), es besteht kein Zweifel daran, dass ihr Volk ihnen große Ehrfurcht entgegenbrachte. Die Menschen empfanden vor den Positionen, die diese Frauen innehatten, tiefen Respekt, ehrten die Rituale, die sie durchführten und erkannten ihre Autorität an. Sie akzeptierten die Entscheidungen dieser Frauen ohne zu zögern, gehorchten ihren Befehlen und folgten ihnen, wohin sie auch gingen, selbst in die Schlacht. Dass man aufgrund ihres Geschlechts ihre Eignung zu regieren – in welcher Funktion auch immer – infrage gestellt hätte, kam so gut wie nicht vor.

Leider haben einige Vertreter aus nicht-afrikanischen Völkern keinen solchen Respekt gezeigt, wenn es um Fragen der sozialen, politischen und kulturellen Identität der Afrikaner geht, wie das nächste Kapitel zeigen wird. Oftmals versäumten es diese Personen, die vielschichtigen und ausgeprägten Identitäten und Unterschiede afrikanischer Menschen zu würdigen. Stattdessen bezeichnen sie alle Menschen afrikanischer Abstammung einfach, und oft fälschlicherweise, als »schwarz«, und zwar ausschließlich aufgrund ihrer Hautfarbe. Damit will ich nicht sagen, dass sie »schwarz« unbedingt abwertend verwenden, sondern dass dieser Begriff bei vielen afrikanischen Menschen nicht ausreicht, um sie hinreichend zu beschreiben. Im nächsten Kapitel werde ich erklären, warum das so ist.

4

Wir sind mehr als eine Hautfarbe

Der Begriff »schwarz« ist unzureichend, um viele afrikanische oder afrikanischstämmige Menschen zu beschreiben, weil ihr Afrikanischsein – oder, im Falle derjenigen, die den Begriff »schwarz« verwenden, um andere Menschen zu rassifizieren, ihr »Schwarzsein« – nicht alles ist, was ihre Identität ausmacht. Mit anderen Worten: Die Identität vieler afrikanischer Völker besteht aus so viel mehr als ihrem Afrikanischsein oder ihrer Hautfarbe.

Man denke etwa an Kamala Harris, die ehemalige Vizepräsidentin der Vereinigten Staaten. Harris wurde 1964 in Kalifornien geboren. Ihr Vater – Donald – ist Afro-Jamaikaner. Ihre Mutter Shyamala, eine Tamilin, stammt aus Indien. Als Harris sieben Jahre alt war, ließen sich ihre Eltern scheiden. Sie und ihre jüngere Schwester Maya lebten fortan bei Shyamala.

Shyamala zog sie als Afroamerikanerinnen groß. »Sie wusste, dass ihre Wahlheimat Maya und mich als Schwarze Mädchen sehen würde, und war entschlossen, dafür zu sorgen, dass wir zu selbstbewussten, stolzen Schwarzen Frauen heranwuchsen«[1], so Harris. »Praktisch von Anfang an, als [meine Mutter] aus Indien kam, entschied sie sich für die [afroamerikanische] Gemeinschaft und wurde von ihr willkommen geheißen.«[2] Shyamala ging mit ihren Töchtern in eine afroamerikanische Kirche. Sie nahm sie mit zu Bürgerrechtsdemonstrationen. Die Mädchen fuhren mit dem afroamerikanischen Schulbus. Auch ihr Vater Donald trug seinen Anteil bei. Er liebte Jazz und führte Harris an die Musiker Thelonious Monk und John Coltrane heran.

All dies hatte Einfluss auf Harris. Der Jurist, Bürgerrechtler und erste afroamerikanische Richter am Obersten Gerichtshof Thurgood Marshall wurde zu einem ihrer Vorbilder. So entschied sie sich für die traditionell afroamerikanische Universität Howard, vor allem weil Marshall dort studiert hatte. In Howard trat sie Alpha Kappa Alpha bei, der ältesten afroamerikanischen Studentinnenverbindung in den USA. »[Die Tatsache, dass ich als Afroamerikanerin aufgewachsen bin,] hat mich von Grund auf geprägt«[3], sagte Harris in einem Interview.

Aber Shyamala erzog ihre Töchter auch als Inderinnen. Sie nahm sie mit auf Heimatbesuche nach Tamil Nadu, den vorwiegend von Tamilen bewohnten südlichsten Bundesstaat Indiens. Zu Hause kochten und aßen sie indisches Essen. Sie wurden ermutigt, indische Kleidung und indischen Schmuck zu tragen. Shyamala brachte ihnen auch ein wenig Tamilisch bei. »[Meine Mutter besaß ein] ausgeprägtes Bewusstsein und eine große Wertschätzung für die indische Kultur«, so Harris. »[Und als Inderin aufgewachsen zu sein] hat großen Einfluss auf das gehabt, was ich tue … und wer ich bin.«[4] Harris empfindet dies selbst als »doppeltes kulturelles Erbe«. Für sie sind ihre afroamerikanischen Wurzeln genauso wichtig wie ihre indischen Wurzeln, und sie war in beiden Communitys aktiv. Bis heute nimmt sie an Alumni-Veranstaltungen von Alpha Kappa Alpha teil. In einer Rede im Rahmen des Parteitags der Demokratischen Partei verwendete sie das tamilische Wort *chitthis* (»Tantchen«), als sie ihrer Familie für deren Unterstützung dankte, und betonte im Hinblick auf ihre Mutter: »Sie erzog uns zu stolzen, starken Schwarzen Frauen, und sie erzog uns dazu, unsere indische Herkunft zu kennen und stolz darauf zu sein.«[5]

Dennoch hat die Presse Harris allzu oft als lediglich »schwarz« bezeichnet. Als Harris 2016 zur Senatorin von Kalifornien gewählt wurde, sagten viele Medienverteter, sie sei erst die zweite »schwarze« Frau in der Geschichte der USA, die dies erreicht habe, vergaßen aber zu erwähnen, dass es ihr als erste südasiatische US-Amerikanerin gelungen war. Darüber hinaus, griffen die Medien bei Harris' afrikanischer Herkunft fast ausschließlich auf die Bezeichnung »schwarz« zurück – ein Begriff, der auf Hautfarbe fokussiert –, während der indische Teil ihrer Identität – *wenn* er denn genannt wurde – häufig auf eine Art verwendet wurde, dass der Eindruck entstehen konnte, die Begriffe würden sich gegenseitig ausschließen.

Harris sei »sowohl eine schwarze als auch indische Amerikanerin«[6], so ABC im Jahr 2019. Sie ist eine »schwarze Frau ... Demokratin ... [und] die erste südasiatische Senatorin«[7], hieß es im *New Yorker*. Als Harris 2010 Generalstaatsanwältin von Kalifornien wurde, schrieb die *New York Times*, sie sei »die Tochter eines schwarzen Wirtschaftswissenschaftlers und einer indischen Biologin«.[8] Die Presse scheint also nicht nur der Meinung zu sein, der Begriff »schwarz« reiche aus, um Harris' gesamte Identität zu beschreiben, obwohl sie weder vollständig afrikanischer Abstammung ist noch eine »schwarze« Haut hat, sondern sie glaubt offenkundig auch, afrikanisch zu sein beschränke sich darauf, dunkle (oder, wie sie es nennen, »schwarze«) Haut zu haben.

Und dieses Phänomen ist nicht auf die Medien beschränkt. Viele nicht-afrikanische Menschen bezeichnen alle möglichen Menschen mit afrikanischem Erbe als »schwarz«. Und das, obwohl es kaum eine Bevölkerungsgruppe gibt, die kulturell, ethnisch, und hinsichtlich ihrer Hautfarbe so vielfältig ist wie die afrikanische.

*

Wie wir dank der Existenz von »Eva« – der letzten gemeinsamen Vorfahrin aller heutigen Menschen, die vor etwa 150 000 Jahren in Afrika lebte – wissen, stammt die gesamte heutige Menschheit von einer »Gründerpopulation« ab, die in Afrika beheimatet war.

Vor etwa 100 000 Jahren begaben sich einige Nachkommen dieser Gründerpopulation, die wahrscheinlich in Äthiopien lebte, über Ägypten nach Israel. Ein Teil der Nachfahren der israelischen Bevölkerung zog dann entlang der Küsten des Indischen Ozeans weiter und breitete sich in Südostasien und Ozeanien aus. Australien erreichten sie vor 60 000 Jahren. Vor etwa 35 000 Jahren wanderten andere Nachkommen der ursprünglichen Bevölkerung von Afrika nach Europa. Sie verfügten über fortschrittlichere Verhaltensweisen und Technologien und ersetzten die Neandertaler. Vor etwa 15 000 Jahren erreichten andere Nachkommen den amerikanischen Kontinent.

Die Menschen, die weggingen, bildeten eine genetisch weniger vielfältige Population als die Gründerpopulation und ihre Nachkommen, die beide ihre Heimat nie verließen. Dieses Phänomen ist als »Gründereffekt« bekannt. Wenn Mitglieder einer Gruppe wegziehen, nehmen sie nur einen Teil der gesamten genetischen Vielfalt der Gruppe mit, die sie verlassen.

Stellen Sie sich einmal vor, Sie hätten einen Beutel mit 40 Murmeln. Darunter sind zehn rote, zehn grüne, zehn blaue und zehn gelbe Murmeln. Diese Murmeln stehen für die Nachkommen der Gründerpopulation, die wahrscheinlich vor über 100 000 Jahren in Äthiopien lebte. Dann greifen Sie in den Beutel, nehmen eine Handvoll Murmeln heraus und legen sie beiseite. Die Murmeln, die Sie herausgenommen haben, stehen für diejenigen aus dieser Population, die nach Israel gegangen sind. Nun zählen Sie diese Murmeln: Es sind fünf rote, drei grüne, eine blaue, aber keine gelbe. Diese Gruppe kommt nun in einen zweiten Beutel. Die Murmeln, die Sie entnommen haben – also die Gruppe, die fortgezogen ist – ist automatisch weniger vielfältig als die im ursprünglichen Beutel.

Die Menschen, die sich von der ersten Migrationsgruppe entfernten – also diejenigen von der israelischen Population, die nach Südostasien und in andere Gebiete migrierten – bildeten ebenfalls eine genetisch weniger vielfältige Bevölkerung als die Nachkommen der Gründer in Äthiopien und die israelische Bevölkerung. Dies ist als »Seriengründereffekt« bekannt. Stellen Sie sich hierfür vor, Sie greifen in den zweiten Beutel mit Murmeln, nehmen eine Handvoll heraus und legen sie beiseite. Die Murmeln, die Sie nun herausgenommen haben, repräsentieren diejenigen, die von Israel nach Südostasien und noch weiter gewandert sind. Sie zählen sie und stellen fest, dass Sie drei rote Murmeln, eine grüne und null blaue haben. Diese Gruppe ist genetisch noch weniger vielfältig als die ersten beiden.

Die zweite und dritte Gruppe von Murmeln repräsentieren die jüngeren Vorfahren von z. B. Indern, Europäern und Amerikanern. Diese Populationen sind weniger vielfältig als die Afrikaner, weil ihre Vorfahren sich von der Gründerpopulation, die ihren Ursprung in Afrika hatte, entfernt haben. Die genetisch ältesten und vielfältigsten Völker Afrikas und damit wahrscheinlich auch der Welt sind die Khoisan und die Biaka-Pygmäen in der Zentralafrikanischen Republik. Vor etwa 120 000 Jahren trennten sich die Vorfahren der Khoisan genetisch von den Nachkommen der Gründungspopulation. Dies war die erste Abspaltung. Die Tatsache, dass die Populationen afrikanischer Völker die größte genetische Vielfalt aufweisen, stützt auch die Theorie, dass der Mensch in Afrika entstanden ist, bevor er sich im Rest der Welt ausbreitete. Wie der Gründereffekt zeigt, ist die genetisch vielfältigste Population die ursprüngliche und damit die älteste.

Die Afrikaner sind nicht nur in genetischer Hinsicht, sondern auch das sprachlich und damit ethnisch und kulturell vielfältigste Volk der Welt. Von den rund 7000 Sprachen, die weltweit gesprochen werden, entfallen etwa 2000 auf Afrika.

Die meisten der von Afrikanern gesprochenen Sprachen stammen aus Afrika und werden nur von Afrikanern gesprochen. Diese Sprachen werden in vier große Sprachfamilien unterteilt: die Niger-Kongo-Sprachen, afroasiatische Sprachen, nilosaharanische Sprachen und Khoisan-Sprachen. Jede dieser Hauptgruppen umfasst verschiedene Untergruppen, die sich wiederum in Untergruppen (und Unter-Untergruppen) untergliedern lassen. Es gibt auch einige ursprünglich afrikanische Sprachen, die in keine der Hauptgruppen passen – zum Beispiel Shabo, eine äthiopische Nischensprache, und Dompo, das in Ghana gesprochen wird. Leider sind einige dieser isolierten afrikanischen Sprachen bereits ausgestorben oder vom Aussterben bedroht.

Die übrigen Sprachen, die die Afrikaner sprechen, wurden von Völkern von anderen Kontinenten mitgebracht. Dazu gehören indische und pakistanische Sprachen wie Urdu sowie europäische Sprachen der indoeuropäischen Sprachgruppe wie Portugiesisch, die spätestens im 15. Jahrhundert nach Afrika gelangten. Des Weiteren sind es Sprachen der austronesischen Sprachfamilie wie Malagasy, die bereits vor 2000 Jahren nach Afrika kamen.

Die Niger-Kongo-Sprachen bilden nicht nur in Afrika die größte Sprachgruppe, sondern in der ganzen Welt. Sie umfasst beinahe 1500 Sprachen und hat über 300 Millionen Sprecher. Diese Sprachen lassen sich in sieben Untergruppen unterteilen: Westatlantik, Mandé, Gur, Kwa, Kongo, Adamawa-Ost und Kordofanisch. In vielen afrikanischen Ländern sind die Sprachen der Niger-Kongo-Gruppe die am weitesten verbreiteten. Im Senegal spricht die Hälfte der Bevölkerung – rund neun Millionen Menschen – die Niger-Kongo-Sprache Wolof. 80 Prozent der Ghanaer – etwa 26 Millionen Menschen – sprechen Sprachen der Kwa-Untergruppe namens Akan. Die Niger-Kongo-Sprachgruppe ist zudem sehr alt. Alle zu dieser Gruppe gehörigen Sprachen haben sich aus einer Sprache entwickelt, die bereits vor 15 000 Jahren gesprochen wurde.

Die älteste Sprachgruppe sowohl Afrikas als auch der gesamten Welt ist jedoch das Khoisan. Die 35 Khoisan-Sprachen sind aus einer vor etwa 20 000 Jahren gesprochenen Sprache hervorgegangen. Diese Sprachen werden in fünf Untergruppen unterteilt: Hadza, Sandawe, Khoe, Ju und Tuu. Khoisan-Sprecher sind vor allem im südlichen Afrika verbreitet. Sie leben in Ländern wie Angola, Namibia und Botswana. Die ursprünglichen Khoisan-Sprecher lebten weiter nordöstlich, im heutigen Kenia und Somalia. Vor 8000 Jahren zogen jedoch einige von ihnen in den Süden und brachten ihre Sprache, ihre Steinwerkzeuge und ihren Lebensstil als Jäger und Sammler mit.

Die afroasiatische Sprachgruppe umfasst 371 Sprachen, darunter Amharisch, Somali und Hausa, sowie Sprachen, die von nicht-afrikanischen Völkern stammen und gesprochen werden, wie z. B. Arabisch. Diese fast 400 Sprachen werden in sechs Untergruppen unterteilt: Tschadisch, Tamazight, Ägyptisch, Semitisch, Kuschitisch und Omotisch. Die afroasiatische Gruppe ist mit 10 000 Jahren ebenfalls sehr alt. Ihre Sprecher leben hauptsächlich in Nordafrika.

Die nilosaharanische Sprachgruppe umfasst etwa 200 Sprachen. Diese werden in vier Untergruppen unterteilt: Songhai, Saharan, Kuliak und eine vierte Untergruppe, die so vielfältig und komplex ist, dass es keinen allgemein anerkannten Namen für sie gibt. Nennen wir sie die »namenlose Untergruppe«.

Die namenlose Untergruppe besteht aus sechs Untergruppen (oder Unter-Untergruppen): Maban, Fur, Zentralsudanisch, Berta, Kunama und die »Kernsprache«. Die »Kernsprache« besteht aus vier Untergruppen (bzw. Unter-Unter-Untergruppen): Ostsudanisch, Koman, Gumuz und Kadu. Ostsudanesisch besteht aus zwei Untergruppen (oder Unter-Unter-Unter-Untergruppen): Ek und En. Diese bestehen aus ihren eigenen Untergruppen, die wiederum eigene Untergruppen haben.

Fast jede Hauptgruppe und Untergruppe afrikanischer Sprachen lässt sich in ähnlicher Weise untergliedern. Die Vielfalt der afrikanischen Sprachen und der ethnischen Gruppen und Kulturen, die sie repräsentieren, ist erstaunlich.

Wir haben jetzt ein Gefühl dafür bekommen, wie vielfältig die Menschen Afrikas wirklich sind. Da die menschliche Bevölkerung, von der wir alle abstammen, ihren Ursprung in Afrika hatte, war jede Gruppe von Menschen, die sich von der nicht-migrierenden Bevölkerung entfernte, weniger vielfältig – nicht nur genetisch, sondern auch kulturell und ethnisch. Das liegt daran, dass es unwahrscheinlich ist, dass eine kleine Splittergruppe alle genetischen und kulturellen Elemente der viel größeren Gruppe, von der sie sich abspaltete, mitnahm. Als neue Population bildeten sie eine eigene, aber weniger reiche Kultur.

Der Gründereffekt allein reicht nicht aus, um die große Vielfalt innerhalb der afrikanischen Bevölkerung zu erklären. Darüber hinaus spielt die Tatsache eine Rolle, dass der Mensch seinen Ursprung in Afrika hat – und es geht dabei nicht nur um diese eine Gründerpopulation, die vor über 150 000 Jahren entstand, sondern auch um Ereignisse, die Millionen Jahre davor und Zehntausende Jahre danach stattfanden.

Aus dem ersten Kapitel – »Unsere verlorenen Jahrtausende« – wissen wir bereits, dass über Millionen von Jahren hinweg verschiedene frühe menschliche Populationen in ganz Afrika existierten. Sie passten sich an die unterschiedlichen Umgebungen an, in denen sie lebten, und entwickelten sich entsprechend auf unterschiedliche Weise. Im weiteren Verlauf zogen sie quer durch Afrika und vermischten sich untereinander. Einige Populationen wanderten sogar aus Afrika aus, und Generationen später kamen einige ihrer Nachkommen zurück und vermischten sich ihrerseits mit afrikanischen Populationen. DNA-Analysen von zentralafrikanischen Völkern, einschließlich der San in Namibia, zeigen, dass sich einige unserer Vorfahren vor 35 000 Jahren mit einer noch nicht identifizierten frühen menschlichen Population vermischt haben. Ähnliche Belege zeigen, dass sich ost- und westafrikanische *Sapiens* vor 3000 bis 11 000 Jahren entlang des sudanesischen Gürtels (d. h. der grasbewachsenen Region zwischen der Sahara und den zentralafrikanischen Wäldern) hin- und herbewegten und sich dabei stark vermischten. Vor etwa 30 000 Jahren wanderten einige *Sapiens* von Afrika nach Europa und vermischten sich mit Neandertalern. Bis heute finden sich Spuren von Neandertaler-DNA in unserem Erbgut. Vor 7000 Jahren zogen die Nachkommen von *Sapiens*, die aus Afrika ausgewandert waren und sich mit eurasischen Frühmenschen gepaart hatten, zurück nach Afrika. Genauer gesagt kamen sie nach Westafrika und vermischten sich mit dortigen Populationen. So kommt es, dass die Yoruba in Nigeria und die Mossi in Burkina Faso eurasische Gene haben. Auch die Chonyi und Kauma in Kenia sowie die Khoisan in Südafrika besitzen eurasische Gene. Dieses genetische Erbe ist das Ergebnis von Rückwanderungen nach Afrika, die in den letzten rund 4000 Jahren stattfanden.

Wann immer sich frühe menschliche Populationen vermischten, tauschten sie nicht nur ihre unterschiedlichen Gene aus, sondern auch ihre verschiedenen kulturellen Merkmale (wie Sprachen) und Techniken. Ihre Nachkommen waren eine Mischung aus all den Gruppen, die zusammengekommen waren, wiesen jedoch auch eigenständige Merkmale auf. Mit anderen Worten: Jedes Mal, wenn sich verschiedene frühe menschliche Populationen vermischten, entstand eine völlig neue Gruppe, die sich ihrerseits mit einer anderen Gruppe vermischte, die wiederum eine neue Gruppe hervorbrachte, und so weiter.

Da der Mensch am längsten auf dem afrikanischen Kontinent beheimatet ist, sind auch die meisten Migrationen und Vermischungen zwischen verschiedenen menschlichen Populationen in Afrika erfolgt. Folglich haben sich in Afrika im Laufe der Zeit auch die meisten unterschiedlichen menschlichen Populationen herausgebildet. Millionen Jahre lang, in denen die unterschiedlichen menschlichen Populationen nur in Afrika lebten, wanderten sie umher und vermischten sich. Selbst als einige von ihnen Afrika verließen, setzten die verbliebenen Menschen dies fort. Die schiere Anzahl unterschiedlicher Populationen, die aus dieser Vermischung hervorging, führte zu einem exponentiellen Anstieg der Vielfalt der afrikanischen Völker. Insofern ist es kein Wunder, dass die Afrikaner die vielfältigste Bevölkerungsgruppe der Erde sind.

Offenbar migrierten und vermischten sich einige afrikanische Populationen besonders häufig, sodass sie deutlich mehr afrikanische Populationen in genetischer, kultureller und technischer Hinsicht beeinflussten als andere. Das geht so weit, dass wir ihre Migrations- und Vermischungsmuster sogar in archäologischen und historischen Funden erkennen können.

Eine dieser Gruppen, die besonders aktiv migrierte und sich vermischte, waren die Bantu, die auch heute noch existieren. Faktisch waren die Bantu nie nur eine einzige, klar abgegrenzte Population. Vielmehr bestanden sie immer aus mehreren Bevölkerungsgruppen, die verschiedene, aber eng miteinander verwandte Sprachen mit einem gemeinsamen Ursprung sprachen. Es handelt sich um die sogenannten Bantu-Sprachen, wobei das Wort »Bantu« »Menschen« bedeutet. Es war Wilhelm Bleek, ein deutscher Philologe des 19. Jahrhunderts, der vorschlug, die Sprachen mit diesem Ausdruck zu bezeichnen, der sich anschließend auch für die Menschen selbst durchsetzte, die zur größten Bevölkerungsgruppe Afrikas zählen. Der umfangreichen Migration und Vermischung der Bantu ist es zu verdanken, dass ihre über 500 Bantusprachen die in Afrika am weitesten verbreiteten Sprachen sind. Sie sind Teil der Niger-Kongo-Sprachgruppe, der größten Sprachfamilie der Welt. Ein Drittel der Afrikaner spricht mindestens eine Bantusprache. Insgesamt gibt es in Afrika etwa 200 Millionen Menschen, die Bantu sprechen.

Etwa 3000 v. Chr. zogen einige Bantu von ihrem Herkunftsort im heutigen Kamerun in die Savanne am nördlichen Rand des dichten zentralafrikanischen Waldes – ungefähr dort, wo sich heute das Land Gabun befindet.

Warum diese Bantu sich auf den Weg machten, ist unklar. Möglicherweise waren sie auf der Suche nach neuem, fruchtbarem Land. Möglicherweise wurden sie aber auch vertrieben. Um 9000 v. Chr. endete die Jüngere Dryaszeit – ein Kälterückfall, der etwa 1000 Jahre andauerte. Es folgte das Holozän – eine klimatisch stabilere Epoche mit wärmerem, feuchterem Wetter und einer Atmosphäre mit höherem Kohlendioxidgehalt. Im Holozän wuchsen die Pflanzen üppiger, sodass es mehr Nahrung gab, was es den Menschen ermöglichte, größere Populationen zu ernähren, was wiederum andere Ressourcen knapp werden ließ und zu mehr Konkurrenzkämpfen führte. Einige der Unterlegenen verließen freiwillig das Land oder waren gezwungen, zu fliehen.

Um 500 v. Chr. – also 2500 Jahre nachdem die ersten Bantu den zentralafrikanischen Wald erreicht hatten – zogen ihre Nachkommen weiter nach Süden und Osten. Die ersten Bantu hatten dies nicht getan, weil die Waldmitte lange Zeit zu dicht bewachsen war, um dort leben oder sie zu durchqueren zu können. Aber um etwa 500 v. Chr. hatte sich das regionale Klima erwärmt, wodurch auch die Oberflächentemperatur des Atlantischen Ozeans gestiegen war. Dies führte zu vermehrten Niederschlägen, die den Boden im Waldesinneren erodierten und die Bäume zerstörten, sodass auch dieses Gebiet zu einer Savanne wurde.

Einige Bantu zogen daraufhin die Atlantikküste hinunter und blieben in den Savannen im südlichen Kongo. Nennen wir sie also die »Atlantikküsten-Bantu«.

Andere zogen nach Osten in die Republik Kongo und dann südwärts entlang der nahegelegenen Flüsse. Um 300 v. Chr. hatten sie die Großen Seen erreicht – den Albertsee an der Grenze zwischen Kongo und Uganda sowie den Viktoriasee, der sich über die Grenzen von Uganda, Kenia und Tansania erstreckt. Hier trafen sie auf zentralsudanesische Völker.

Im Gegensatz zu den Bantu, die in erster Linie Jäger und Sammler waren und mit Steinwerkzeugen arbeiteten, waren die Zentralsudanesen erfahrene Bauern und waren mit der Eisenverarbeitung vertraut. Ihre Vorfahren hatten im Sudangürtel gelebt, wo sie um 2000 v. Chr. gelernt hatten, Ackerbau zu betreiben, und um 300 v. Chr., wie man Eisen gewinnt. Möglicherweise war das Wissen um die Eisenverarbeitung aus dem nubischen Meroë zu ihnen gelangt, wo es erfahrene Schmiede gab. Oder es stammte von der Nok-Kultur, die zwischen 1000 v. Chr. und 200 n. Chr. in Nigeria blühte. Die Nok waren begabte Künstler, die erstaunliche Terrakotta-Skulpturen anfertigten, von denen einige über einen Meter hoch waren. An ihren Stätten wurden Eisenschmelzöfen und Werkzeuge gefunden.

Die Bantu, die die Großen Seen Afrikas erreichten, übernahmen schließlich die Technik der Eisenverarbeitung und den Ackerbau von den Zentralsudanesen. Sie lernten, Kühe und Schafe zu züchten, und nutzten ihre neu erworbenen Kenntnisse in der Eisenverarbeitung zur Herstellung von Urewe-Steinzeug – einer besonderen Art von Keramik, die sie mit geometrischen Linien und Formen verzierten. Diese Gruppe wurde zu den »Bantu der Großen Seen«, wie ich sie hier bezeichnen möchte.

Warum genau die Bantu der Großen Seen sich entschlossen, ihre Lebensweise als Jäger und Sammler sowie ihre Steinwerkzeuge zugunsten von Eisenverarbeitung und Ackerbau aufzugeben, ist nicht bekannt. Aber wir können ein paar Vermutungen anstellen.

Wahrscheinlich waren die Zentralsudanesen den Bantu zahlenmäßig überlegen. Schließlich ist es viel einfacher, eine größere Bevölkerung zu ernähren, wenn man weiß, wie man große Mengen an Nahrung anbauen kann, als sie wie sonst durch einfaches Suchen zu finden. Außerdem sind Werkzeuge – und vor allem Waffen – aus Eisen viel effektiver als solche aus Stein. Es ist möglich, dass die Zentralsudanesen die Bantu, die in ihre Nähe kamen, besiegt und diese sich dann assimiliert haben. Oder die Bantu hielten das Wissen und die Techniken der eisenverarbeitenden Bauern einfach für besser als ihre eigenen und machten sich diese bereitwillig zunutze. Höchstwahrscheinlich war es im Laufe der Zeit eine Kombination aus beidem.

Im Zeitraum zwischen 300 und 200 v.Chr. wanderten einige Bantu aus der Region der Großen Seen nach Westen und zogen entlang des südlichen Randes des zentralafrikanischen Waldes in den Norden Angolas. Hier trafen sie auf einige Bantu der Atlantikküste, die in der Nähe im südlichen Kongo siedelten. Bis zum ersten Jahrhundert n.Chr. hatten diese Atlantikküsten-Bantu von ihren Vettern aus der Region der Großen Seen die Eisenverarbeitung und den Ackerbau übernommen und wurden zu dem, was ich hier als »angolanische Bantu« bezeichnen werde. Es liegt nahe, dass dies auf die gleiche Art und Weise wie oben beschrieben geschah.

Zwischen etwa 100 und 200 n. Chr. begaben sich weitere Bantu von den Großen Seen nach Süden und Osten. Sie ließen sich in Somalia, Kenia und Tansania nieder. In den nächsten 200 Jahren zogen einige dieser Siedler weiter nach Süden, zunächst nach Sambia und Malawi, dann nach Simbabwe und Südafrika.

Im selben Zeitraum drangen einige angolanische Bantu zunächst weiter ins Landesinnere Angolas vor und breiteten sich anschließend über einen Großteil Südwestafrikas aus. Andere zogen nach Osten, nach Sambia und in den Kongo, und ließen sich dort nieder.

Während die verschiedenen Bantu-Gruppen quer durch Afrika wanderten, trafen sie nicht nur untereinander und mit Gruppen wie den Zentralsudanesen zusammen, sondern begegneten auch verschiedenen Gruppen von Jägern und Sammlern, die Steinwerkzeuge benutzten und den Kontinent seit Jahrtausenden bewohnten – zum Beispiel die Khoisan. Wenn Bantu-Gruppen, die zu Eisenverarbeitern und Bauern geworden waren, auf diese Jäger und Sammler trafen, übernahmen Letztere diese Praktiken ebenfalls im Laufe der Zeit. Mit anderen Worten: Die Bantu machten mit diesen Jägern und Sammlern dasselbe, was die Zentralsudanesen mit den Bantu gemacht hatten, die zu den Großen Seen gewandert waren. Auf diese Weise verbreiteten sich die Eisenverarbeitung und Landwirtschaft in fast allen Kulturen des Kontinents.

Aber auch die Jäger und Sammler haben ihre Spuren hinterlassen. Sie mögen zwar im Großen und Ganzen dominiert worden sein, aber sie beeinflussten unweigerlich auch die Kulturen der Bantu. Verschiedene Jäger- und Sammlergruppen prägten die verschiedenen bäuerlich lebenden, eisenverarbeitenden Bantu-Gruppen mit ihrem Wortschatz, ihren Praktiken, Techniken und sogar ihren Genen. So entstanden voneinander unterscheidbare und einzigartige Bantu-Gruppen.

Am Beispiel der Bantu können wir sehen, wie Migration und Vermischung die Vielfalt der afrikanischen Völker exponentiell erhöht haben. Am Anfang stand eine Bantu-Gruppe – diejenige, die von Kamerun in den zentralafrikanischen Wald zogen. Als dann die Nachkommen dieser Gruppe an verschiedene Orte wanderten und sich mit anderen Menschen vermischten, bildeten sich unterschiedliche Subpopulationen, wodurch eine Vielzahl an Gruppen entstand. Und als die Nachkommen dieser Gruppen weiter migrierten, sich ihrerseits vermischten und dadurch veränderten, kamen immer mehr Gruppen hinzu. Aus den Bantu der zentralafrikanischen Wälder entstanden die Bantu der Atlantikküste, die Bantu der Großen Seen und die angolanischen Bantu, um nur einige Beispiele zu nennen.

Da wir nun wissen, wie vielfältig die afrikanischen Völker sind und warum, ist es an der Zeit zu erklären, warum manche Menschen die Afrikaner trotz ihrer so unterschiedlichen Hautfarben, Ethnien und Kulturen allesamt als »schwarz« bezeichnen.

Dazu begeben wir uns in die amerikanische Kolonie Virginia des 17. Jahrhunderts, wo ein demografischer Wandel die Selbstwahrnehmung der Einwohner sowie die Identitätsmerkmale, anhand derer sie sich gegenseitig diskriminierten, veränderte.

*

Im Virginia des frühen 17. Jahrhunderts gab es kaum jemanden, der *race* oder Hautfarbe als zentrale Aspekte der eigenen oder der Identität anderer erachtete, und so waren Diskriminierungen aufgrund dieser Merkmale äußerst rar, wie der dortige Umgang mit afrikanischen Menschen verdeutlicht.

Hierfür möchte ich gerne von Anthony Johnson erzählen, einem afrikanischen Landbesitzer in Virginia und seiner Familie. Wie die meisten, wenn nicht alle Afrikaner, die zu dieser Zeit in Amerika lebten, war Johnson »Kreole«. Kreolen waren die Kinder (oder Enkel) von Afrikanern oder von Afrikanern und Europäern, die etwa ab dem 16. Jahrhundert in den Küstensiedlungen Westafrikas und Europas lebten, wo sie sowohl afrikanische als auch europäische Bräuche kennenlernten und multikulturell und weltgewandt wurden, sodass sie sich sowohl in der europäischen als auch in der afrikanischen Gesellschaft zurechtfanden.

Einige der frühesten Kreolen waren freiwillig nach Amerika gegangen. Sie schlossen sich den Expeditionen an, die Spanien und Portugal im 15. und 16. Jahrhundert unternahmen, und reisten mit Hernán Cortés, Francisco Pizarro, Hernando de Soto und sogar Christoph Kolumbus.

Andere waren verschleppt worden. In der Regel ging es in die Karibik. Im 15. Jahrhundert hatten die Spanier dort, anders als in Nordamerika, bereits Plantagen angelegt, sodass der Bedarf an Arbeitskräften größer war. Die ersten Kreolen, die nach Virginia gebracht wurden, kamen nicht direkt aus Afrika. Denn die Plantagenbesitzer in Virginia waren insgesamt weniger gut vernetzt und ärmer als die karibischen. Für die Schiffsladungen mit hauptsächlich männlichen, aus Afrika verschleppten Sklaven fehlte ihnen das Geld. Diese gingen stattdessen an europäische Plantagenbesitzer in der Karibik. Bei den Afrikanern in Virginia handelte es sich um »Geschenke« dieser Europäer.

Oder sie waren durch Zufall nach Amerika gekommen. Im Jahr 1619 machte sich ein portugiesisches Schiff namens *San Juan Bautista* von Angola aus auf den Weg nach Mexiko. An Bord befanden sich über hundert afrikanische Kreolen – wahrscheinlich Mbundus aus dem Königreich Ndongo, die zum Christentum bekehrt worden waren. Einen Monat nach der Abreise waren bereits Dutzende von ihnen aufgrund der schrecklichen Bedingungen, denen sie ausgesetzt waren, gestorben. Die Reise dauerte länger als erwartet, und so machte der Kapitän in Jamaika Halt. Dort lud er die am stärksten erkrankten Kreolen aus und tauschte 24 gesunde gegen Lebensmittel und Medikamente ein. Er setzte seine Reise fort, doch als er an der mexikanischen Küste entlang nach Vera Cruz segelte, griffen ihn zwei englische Schiffe an und überfielen ihn – die *White Lion* und die *Treasurer*. Sie teilten die etwa 60 Afrikaner unter sich auf, brachten sie nach Virginia und verkauften sie an wohlhabende Einwohner. Dies waren die ersten Afrikaner in den englischen Kolonien in Amerika.

Anthony Johnson war 1621 nach Virginia verschleppt worden. Mary, die Afrikanerin, die er in den 1620er- oder 30er-Jahren heiratete, war im Jahr darauf verschleppt worden. Gemeinsam hatten sie mindestens vier Kinder – zwei Jungen und zwei Mädchen.

Ursprünglich arbeiteten Johnson und Mary wie Vertragsbedienstete auf der Plantage eines Mannes namens Bennett. Bei der Indentur (*indentured servitude*) handelte es sich um eine vor allem im englischen Recht der Zeit verankerte Form der Vertragsknechtschaft, bei der sich die Arbeiter verpflichteten, für eine festgelegte Zeit (in der Regel fünf Jahre) oder bis eine Schuld beglichen war für den Arbeitgeber zu arbeiten. Die »Schuld« umfasste in der Regel die Kosten, die der Arbeitgeber dem Arbeiter für die Überfahrt nach Übersee sowie für Unterkunft und Verpflegung berechnete. Die Johnsons waren von portugiesischen Sklavenhändlern verschleppt worden und hatten daher keinen Vertrag unterschrieben. In der Kolonie wurden sie jedoch wie Vertragsbedienstete behandelt, mit der Ausnahme, dass sie nach Ablauf der Fünfjahresfrist nicht freigelassen werden mussten.

Johnson und Mary arbeiteten 20 Jahre lang für Bennett, bis sie schließlich mit ihm über ihre Freiheit verhandelten und ihn dafür bezahlten. Mit dem restlichen Geld, das sie gespart hatten, erwarben sie fast 1000 Morgen Land, Nutztiere und sogar zwei eigene Bedienstete: in den 1640er-Jahren einen Afrikaner namens John Casar und in den 1650er-Jahren eine Afrikanerin namens Mary Gersheene.

In der Nähe der Johnsons lebten zwei europäische Brüder mit Landbesitz namens George und Robert Parker. Da sie zusätzliche Arbeitskräfte brauchten, versuchten sie schon seit einiger Zeit, Casar zu stehlen, wobei Letzterer durchaus bereit war, aus freien Stücken zu den Parkers zu gehen. Er hegte nämlich einen Groll gegen Anthony Johnson und behauptete, er hätte einen Arbeitsvertrag unterschrieben und bereits die vereinbarten sieben Jahre gearbeitet, Johnson weigere sich aber, ihn freizulassen. Johnson hingegen sagte, es gäbe keinen solchen Vertrag, und Casar sei vielmehr verpflichtet, auf Lebenszeit für ihn zu arbeiten.

Die Parkers unterstützten Casar. Sie erklärten, sie könnten beweisen, dass es einen Vertrag gab, den sein früherer Arbeitgeber ausgestellt hatte. Sie drohten Johnson, dass sie dafür sorgen würden, dass er seine Rechte an der Nutzung von Casars Kühen verlieren würde, wenn er diesen nicht freiließe.

Eingeschüchtert durch diese Drohungen und von einigen seiner Familienmitglieder überzeugt, dass Casar es nicht wert war, entließ Johnson ihn. 1653 unterzeichnete er ein Dokument, in dem er Casar aus seinem Dienst entließ und sich bereit erklärte, ihm Mais und Kleidung zu geben sowie die *freedom dues* zu zahlen – ein Handgeld, das einem ehemaligen Knecht ausgezahlt wurde, damit dieser sich ein eigenes Leben aufbauen konnte. Casar begann daraufhin, für die Parkers zu arbeiten.

Da er sich von den Parkers ungerecht behandelt fühlte, reichte Johnson nur zwei Jahre später bei einem Gericht in Virginia Klage ein, um Casar zurückzubekommen, und gewann. Der Richter stimmte zu, dass Casar ihm unrechtmäßig weggenommen worden war, und erklärte das Dokument von 1653 für ungültig. Er ordnete an, dass Casar an Johnson zurückgegeben werden sollte und die Parkers sämtliche Gerichtskosten übernehmen müssten. Er legte nicht fest, wie lange Casar Johnson noch zu dienen hatte, sodass Casar Letzterem mindestens weitere 17 Jahre lang diente, wahrscheinlich bis zu seinem Tod. Streng genommen war er einer der ersten versklavten Afrikaner in Virginia.

Kurzum, der Richter war nicht der Ansicht, dass die Parkers als Europäer dem Afrikaner Johnson automatisch überlegen waren und daher den Fall gewinnen müssten. Diese Art von rassistischer Voreingenommenheit gab es im frühen

Virginia kaum und kann daher die Entscheidung des Richters nicht beeinflusst haben. Für den Richter war Johnson einfach ein unabhängiger, respektabler Grundbesitzer, dem andere Grundbesitzer – die Parkers – Unrecht getan hatten und der daher Gerechtigkeit verdiente.

Die meisten, wenn nicht gar alle europäischen oder sonstigen Mitbürger der Johnsons in Virginia, betrachteten sie ebenfalls als respektable Landbesitzer. 1653 zerstörte ein Feuer einen Großteil des Besitzes der Johnsons. Als sie das Gericht um Hilfe baten, bekamen sie diese auch. 1655 wurde einer der Söhne der Johnsons wegen »Unzucht« inhaftiert.[9] Er soll die europäische Angestellte Hannah Leach geschwängert haben. Der Richter sagte, er würde den Sohn nur freilassen, wenn dieser einen Schadensersatz sowie alle Gerichtskosten zahlen und für den Unterhalt des Kindes aufkommen würde. Um die Freiheit des Sohnes zu sichern, erklärte sich ein europäischer Nachbar und Freund der Johnsons bereit, für ihn zu bürgen. Ein anderer Sohn der Johnsons – Richard – heiratete und bekam Kinder mit einer europäischen Frau. Selbst die Parkers, die einzigen Rivalen der Johnsons, hatten nicht deshalb versucht, Casar zu stehlen, weil sie der Meinung waren, Johnson sei als Afrikaner minderwertig und habe deshalb keinen eigenen Diener verdient. Sie wollten schlicht mehr Arbeitskräfte.

Dass *race* oder die Hautfarbe in Virginia im 17. Jahrhundert keine große Rolle spielten und Menschen einander nicht aufgrund dieser Merkmale diskriminierten, lag daran, dass die Gesellschaft sowohl hinsichtlich der sozialen Klasse als auch in Bezug auf *race* bunt gemischt war. Mit anderen Worten: Es gab sowohl afrikanische als auch europäische Grundbesitzer und Bedienstete sowie freie und versklavte amerikanische Ureinwohner. Afrikanische und europäische Grundbesitzer auf der einen und afrikanische und europäische Knechte auf der anderen Seite lebten fast das gleiche Leben. Und auch was den Umgang miteinander anbelangte, so behandelten afrikanische und europaische Grundbesitzer einander im Wesentlichen gleich und gingen auch mit afrikanischen und europäischen Bediensteten in etwa gleich um. Außerdem kam es zu einer starken Vermischung, nicht nur zwischen afrikanischen und europäischen Grundbesitzern einerseits und afrikanischen und europäischen Bediensteten andererseits, sondern zwischen allen vier Gruppen.

Europäische und afrikanische Bedienstete hatten dieselben Rechte und Privilegien. An Wochenenden und Feiertagen hatten sie frei. Sie konnten die Gehöfte ihrer Herren verlassen, nahe gelegene Städte besuchen, sich dort frei bewegen und sich in den Wirtschaften herumtreiben. Ihre Herren waren moralisch und kulturell verpflichtet, sie mit anständiger Kleidung, Unterkunft und Nahrung zu versorgen. Außerdem konnten sie ihre Diener nicht bestrafen, wann und wie sie wollten. Wenn sie Probleme mit dem Fehlverhalten eines Dieners hatten, konnten sie diese entweder selbst friedlich lösen oder mussten den Fall vor Gericht bringen. Außerdem war es den Dienern gestattet, in ihrer Freizeit für sich selbst zu arbeiten. Einige kreolische Vertragsbedienstete gingen auf die Jagd oder auf Fischfang, verrichteten Gartenarbeit und hielten Vieh. Andere stellten Waren her, die sie an andere Knechte, ihre Herren und die Nachbarn ihrer Herren verkauften. Wieder andere bearbeiteten das Land ihres Herrn gegen ein Entgelt – in der Regel eine bestimmte Menge einer Ware wie Tabak.

Wenn ein kreolischer Diener, wie es die Johnsons getan hatten, genügend Geld zusammensparte und gute Beziehungen zu seinem Herrn oder anderen wohlhabenden und wichtigen Bewohnern Virginias aufbaute, konnte er seine Freiheit erlangen. Viele Herren aus Virginia waren begeisterte Förderer von kreolischen Unternehmern, mit denen sie bereitwillig Geschäfte eingingen. Einige waren derart enthusiastisch, dass sie die Geförderten auf deren Wunsch beim Erwerb ihrer Freiheit halfen, indem sie ihnen entweder Geld liehen oder ihre Herren überredeten, sie freizulassen.

Auch die Herren profitierten von dieser Regelung. Eine bessere Behandlung bedeutete oft, dass ihre Diener besser arbeiteten. Außerdem waren die Kreolen gewohnheitsmäßig oder gesetzlich verpflichtet, ihrem Herrn etwas von dem abzugeben, was sie produzierten. Wenn Kreolen die Lebensmittel aßen, die sie anbauten, oder Kleidung, die sie herstellten, verringerte sich die finanzielle Belastung für ihren Herrn.

Das wichtigste Identitätsmerkmal der Virginier im frühen 17. Jahrhundert war ihr Christentum. Obwohl ihre Gesellschaft hinsichtlich *race* und sozialer Klasse gemischt war, war sie im Großen und Ganzen religiös geeint. Die meisten afrikanischen und europäischen Grundbesitzer und Bediensteten waren Christen. Einige waren es schon länger, während andere – vor allem die afrikanischen Bediensteten – erst kürzlich konvertiert waren oder von ihren Herren bekehrt wurden. Im Virginia des frühen 17. Jahrhunderts verlief die maßgebliche Unterscheidung zwischen den »freien« Einwohnern und den »anderen« demnach nicht entlang von *race*, der Hautfarbe oder gar dem Vermögen, sondern entlang der Religion. Mit »frei« meine ich diejenigen, die Anspruch auf die Rechte und Privilegien der Gesellschaft Virginias hatten. Unabhängig davon, ob Europäer oder Afrikaner, Grundbesitzer oder Diener, als Christ galt man als »freier« Virginier. Wer hingegen kein Christ war, hatte keinen Anspruch auf die Rechte der »freien« Virginier. Mit anderen Worten, man wurde diskriminiert.

So erließen etwa die Gesetzgeber in Virginia 1644 ein Gesetz, das sexuelle Beziehungen zwischen Christen und Nicht-Christen verbot. Darüber hinaus wurden zu dieser Zeit in Virginia Nicht-Christen im Gegensatz zu Christen häufig von ihren Herren dazu gezwungen oder durch Täuschung dazu gebracht, lebenslang für sie zu arbeiten – was praktisch einer Versklavung gleichkam. Dies betraf insbesondere diejenigen der verschleppten Kreolen, die nicht nur keine Christen waren, sondern auch keinen Vertrag unterzeichnet hatten. Als britische Kolonie unterlag Virginia dem britischen Gesetz, das die Versklavung von Mitchristen verbot. Um ihre Freiheit zu erlangen, ließen sich deshalb einige Kreolen taufen und verklagten dann ihre Herren vor den Gerichten Virginias. Noch 1667 versuchte dies ein Afrikaner namens Fernando, der in Knechtschaft lebte. Er gab an, getauft zu sein und in England gelebt zu haben. Viele Kreolen hatten mit ihren Versuchen keinen Erfolg, aber einige wenige schon. Der Lower Norfolk County Court, vor dem Fernando seinen Fall zuerst vortrug, wies ihn ab. Daraufhin legte er Berufung beim General Court ein, es gibt jedoch keine Aufzeichnungen darüber, wie das Urteil ausfiel.

Doch diese hinsichtlich *race* relativ gleichberechtigte, religiös hingegen engstirnige Gesellschaft in Virginia sollte nicht von Dauer sein. Warum? Weil sich schon bald die Zusammensetzung änderte. Es entstand eine segregierte, zweistufige Gesellschaft – mit hellhäutigen europäischen Landbesitzern an der Spitze und dunkelhäutigen versklavten Afrikanern (nicht nur Vertragsbediensteten) am unteren

Ende. Die Trennlinie zwischen den »freien« Virginiern und den »anderen«, die einst auf der Religion beruhte, verlief nun entlang von *race* und Hautfarbe.

Wie kam es, dass Virginia von einer gemischten zu einer segregierten, zweistufigen Gesellschaft wurde? Im Wesentlichen geschah dies aufgrund eines Wandels in der Wirtschaft Virginias und der Arbeitskräfte, von der Erstere abhängig war.

*

1610 lag Virginias Wirtschaft am Boden. In Jamestown, der Siedlung, die die britischen Kolonisten in Virginia gegründet hatten, war es ihnen nicht gelungen, sich zu etablieren. Jede Industrie, mit der sie versucht hatten, eine stabile Wirtschaft aufzubauen, war gescheitert. Das Gold, das sie abgebaut und nach England geschickt hatten, hatte sich als Katzengold entpuppt. Die Zedernstämme, die Holzasche zur Seifenherstellung und die Glasperlen, die in ihrer Umgebung in Hülle und Fülle vorhanden waren, waren in ihrem Heimatland einfach nicht beliebt. Die Vorräte gingen zur Neige, und Hunderte starben.

Im selben Jahr kam der Engländer John Rolfe in Jamestown an. Als er den erbärmlichen Zustand der Stadt sah, machte er sich daran, sie zu retten. Er stellte fest, dass der Tabak, den die Spanier in der Karibik anbauten, in England sehr beliebt war und bat daraufhin einen Schiffskapitän, ihm einige Samen aus Trinidad zu bringen, wo angeblich der beste Tabak angebaut wurde. In den Jahren 1611 und 1612 säte er aus, ließ die Pflanzen wachsen, zog die Blätter ab und trocknete sie. Er schickte eine Lieferung von ein paar hundert Pfund nach England und wartete.

Einige Monate später erhielt er die Nachricht, auf die er

sehnlichst gehofft hatte. – Sein Tabak war ein Verkaufsschlager. Die fachkundigen Käufer in London konnten nicht genug von dem Tabak bekommen, der als »süß duftend« bekannt wurde.

Die Nachricht von Rolfes Erfolg verbreitete sich in der Kolonie. Innerhalb weniger Jahre verwandelten die Virginier riesige Waldgebiete in Tabakfarmen. Alle begannen mit dem Tabakanbau. 1617 – etwas mehr als fünf Jahre nachdem Rolfe den ersten Tabak angebaut hatte – verschifften die Bewohner Virginias bereits 20 000 Pfund Tabak über den Atlantik. Im darauffolgenden Jahr wurden 40 000 Pfund exportiert. In den 1620er-Jahren belief sich der Umfang ihrer Tabaklieferungen auf mehrere hunderttausend Pfund. In der zweiten Hälfte der 1630er-Jahre war es jährlich über eine Million Pfund Tabak.

Tabak wurde für die Kolonie unverzichtbar und sogar als Zahlungsmittel verwendet. Als einige junge Frauen in die Kolonie gebracht wurden, um Plantagenbesitzer zu heiraten, wurde der Tabak zur Bezahlung der Transportkosten verwendet.

Um die große Nachfrage zu decken, brauchten die Virginier mehr Arbeiter. Vertragsbedienstete waren keine Lösung, denn in der Regel musste man sie nach einigen Jahren wieder entlassen. Zudem gründeten sie oftmals eigene Tabakfarmen und wurden zu Konkurrenten.

In der näheren Umgebung der Kolonie Virginia lebten Zehntausende amerikanischer Ureinwohner, wie die Powhatan. Zwischen den 1610er- und 1640er-Jahren führten die Virginier mehrere Kriege gegen die Powhatan. Sie versklavten ihre Gefangenen und setzten sie auf ihren Farmen ein. Im Jahr 1646 schlossen beide Seiten einen Friedensvertrag. Die Virginier verpflichteten sich, keine amerikanischen Ureinwohner mehr zu versklaven. Einige setzten diese Praxis jedoch fort. Mitte bis Ende des 17. Jahrhunderts setzten die Virginier auch einheimische Stämme wie die Westo als Sklavenjäger ein. Letztere nahmen amerikanische Ureinwohner aus spanischen Festlandkolonien wie Florida gefangen und verkauften sie in die Sklaverei. Dieser Einsatz indigener Sklavenarbeiter war weder neu noch ungewöhnlich. Bereits im vorangegangenen Jahrhundert hatten die Spanier auf Hispaniola – einer großen Insel in der Karibik, auf der Kolumbus 1492 gelandet war – die Taínos versklavt.

Aber versklavte amerikanische Ureinwohner waren als Arbeitskräfte auch keine Lösung. Erstens gab es nicht genügend von ihnen und zweitens lebten sie nicht lange. Mindestens 7000 Jahre lang hatten die »Neue Welt«, d. h. Amerika, und die »Alte Welt«, also Afrika, Europa und Asien, getrennt voneinander existiert. Die Menschen in der Alten Welt hatten den Ackerbau früher entwickelt als die Menschen in der Neuen Welt. Sie hatten sich in dichter bewohnten Siedlungen niedergelassen und hielten bestimmte Tiere. Krankheiten, die diese Tiere übertrugen – zum Beispiel Pocken und Masern – verbreiteten sich in ihren Bevölkerungen.

Die Europäer, die in die Neue Welt kamen, brachten diese Krankheiten unwissentlich mit. Da die Bewohner der Neuen Welt noch nie mit ihnen in Berührung gekommen waren, waren sie nicht immun und starben in Scharen. Als die Spanier auf Hispaniola ankamen, zählten die Taínos 500 000 Menschen. 50 Jahre später waren sie praktisch ausgestorben. Im Jahr 1500 gab es in Zentralmexiko etwa 15 Millionen amerikanische Ureinwohner. Ein Jahrhundert später waren es nur noch etwas mehr als eine Million. Bis 1650 wurden bis zu 90 Prozent der amerikanischen Ureinwohner ausgerottet, was hauptsächlich auf eingeschleppte Krankheiten zurückzuführen ist.

Um Arbeitskräfte zu finden, mussten sich die Virginier deshalb woanders umsehen. Zu ihrem Glück brauchten sie nicht lange zu suchen. Während sie ihre Tabakplantagenwirtschaft aufbauten, errichteten die Niederländer eine Zuckerplantagenwirtschaft in der Karibik und halfen den Franzosen und Engländern beim Aufbau eigener Plantagen.

In den 1630er-Jahren eroberten die Niederländer Pernambuco, eine wichtige Zuckeranbauregion in Brasilien, die zuvor in portugiesischer Hand war. Der anhaltende Konflikt zwischen den Niederländern und den Portugiesen um Pernambuco führte zu einem Rückgang der Produktion. Etwa zu Beginn der 1640er-Jahre eroberten die Portugiesen die Region zurück. Um ihre Verluste zu begrenzen, siedelten niederländische Produzenten in den 1640er- und 50er-Jahren auf karibische Inseln wie Barbados und Martinique über und ließen sich dort nieder. Einige englische und französische Produzenten lebten bereits hier, aber bauten kaum Zucker an und waren nicht reich. Ihnen fehlte die Infrastruktur – sowohl die Ausrüstung als auch die Arbeitskräfte –, um den Zuckeranbau rentabel zu machen. Stattdessen bauten sie vor allem Tabak und Indigo zum Export an, wobei sie hauptsächlich europäische Vertragsbedienstete einsetzten.

Da die Niederländer einst Pernambuco kontrolliert hatten, verfügten sie über fortschrittliches Gerät und Know-how für die Zuckerproduktion.

Doch das war nicht alles.

Während sie versuchten, die Portugiesen als dominierende europäische Kolonialmacht in Übersee zu verdrängen, verschafften sie sich etwas, was sowohl den Engländern und

Franzosen als auch den Virginiern fehlte, um die Produktion ihrer Plantagen zu beschleunigen: relativ billige, leicht zugängliche und zuverlässige Arbeitskräfte.

Wie wir im letzten Abschnitt des vorigen Kapitels – Königinmütter und Kriegerköniginnen – gesehen haben, griffen die Niederländer portugiesische Stellungen in West- und West-Zentralafrika an, nahmen sie ein, wann immer sie konnten, und vertieften ihre Beziehungen zu mächtigen afrikanischen Monarchen. So eroberten sie etwa 1638 von den Portugiesen São Jorge da Mina – ein Sklavenfort im heutigen Ghana. Auf diese Weise erhielten sie Zugang zu einem ständigen Nachschub an versklavten Afrikanern – eine für die Amerikas recht neue Ressource. Als neue amerikanische Arbeitskräfte eigneten sich versklavte Afrikaner »besser« als Vertragsbedienstete und versklavte Ureinwohner, was gleich mehrere Gründe hatte. Beispielsweise mussten sie nicht nach einer bestimmten Anzahl von Jahren entlassen werden, und da sie selbst aus der Alten Welt stammten, waren sie nicht so anfällig für von dort mitgebrachte Krankheiten.

Die Niederländer investierten massiv in die Karibik und stellten den Franzosen und Engländern ihre Ausrüstung und ihr Wissen für die Zuckerproduktion sowie ihre versklavten afrikanischen Arbeitskräfte zur Verfügung. Im Laufe der nächsten rund 50 Jahre wurde Zucker zur dominierenden Kulturpflanze in der Karibik. Versklavte Afrikaner ersetzten die europäischen Vertragsbediensteten. Anzahl, Größe und Ertrag der Zuckerfarmen stiegen auf Kosten der Tabak- und Indigofarmen. Reichtum und Macht konzentrierten sich in den Händen einer landbesitzenden, sklavenhaltenden Elite.

Durch die Gewinne aus dem Zuckerhandel wurden Frankreich und Großbritannien zu reichen, imperialen

Mächten. Schließlich konkurrierten sie mit den Niederländern um den Zucker- und Sklavenhandel. Letzteren brachten sie zum großen Teil unter ihre Kontrolle und führten Zölle auf niederländische Importe ein. In der ersten Hälfte des 18. Jahrhunderts wurden Frankreich und Großbritannien auf diese Weise die europäischen Herrscher des Atlantiks.

Um die Produktion und Rentabilität ihrer Tabakfarmen zu steigern, wollten die Virginier ebenfalls Zugang zu den Arbeitskräften haben, die den Ertrag der Zuckerplantagen in der Karibik gesteigert hatten. 1659 verabschiedeten die Gesetzgeber Virginias deshalb ein Gesetz, das die transatlantischen Sklavenhändler finanziell begünstigte. Konkret wurden die Zölle, die diese Händler auf Waren zahlen mussten, die sie nach Virginia brachten, gesenkt. Die Virginier wurden so zu den wertvollsten Kunden dieser Händler und importierten in der zweiten Hälfte des 17. Jahrhunderts Zehntausende versklavte Afrikaner. Bis zum 18. Jahrhundert waren es etwa 80 000 Menschen.

Wie in der Karibik veränderte sich auch in Virginia die Zusammensetzung der Arbeitskräfte und der Gesellschaft. Die Arbeitskräfte, die sich zuvor aus europäischen und afrikanischen Bediensteten sowie versklavten amerikanischen Ureinwohnern zusammengesetzt hatten, bestanden nun hauptsächlich aus versklavten Afrikanern. Bis mindestens 1640 betrug die Anzahl der Afrikaner in Virginia – ob versklavt oder nicht – nur 150 und machte weniger als fünf Prozent der Bevölkerung aus. Um 1700 war die Anzahl dieser Menschen, von denen nun fast alle versklavt waren, auf 10 000 angestiegen, und versklavte Afrikaner machten allein 22 Prozent der Bevölkerung aus. Die Gesellschaft Virginias, die sich einst nicht nur aus europäischen und afrikanischen

Bediensteten, sondern auch aus freien und versklavten amerikanischen Ureinwohnern sowie aus afrikanischen und europäischen Landbesitzern zusammengesetzt hatte, bestand nun vorwiegend aus versklavten Afrikanern und freien europäischen Plantagenbesitzern. Dies lag zum Teil auch daran, dass die europäischen Vertragsbediensteten nach und nach entlassen und nicht durch neue ersetzt wurden.

Im Gegensatz zu ihren mehrheitlich versklavten Arbeitern, die allesamt Afrikaner waren, begannen diese Plantagenbesitzer – im Grunde die letzten verbliebenen »freien« Virginier – sich nicht nur über ihre gemeinsame Religion zu definieren, sondern auch über ihr gesamtes »Europäisch-Sein«. Dazu gehörte das Christentum, aber es war wohl vor allem ihre helle Hautfarbe, die zum wichtigsten Merkmal ihrer Identität wurde. Dies lag – einfach gesagt – daran, dass es sich dabei um den offensichtlichsten Unterschied zwischen ihnen und ihren versklavten Arbeitern handelte, der somit eine klare Abgrenzung ermöglichte.

Seit Ende des 17. Jahrhunderts diskriminierten die »freien« Virginier (also die europäischen Plantagenbetreiber) nicht mehr vor allem die Nicht-Christen, sondern die Nicht-Europäer. Da die einzige andere nennenswerte Bevölkerungsgruppe in Virginia zu dieser Zeit versklavte, dunkelhäutige Afrikaner waren, richtete sich ihre Diskriminierung in erster Linie speziell gegen diese Afrikaner.

Als die versklavten Afrikaner in die Kolonie verschleppt wurden, beraubten die europäischen Produzenten sie ihres Namens, ihrer Sprache und ihres Glaubens sowie ihrer Familienmitglieder und Verwandten. Diejenigen, die scheinbar derselben ethnischen Gruppe angehörten, wurden auf verschiedene Plantagen geschickt, wo es ihnen verboten war, ihre Traditionen zu pflegen, freie Zeit zu haben, ihrem eigenen Handwerk nachzugehen und eigene Geschäfte zu machen.

1667 erließ die Regierung von Virginia ein Gesetz, wonach versklavten Afrikanern christlichen Glaubens keine Freiheit mehr gewährt werden musste. 1669 verabschiedete sie ein weiteres Gesetz, das besagte, dass Herren, die ihre versklavten Afrikaner so schwer schlugen, dass diese starben, nicht strafrechtlich verfolgt werden konnten. 1680 erließ die Regierung von Virginia ein Gesetz, das noch weiter ging: Es verbot versklavten Afrikanern sowohl das Tragen von Waffen als auch das Verlassen der Plantagen ihrer Herren ohne Bescheinigung. Außerdem wurde festgelegt, dass jeder Afrikaner, der auch nur die Hand gegen seinen Herrn erhob – und sei es zur Selbstverteidigung, während er geschlagen wurde – mit der Peitsche bestraft würde. Des Weiteren wurde festgelegt, dass jeder Afrikaner, der sich der Arbeit entzog und sich der Festnahme widersetzte, rechtmäßig getötet werden konnte. Dieses Gesetz gehörte zu den ersten umfassenden Sklavengesetzen der frühen 1680er-Jahre, die speziell Afrikaner diskriminierten. »[Diese Gesetze] sollten für die nächsten 180 Jahre im gesamten Süden [der USA] zum Vorbild für die Unterdrückung werden«[10], schrieb der Historiker Aloysius Higginbotham. 1705 verabschiedete die Regierung von Virginia ein langes, detailliertes Sklavengesetz, das frühere repressive Gesetze zur Diskriminierung von Afrikanern bekräftigte. Außerdem wurden versklavte Afrikaner darin eindeutig als Eigentum definiert. Sie galten als »Grundbesitz«.[11]

Bis heute sind in Nordamerika *race* und die Hautfarbe und nicht etwa die Religion das wichtigste Identifikationsmerkmal. Europäer zu sein und vor allem eine helle oder

»weiße« Haut zu haben, bedeutet, zu einer Gruppe von Menschen zu gehören, die sich von jenen unterscheidet, deren Vorfahren aus anderen Kontinenten stammen und die daher womöglich eine andere Hautfarbe haben. Eine solche andere Gruppe sind die Afrikaner mit dunklerer oder »schwarzer« Hautfarbe. Mit anderen Worten, die Amerikaner identifizieren sich (und andere) heute auf die gleiche Weise, wie es ihre Vorfahren vor etwa 300 Jahren taten, als ein demografischer Wandel dazu führte, dass sie sich entlang von *race* und Hautfarbe definierten und nicht mehr anhand ihrer Religion. Deshalb wird Kamala Harris trotz ihrer vielschichtigen Abstammung und Identität als Person afrikanischer Abstammung von den US-Amerikanern oft einfach als »Schwarze« gelabelt.

Aber wie ich in diesem Kapitel gezeigt habe, sind die afrikanischen Völker in vielerlei Hinsicht viel zu divers, als dass man sie anhand eines einzigen Merkmals, geschweige denn anhand ihrer Hautfarbe, identifizieren könnte. Wir sind die genetisch, ethnisch, kulturell und von der Hautfarbe her vielfältigsten Völker der Welt. Die Migration und Vermischung unserer Vorfahren über Millionen von Jahren hat dazu geführt, dass der Kontinent von einer Vielzahl unterschiedlicher Bevölkerungsgruppen bewohnt wird. Die Identität dieser Völker ist ebenso mannigfaltig wie die Abstammungen, Kulturen und die Regionen, auf denen sie gründen. Anders als die Virginier Farmer des ausgehenden 17. Jahrhunderts sollten wir bei der Beschreibung afrikanischer Völker ihre facettenreiche Identität nicht auf *race* oder Hautfarbe reduzieren. Dies wäre im besten Fall unpräzise und im schlimmsten Fall beleidigend.

Im nächsten Kapitel werden wir uns weiter mit den Identitäten der afrikanischen Völker beschäftigen. Nachdem wir uns angesehen haben, wie vielfältig sie sind und weshalb, werden wir nun untersuchen, wie sich die Identität eines bestimmten afrikanischen Volkes gebildet hat. Insbesondere werden wir betrachten, welche kulturellen und regionalen Elemente zusammenkamen, um die Swahili in Ostafrika als Volk zu definieren.

5

Kaufleute, Händler und Seefahrer

Die verschiedenen Elemente, die ein Volk zu dem machen, was es ist, speisen sich oftmals nicht nur aus einer einzigen Quelle. Stattdessen lassen sie sich auf eine Vielzahl von Ursprüngen zurückführen, von denen viele den betreffenden Menschen nicht einmal bekannt sind. Die Identität eines Volkes beruht somit nicht nur auf Elementen und Merkmalen, die ihm allein zuzuschreiben sind. Sondern auch auf solchen, die durch Interaktion mit anderen hinzugekommen sind. Durch die Vermischung mit verschiedenen anderen Bevölkerungsgruppen haben die Menschen möglicherweise Gene von der einen Gruppe, die Religion von einer anderen und die Sprache von einer weiteren übernommen. Die Summe dieser Elemente definiert schließlich ein Volk.

Eine Kultur entsteht also nicht im luftleeren Raum. Die Interaktion ihrer Menschen mit anderen ist entscheidend für ihre Entwicklung. Somit lässt sich der Ansicht entgegentreten, Migration und Vermischung würden Kulturen zerstören, anstatt sie vielmehr weiterzuentwickeln. Das soll nicht heißen, dass ein Übermaß an äußeren Einflüssen einem Volk nicht schaden kann. Ich möchte lediglich zum Ausdruck bringen, was ich für eine Wahrheit halte: Kulturen entwickeln sich, indem sie andere Völker und die Elemente und Merkmale, die sie mitbringen, mit Bedacht annehmen, anstatt ihnen vorschnell feindlich gegenüberzustehen.

Ein Beispiel für so eine vorschnelle Feindseligkeit sind die Maßnahmen, die 2017 in den britischen Windrush-Skandal mündeten. 2012 führte Innenministerin Theresa May Maßnahmen ein, die die Bereitstellung von Dienstleistungen wie Wohnraum, Gesundheitsversorgung und Bankkonten für Migranten ohne Papiere unter Strafe stellte. Im Rahmen der »Right to Rent«-Politik konnten beispielsweise Vermieter, die Wohnungen an solche Migranten vermieteten, inhaftiert werden. »Das Ziel [der Politik] ist es, hier in Großbritannien ein wirklich feindliches Umfeld für illegale Einwanderung zu schaffen«[1], sagte May. »Was wir nicht wollen, ist eine Situation, in der die Menschen denken, dass sie hierherkommen und ihren Aufenthalt verlängern können, weil sie Zugang zu allem haben, was sie brauchen«[2].

2017 stellte sich heraus, dass diese Politik unrechtmäßig auch Mitglieder der sogenannten Windrush-Generation betraf. Die Windrush-Generation sind Menschen, die nach dem Zweiten Weltkrieg aus britischen Kolonien in der Karibik in das Vereinigte Königreich gekommen waren. Sie sind nach der *HMT Empire Windrush* benannt, dem Schiff, das 1948 die ersten karibisch-britischen Staatsbürger brachte. Am 1. Januar 1973 trat das britische Einwanderungsgesetz »Immigration Act 1971« in Kraft, das es allen Migranten aus britischen Kolonien erlaubte, in Großbritannien zu bleiben. Die Windrush-Mitglieder hielten sich also legal in Großbritannien auf. Leider fehlten vielen von ihnen aus diversen Gründen die entsprechenden Papiere, um dies zu beweisen. So waren sie beispielsweise als Kinder in Begleitung älterer Verwandter ins Vereinigte Königreich gekommen und hatten nie einen eigenen

Pass erhalten. Außerdem vernichtete das Innenministerium 2010 im Zuge der Schließung eines seiner Einwanderungszentren die Aufzeichnungen über die Einreisekarten, die in den 1950er- und 60er-Jahren an die erste Generation von Einwanderern der Windrush-Mitglieder ausgegeben worden waren. Obwohl die Windrush-Migranten jahrzehntelang im Vereinigten Königreich gelebt, gearbeitet und Steuern gezahlt hatten, wurden daraufhin ihre Bankkonten eingefroren, ihre Sozialleistungen gestoppt, und sie verloren ihre Häuser und Wohnungen. Die britische Regierung teilte einigen von ihnen mit, sie hätten nur noch wenige Monate Zeit, das Land zu verlassen. Andere wurden wochenlang in Einwanderungszentren festgehalten. Wiederum andere wurden abgeschoben.

Ein Opfer dieses Skandals ist Dexter Bristol.

Bristol wurde 1961 auf der Karibikinsel Grenada geboren. Von Mitte des 18. Jahrhunderts bis 1974 war Grenada eine britische Kolonie. 1968 wanderte er auf dem Pass seiner Mutter eingetragen nach Großbritannien ein. Seine Mutter, Sentina D'Artanyan Bristol, arbeitete im Vereinigten Königreich zunächst als Näherin und später als Krankenschwester.

Obwohl er seit mehr als 50 Jahren im Vereinigten Königreich lebte, hatte Bristol nichts – nicht einmal einen Pass –, das sein Aufenthaltsrecht dokumentierte. In den 1970er-Jahren hatte Sentina erfolglos versucht, ihrem Sohn einen britischen Pass zu besorgen. »Ich dachte, ich könnte das später für ihn regeln«, wie sie in einem Interview angab. »Niemand hatte erwartet, dass sich [das Vereinigte Königreich] zu dem entwickeln würde, was es jetzt ist.«[3] Bristol hatte die meiste Zeit seines Lebens Gelegenheitsjobs ausgeübt und war auf Sozialleistungen angewiesen. 2016 war er arbeitslos. Er suchte nach Jobs als Reinigungskraft, aber ohne Erfolg. Als Opfer des Windrush-Skandals wurden ihm die Leistungen gestrichen. Außerdem verlor er den Reinigungsjob, den er 2017 schließlich bekommen hatte.

Als Bristol entlassen wurde, rief er seine Mutter wegen seines Passes an. »Da musste ich ihm sagen: ›Nun, du hast keinen‹«[4], erinnerte sich Sentina. Sie suchten nach sonstigen Unterlagen und baten Jacqueline McKenzie, eine Anwältin für Einwanderungsrecht, um Hilfe. Die Suche erwies sich als schwierig. »Es gab kaum Papierbelege«[5], sagte McKenzie. »[Die Regierung] verlangte [seine] Schulnachweise, aber [Dexter] ist ein erwachsener Mann, und wir sind oft umgezogen, wir haben diese Dinge nicht aufbewahrt«[6], so Sentina. »Die digitalen nationalen Versicherungsunterlagen reichen nur bis ins Jahr 1976 zurück«, erklärte McKenzie. »[Dexters] medizinische Unterlagen liegen erst ab den 1980er-Jahren vor, und der NHS [National Health Service; dt.: Nationaler Gesundheitsdienst] konnte nicht erklären, wo seine früheren Patientenakten waren – sie könnten gelöscht worden sein.«[7]

Bristol, der befürchtete, abgeschoben zu werden, bekam Depressionen. »Ich habe ihm 20 Pfund gegeben, wenn ich ihn sah«, sagte Sentina. »[Anfangs] wusste ich nicht, dass ihm die Leistungen gestrichen worden waren. Er war sehr verärgert darüber, dass er seinen Job verloren hatte – und ich merkte, wie er sich veränderte.«[8] Auch seine Anwältin beschreibt diese Veränderung: »Ich sah, wie er immer verärgerter und gestresster wurde, weil er ständig beweisen musste, dass er britischer Staatsbürger war«[9], sagte McKenzie. »Er war bereit zu kämpfen, aber als die Monate vergingen und er immer neue Beweise finden musste, wurde es sehr schwierig, und wir sahen, wie er zu einem Schatten seiner selbst wurde.«[10] Im Dezember 2017 schrieb Bristol an seine Mutter: »Diese ganze Sache sorgt dafür, dass ich immer verbitterter und hasserfüllter bin, und niemand möchte für immer so sein«[11]. »Vom Tag meiner Geburt an gab es nur andauernden Schmerz«, schrieb er in einer Notiz, die in seiner Wohnung gefunden wurde. »Ich habe den Schmerz immer weiter ertragen, aber ich kann nicht mehr. Ich war nie lebendig, nur eine tragische Hülle. Ich bin jetzt 56 und weiß noch immer nichts.«[12] »Mir wurde bewusst, dass er ein zutiefst unglücklicher und verzweifelter Mann war«, erzählte später Bristols Nachbarin. »Die Wände zwischen meiner und seiner Wohnung waren dünn, und ich hörte ihn oft laut weinen.«[13]

Anfang 2018 erlitt Bristol vor seinem Haus ein Herzversagen, brach zusammen und starb im Alter von 57 Jahren. McKenzie hatte gerade einen Durchbruch in seinem Fall erzielt. Der Rat der Gemeinde, in der Bristol aufgewachsen war, hatte ihr einige Dokumente geschickt. »Ich habe ihm geschrieben …, um ihm zu sagen: Wir werden kämpfen und wir werden gewinnen«, so McKenzie. »Aber er starb, bevor er diesen Brief bekam.«[14] »[Er] starb in dem Wissen, dass ihm ein Einwanderungsstatus verweigert wurde, der ihm rechtmäßig zustand.«[15]

Ein Beispiel hingegen für ein Volk, das historisch gesehen andere Völker und die von ihnen eingebrachten Elemente und Merkmale sinnvoll aufgenommen hat, ist das Volk an der ostafrikanischen Küste, das wir als Swahili kennen. Wie im Folgenden erläutert wird, haben die Swahili nicht nur jahrtausendelang mit Völkern aus verschiedenen Kulturen interagiert, sondern sind auch überhaupt erst zu dem geworden, was sie sind, gerade weil sie Elemente und Merkmale von diesen fremden Völkern übernommen haben.

*

Seit mindestens 100 n. Chr. treiben die Ostafrikaner Handel mit Völkern aus Jemen, Oman, Iran, Indien und China. Zu dieser Zeit lebten an der ostafrikanischen Küste bereits Bantu-Völker in Siedlungen, oder sie hatten solche gegründet. Eine der frühesten, größten und wichtigsten dieser Siedlungen war Rhapta. Sie befand sich in Kenia, in der Nähe der Mündung des Flusses Tana, nahe dem Lamu-Archipel. Kuschitische – alt-somalische – Völker gründeten sie um 100 v. Chr., und sie bestand bis etwa 200 n. Chr.

Jede Siedlung hatte ihren eigenen unabhängigen Herrscher. »In der Umgegend [der ostafrikanischen Küste] wohnen räuberische Menschen von sehr grossem Körper, von denen ein jeder sich in seiner Oertlichkeit als unumschränkter Herr betrachtet«[16], heißt es im *Periplus des erythräischen Meeres*. Der um 100 n. Chr. von einem unbekannten Autor verfasste *Periplus* (dt.: Küstenfahrt oder Umsegelung) ist ein Leitfaden für den Handel im Indischen Ozean. »[Die Herrscher der Siedlungen] waren als *Wafalme* bekannt«, schrieb al-Mas'ūdī, ein arabischer Historiker und Geograf aus dem 10. Jahrhundert. »[*Wafalme* oder *mfalme*] bedeutet [›]Sohn des großen Herrn[‹, d. h. ›König‹], da er auserwählt ist, sie gerecht zu regieren.«[17] Die Königinnen waren als »*malkia*« bekannt. »Der [*Wafalme* von Malindi, einer Siedlung in Kenia,] trug ein Gewand … aus Damast mit grünem Satinbesatz und einen stattlichen [Turban]«, schrieb ein portugiesischer Seefahrer des 15. Jahrhunderts. »Er saß auf zwei gepolsterten Stühlen aus Bronze unter einem runden Sonnenschirm aus karmesinrotem Satin, der an einer Stange befestigt war. Ein alter Mann, der ihm als Page diente, trug ein Kurzschwert in einer silbernen Scheide. Es gab … zwei mannsgroße, aufwendig geschnitzte

Trompeten aus Elfenbein, die aus einem Loch in der Seite geblasen wurden.«[18]

Zumindest zur Zeit al-Mas'ūdīs besaßen diese Herrscher keine wirkliche Macht. Sie gingen auf diplomatische Missionen und hatten einen gewissen Einfluss auf den Handel. Während solcher Missionen unterzeichneten sie zum Beispiel Handelsabkommen mit anderen Herrschern. Dazu führten sie eine Art Blutsbrüderschaftsritual durch. Die beiden Parteien mischten etwas von ihrem Blut mit Tinte und unterzeichneten die in arabischer Sprache auf feinem Leder verfassten Verträge. In erster Linie waren die Herrscher jedoch Repräsentanten, deren gute Gesundheit, langes Leben und stabile Regentschaft den Menschen das Gefühl gaben, dass ihre Siedlungen gut gediehen.

Die eigentliche Macht hatten die *Scheichs* – die Clananführer. Dabei handelte es sich um die Oberhäupter von Kaufmannsfamilien, die den Handel weitgehend kontrollierten. Jeder Clan lebte unabhängig und nach seinen eigenen Gesetzen. Oft schlossen sich die *Scheichs* aber auch zusammen, um den Einfluss ihres Clans zu vergrößern. Dann wählten sie einen aus ihren Reihen zum Anführer ihrer Gruppe. In der Siedlung Mombasa in Kenia gab es zum Beispiel zwölf *Scheichs*, die sich zu zwei Gruppen zusammenschlossen: Sechs bildeten eine Gruppe namens *Mvita*, die andere Gruppe hieß *Kilindini*. Die Mitglieder jeder Gruppe wählten einen von ihnen zum *Tamim* (»Anführer«). In diesem Fall leitete der *Tamim* der Kilindini-Gruppe auch einen Rat aller zwölf *Scheichs*. Der *Tamim* der *Mvita* war sein Stellvertreter. »Wenn [der *Wafalme*] tyrannisch ist oder von der Wahrheit abweicht, töten ihn [die *Scheichs*] und schließen seine Nachkommen vom Thron aus; denn sie sind der Ansicht, dass er

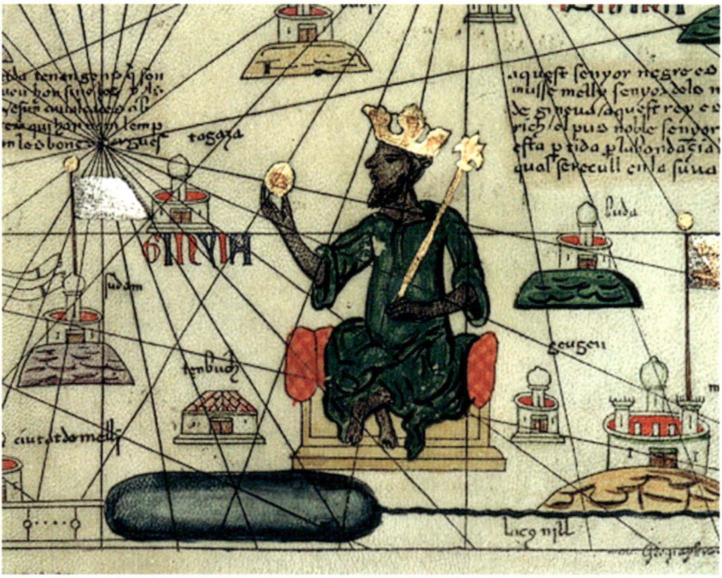

Mansa Musa im Katalanischen Weltatlas von Abraham und Jehuda Cresques

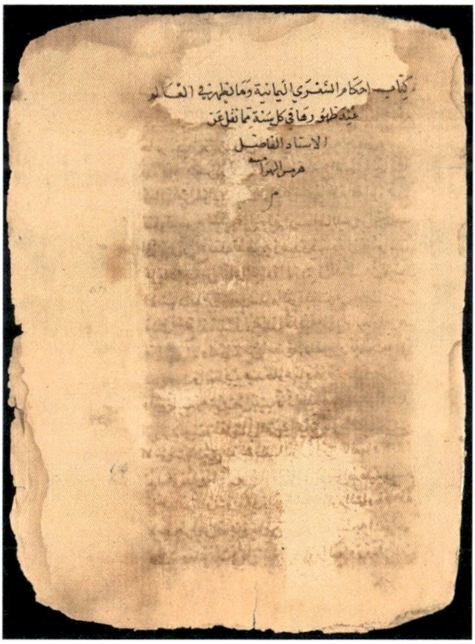

Seite aus einem astronomischen Manuskript des 13. Jahrhunderts von der Universität Timbuktu

Illustration aus dem 19. Jahrhundert von Ibn Battuta (rechts)
und seinem Reiseführer in Ägypten

Porträt von al-Hasan al-Wazzan aus dem 16. Jahrhundert

Ein *Eku*, das traditionelle Kostüm eines Tänzers beim *Egungun*-Fest der Yoruba

Teilnehmer der Zeremonie tragen den Goldenen Stuhl in einer Prozession

Porträt von Nzinga Mbande aus dem 19. Jahrhundert

Stele aus dem 1. Jahrhundert n. Chr., die Kandake Amanirenas (Mitte) zeigt

Der Kopf einer Bronzestatue von Augustus, der unter dem Eingang eines Palastes in Meroë gefunden wurde

Urewe-Keramik aus dem 5. Jahrhundert n. Chr., entdeckt im Osten Südafrikas

Kupferstich aus dem 17. Jahrhundert: Nzinga (Mitte) sitzt auf einer Dienerin bei Verhandlungen mit dem portugiesischen Gouverneur von Angola

Überliefertes Dokument über Anthony Johnsons Klage
vor dem Gericht in Virginia, in dem er die Rückgabe von John Casar
als seinen Bediensteten fordert

Gemälde aus der Ming-Dynastie der Malindi-Giraffe,
die der Sultan von Bengalen dem Kaiser Yongle schenkte

Mwamaka Sharifu (vorn) und andere Absolventen bei der Abschlussfeier an der Nanjing University of Traditional Chinese Medicine

Rapper Kool Moe Dee

Die Gebetshalle der Großen Moschee von Kilwa

Die Ruinen von Husuni Kubwa

Goldener Stabkopf mit Ananse-Motiv (Mitte)

Illustration aus dem 18. Jahrhundert: Ein Wolof-Griot (rechts) spielt ein *Balafon*

Illustration aus dem 19. Jahrhundert von Wolof-Griots mit *Xalam* (Lauten)

Die Entfernung der Statue von Cecil Rhodes an der Universität von Kapstadt

Porträt von Alessandro de' Medici aus dem 16. Jahrhundert

durch sein unrechtes Handeln seine Stellung als Sohn des Herrn verwirkt«[19], schrieb al-Masʾūdī.

Zwischen Oktober und März weht ein Wind von Asien nach Afrika. Zwischen April und September weht ein anderer Wind in entgegengesetzte Richtung. Händler aus Jemen, Oman, Iran, Indien und China nutzten diese Winde, um zu den Siedlungen an der ostafrikanischen Küste und wieder zurück zu segeln. »Die Schiffe werden normalerweise in den Binnenhäfen [des Roten Meeres] beladen«, heißt es im *Periplus*. »Einige fahren direkt zu diesen [ostafrikanischen] Marktstädten, [während] andere unterwegs Fracht austauschen.«[20] »Die Lotsen von Oman [segeln die ostafrikanische Küste hinunter], um die Insel [Pemba, nahe Tansania,] zu erreichen«, schrieb al-Masʾūdī. »Auch die Leute aus [Iran] nahmen diese Route.«[21] »Wir fanden [in Malindi] vier Schiffe, die indischen Christen gehörten«, schrieb der portugiesische Seefahrer aus dem 15. Jahrhundert. »Diese Inder sind braungebrannte Männer; sie tragen nur wenig Kleidung und haben lange Bärte und lange Haare, die sie zu Zöpfen flechten. Sie erzählten uns, dass sie kein Rindfleisch essen.«[22]

Zwischen 1417 und 1419 nutzte eine chinesische Silberflotte den Winterwind, um vier Siedlungen an der Küste Ostafrikas anzusteuern: Mogadischu, Baraawe und Zhubu in Somalia sowie Malindi. Der Admiral der Flotte war ein Eunuch namens Zheng He. Berichten zufolge war er »über zwei Meter groß und hatte einen Taillenumfang von etwa einem Meter fünfzig. Seine Wangen und seine Stirn waren hoch, aber seine Nase war klein. Er hatte leuchtende Augen und eine Stimme so laut wie eine große Glocke.«[23]

Der ursprüngliche Name von Zheng He war »Ma He«. Er wurde 1371 in einer muslimischen Familie in Yunnan, einer Provinz im Südwesten Chinas, geboren. Später wurde er Buddhist. Als er zehn Jahre alt war, eroberte der Kaiser Hongwu, der Gründer der Ming-Dynastie, Yunnan von der Yuan-Dynastie, die der mongolische Herrscher Kublai Khan Mitte des 13. Jahrhunderts gegründet hatte. Bei den Kämpfen wurde Mas Vater getötet und er selbst gefangen genommen.

Nachdem er zum Eunuchen gemacht worden war, diente er Hongwus viertem Sohn, dem Prinzen von Yan, der Beiping – das heutige Beijing (Peking) – regierte. Gemeinsam kämpften sie gegen die Mongolen an der Grenze zu Yan. Mas Tapferkeit, Stärke und Geschicklichkeit brachten ihm das Vertrauen von Yan ein.

Im Jahr 1398 starb Hongwu. Sein ältester Sohn und Thronfolger war bereits sechs Jahre zuvor gestorben. Deshalb hatte der Kaiser noch zu Lebzeiten dessen ältesten Sohn (d.h. Hongwus Enkel) zu seinem Nachfolger bestimmt – einen Teenager namens Jianwen. Dessen Onkel, der Prinz von Yan, war damit jedoch alles andere als einverstanden und rebellierte 1399 gegen seinen Neffen. Jianwen belagerte daraufhin Beiping. Um ein wichtiges Wasserreservoir der Stadt zu schützen, ließ Ma Yans Armee einen erfolgreichen Gegenangriff starten. 1402 besiegte der Prinz von Yan seinen Neffen und nahm Nanjing, die damalige Hauptstadt, ein. Er wurde zum »Yongle-Kaiser« ausgerufen (was »ewiges Glück« bedeutet). Um die Rolle von Ma bei seinem Sieg zu würdigen, verlieh Yan ihm 1404 den adeligen Beinamen »Zheng«.

Yongle wollte Chinas Einfluss in Südostasien und im Indischen Ozean ausweiten. Er beauftragte Zheng daher mit dem Bau einer großen Flotte. Dieser besaß dazu auf jeden Fall die nötige Erfahrung, denn er hatte als Großmeister der Eunuchen-Direktion der Palastbediensteten gedient, die für den

Bau und die Instandhaltung von Palästen zuständig war. »Großmeister« war der höchste Titel, den ein Eunuch tragen konnte. In der *Mingshi* – der offiziellen Geschichte der Ming-Dynastie, die im 17. und 18. Jahrhundert verfasst wurde – wird Zheng als »Großmeister der Drei Schätze« bezeichnet. Die »Drei Schätze« sind der Buddha, das buddhistische Gesetz und die buddhistischen Mönche.

Nach ihrer Fertigstellung umfasste die Flotte 255 Dreimastschiffe. Die 62 Hauptschiffe, die ein chinesischer Beobachter als »erhaben und majestätisch in … Form und Aussehen«[24] bezeichnete, waren bis zu 75 Meter lang. Einigen historischen Berichten zufolge waren sie sogar fast doppelt so groß. »Zur Handhabung [ihrer] … Tuchsegel, Anker und Ruder brauchte es 200 bis 300 Personen«[25], so der Beobachter. Insgesamt zählte die Flotte etwa 30 000 Mann Besatzung. Yongle ging davon aus, dass andere Herrscher bei diesem Anblick so überwältigt wären von Chinas offensichtlicher Macht, dass sie ihm Tribut zahlen würden.

Zwischen 1405 und 1411 unternahm die Flotte drei Fahrten nach Indien. Auf dem Weg dorthin machte sie in Vietnam, Indonesien und Sri Lanka halt. Von 1413 bis 1415 unternahm sie eine weitere Reise, die sie bis nach Hormuz führte, einer Insel vor der Südküste Irans.

Etwa zur gleichen Zeit – im Jahr 1415 – nutzten Botschafter aus Mogadischu und Malindi den Sommerwind, um nach China zu segeln. Sie brachten Geschenke mit, darunter Weihrauch, Elfenbein und lebende Tiere wie Leoparden, Zebras, Löwen und Giraffen. In China schenkten die Botschafter von Malindi dem Kaiser Yongle in einer speziellen Zeremonie eine Giraffe, die großes Aufsehen erregte. Um Yongle zu schmeicheln, erklärten chinesische Beamte, es handle sich um ein *Qilin*, ein glückverheißendes Einhorn, oder um eine behufte Schimäre – ein Mischwesen aus Löwe, Drache und Pferd –, die aufgrund von Yongles weiser Regentschaft erschienen wäre. Interessanterweise war dies nicht die erste Giraffe aus Malindi, die Yongle erhielt. Bereits 1414 hatte der Sultan von Bengalen, der eine Giraffe aus Malindi bekommen hatte, das Tier Yongle geschenkt und ebenfalls für Furore gesorgt. Die chinesische Reise nach Ostafrika im Jahr 1417 diente dazu, weitere Tiere dieser Art zu beschaffen.

Als die Flotte Malindi auf dem Rückweg nach China verließ, kollidierten zwei Schiffe am Ende der Flotte mit *Mwamba Hassan*, einen großen Felsen in der Nähe der Insel Lamu, die zum Lamu-Archipel gehört. Die Schiffe sanken. Etwa 20 überlebende Seeleute schwammen nach Lamu. Überlieferungen zufolge wandten sich die Bewohner der Insel, die von einer riesigen Python heimgesucht wurden, hilfesuchend an die Seeleute. Einer von ihnen, ein Meister im Schwertkampf, lockte die Schlange aus ihrem Versteck und tötete sie. Dankbar luden die Inselbewohner die Seeleute ein, zu bleiben. Diese nahmen das Angebot an, heirateten Lamu-Frauen und gründeten Familien. Im Laufe der nächsten 100 Jahre ließen sich einige ihrer Nachkommen auf nahe gelegenen Inseln nieder, und es ist denkbar, dass sie auch hinüber auf das kenianische Festland zogen.

600 Jahre später – im Jahr 2004 – schrieb eine dieser Nachkommen an die chinesische Botschaft in Nairobi. Ihr Wunsch: In China traditionelle chinesische Medizin zu erlernen. Ihr Name ist Mwamaka Sharifu, und sie wurde 1986 im Dorf Siyu auf der Insel Pate, einer Insel des Lamu-Archipels, geboren. Ihr Vater war Fischer und ihre Mutter Hausfrau. Sie hatten nicht viel Geld und konnten es sich kaum

leisten, Mwamaka auf die High School zu schicken, geschweige denn auf eine Universität. 2002 führten chinesische Wissenschaftler einen DNA-Test bei der Familie durch. Sie hatten gehört, dass sie chinesisch aussahen, und die Familiengeschichte besagte, dass sie von einem chinesischen Seemann abstammten. Die Wissenschaftler sammelten Haarsträhnen von Mwamakas Mutter und ließen sie in China untersuchen. Als die Ergebnisse vorlagen, teilten sie der Familie mit, dass sich ihre Abstammung bis in die ostchinesische Provinz Jiangsu zurückverfolgen ließe. »Der Urgroßvater meiner Großmutter gehörte zu den wenigen chinesischen Seeleuten, die gerettet wurden, nachdem ihr Schiff auf den Felsen *Mwamba Hassan* aufgelaufen und gekentert war«[26], berichtete Mwamaka der kenianischen Zeitung *Daily Nation*.

Die chinesische Regierung gab Mwamakas Antrag statt und gewährte ihr ein Vollstipendium für die Nanjing University of Traditional Chinese Medicine. In den folgenden sieben Jahren lernte Mwamaka Chinesisch und machte ihren Abschluss als Ärztin. »Ich kann jetzt nicht nur [Chinesisch] sprechen und schreiben, sondern es auch problemlos ins Kiswahili oder Englische übersetzen«, sagte sie. »Ich habe mich allmählich an das Leben [in China] angepasst und es geschafft, fast wie die Chinesen zu leben.«[27] 2012 wurde Mwamaka Assistenzärztin am Städtischen Krankenhaus Nanjing. 2017 promovierte sie in Geburtshilfe und Gynäkologie am Tongji Medical College. »Ich hoffe, eines Tages in Krankenhäusern und Universitäten [in Kenia] arbeiten zu können und von dort aus das Bewusstsein für die Vorzüge der chinesischen Medizin zu stärken«, erklärte sie. »Die chinesische Medizin konzentriert sich in der Regel ganzheitlich auf den Menschen und kann sein langfristiges Wohlbefinden fördern.«[28]

Händler aus dem Jemen, dem Oman und Iran führten sowohl selbst produzierte Waren nach Ostafrika ein als auch solche, die sie von indischen und chinesischen Händlern erworben hatten. »[Aden im Jemen] ist der Hafen der Inder, und … [d]ort leben indische Kaufleute«, schrieb der Gelehrte Ibn Battuta, ein muslimischer Amazigh, im 14. Jahrhundert. »[Dorthin] kommen große Schiffe aus [Cambay], [Kollam], Calicut und vielen anderen Häfen an [der Küste] Malabars.«[29] Indische und chinesische Kaufleute brachten indessen nur die Waren ihrer Heimatländer. »Importirt werden in diese Handelsplätze [Ostafrikas] vorzüglich die speciell in Muza [wohl im heutigen Jemen] gefertigten Lanzen«, heißt es im *Periplus.* »[Außerdem] kleine Beile, Dolche, Pfriemen, mehre Arten von Glas- [Krystall-] Sachen, in manche Orte ein nicht unbedeutendes Quantum Wein und Getreide.«[30] Andere jemenitische Waren, die zwischen dem 10. und 15. Jahrhundert nach Ostafrika gebracht wurden, waren schwarz-gelbe Keramiken und Rosenwasser. Zu den persischen Waren aus der Zeit zwischen dem 8. und 12. Jahrhundert gehörten sassanisch-islamische Gefäße mit Dattelsirup, islamische zinnglasierte weiße Schalen und Tongefäße. Zu den indischen Waren aus der Zeit zwischen dem 8. und 15. Jahrhundert gehörten Glas- und Karneolperlen, Stoffe, Reis, Weizen, Butter, Seife, Öle und Indigo. Zu den chinesischen Waren aus dieser Zeit gehörten olivgrüne Krüge, glasiertes Steingut aus Qingbai und blau-weißes Porzellan aus der Ming-Dynastie.

Jemenitische, omanische, persische, indische und chinesische Händler erwarben von ostafrikanischen Händlern eine Vielzahl von Gütern – darunter Elfenbein, Gold, Ambra, Mangrovenstämme, Perlen, Bergkristall und Tierhäute. »[In] Rhapta … gibt es viel Elfenbein und Schildpatt«, heißt es im

Periplus. »Ausgeführt wird aus diesen Orten sehr viel Elfenbein, [...] Nashornzähne [oder -Hörner], Schildkrot.«[31] »Der beste Bernstein ist der, der auf den Inseln und an den Küsten [Ostafrikas] gefunden wird«[32], schrieb al-Mas'ūdī. »[Die Region] ist auch bekannt für die Felle wilder Leoparden. Die Menschen tragen sie als Kleidung oder exportieren sie in muslimische Länder. Es handelt sich um die größten und schönsten Leopardenfelle, ideal zur Herstellung von Sätteln ... [Die Ostafrikaner] exportieren außerdem Schildpatt zur Herstellung von Kämmen, für die auch Elfenbein verwendet wird ... Die Stoßzähne [von Elefanten], die fünfzig Pfund und mehr wiegen, gehen in der Regel nach Oman und von dort nach China und Indien ... In China benutzen die Könige sowie Militär- und Zivilbeamte Sänften aus Elfenbein: Kein Beamter oder angesehener Mann wagt es, beim König in einer eisernen Sänfte vorstellig zu werden, nur Elfenbein darf benutzt werden ... [Die Chinesen] verbrennen zudem Elfenbein vor ihren Göttern und weihen ihre Altäre damit ... In Indien ist Elfenbein [ebenfalls] sehr begehrt. Es wird für die Griffe von Dolchen verwendet, die *Harri* genannt werden, sowie für die gebogenen Schwertscheiden namens *Kartal*. Aber die Hauptverwendung von Elfenbein ist die Herstellung von Schachfiguren und Backgammonsteinen.«[33]

Viele dieser Waren – vor allem das Elfenbein – gelangten indirekt über Jäger aus dem Landesinneren, zum Beispiel aus Uganda, Zentraläthiopien und Simbabwe, in die Hände der ostafrikanischen Händler. Diese Jäger verfügten in Hülle und Fülle über diese Güter und waren bereit, damit zu handeln, denn sie wussten genau, wie sie zu beschaffen waren: Wenn sie Elefanten fangen wollen, werfen sie die Blätter, Rinde und Zweige eines bestimmten Baumes, der in ihrem Land wächst, ins Wasser. Dann legen sie sich auf die Lauer, bis ein Elefant zum Trinken kommt. Das Wasser macht ihn betrunken und krank. Er stürzt zu Boden und kann nicht mehr aufstehen; seine Glieder gehorchen ihm nicht mehr. Daraufhin stürzen sich die Jäger mit langen Speeren auf ihn und töten ihn wegen seines Elfenbeins, schrieb al-Masʿūdī.[34]

Diese Jäger handelten jedoch ausschließlich mit Händlern aus bäuerlichen Gemeinschaften, die zwischen ihnen und der Küste lebten. Mit ihnen unterhielten sie langjährige persönliche und wirtschaftliche Beziehungen.

Bevor die ausländischen Händler im Winter kamen, segelten ostafrikanische Kaufleute zu den zahlreichen Siedlungen entlang der Küste, wo sie sich mit den Händlern der Bauerngemeinschaften trafen. Ihre Boote fertigten sie aus lokal verfügbaren Materialien wie dem Holz der Kokospalme. Das bekannteste dieser Schiffe ist das *Mtepe*, ein 20 Meter langes Frachtboot mit vernähten Plankengängen und einem viereckigen Mattensegel. Mit den Händlern aus den bäuerlichen Gemeinschaften tauschten ostafrikanische Kaufleute Waren, die sie aus lokalen Materialien hergestellt hatten, wie Muschelschmuck und Kupferwerkzeuge, gegen die der Jäger. Anschließend segelten sie zu den wichtigsten – d.h. größten – Handelssiedlungen an der Küste, wo sie diese lagerten und auf das Eintreffen der ausländischen Händler warteten.

Der eigentliche Warenaustausch zwischen den ostafrikanischen und ausländischen Kaufleuten war stark ritualisiert. »Wenn persische Händler [die ostafrikanische Küste] betreten wollen, bilden sie eine Karawane von mehreren tausend Männern und überreichen [ostafrikanischen Händlern] Stoffstreifen«, schrieb Tuan Ch'eng-Shih, ein chinesischer Gelehrter aus dem 9. Jahrhundert. »Alle, ob jung oder alt, legen einen Schwur ab, den sie mit ihrem Blut besiegeln, und erst dann handeln sie mit ihren Waren.«[35]

»[Wenn in Mogadischu ein ausländisches Schiff] in den Hafen einläuft, wird es von … kleinen Booten empfangen, in denen sich mehrere junge Männer befinden, von denen jeder eine abgedeckte Schale mit Lebensmitteln trägt«, schrieb Ibn Battuta. Jeder der jungen Männer überreicht einem der Kaufleute auf dem Schiff eine der Schalen und sagt: »›Dies ist mein Gast‹, und alle anderen tun es ihm nach. Jeder Kaufmann geht nach dem Anlegen nur in das Haus des jungen Mannes, der sein Gastgeber ist. Der Gastgeber verkauft dann seine Waren für ihn und kauft für ihn ein. Kauft jemand von ihm etwas zu einem zu niedrigen Preis ein oder verkauft ihm etwas in Abwesenheit seines Gastgebers, gilt der Verkauf als nichtig.«[36]

Zhengs Reise im Jahr 1417 ermutigte die ostafrikanischen Siedlungen, weitere Gesandtschaften zu schicken. Zwischen 1416 und 1423 entsandten Baraawe und Mogadischu vier gemeinsame Flotten. Malindi entsandte mindestens eine unter der Leitung seines Königs. Er lernte Kaiser Yongle jedoch nie kennen, da er in der südöstlichen Provinz Fujian auf dem Weg nach Nanjing starb. Er wurde in Fujian begraben, und Kaiser Yongle verlieh ihm einen Gedenktitel und verfügte, dass ihm jedes Jahr ein Opfer dargebracht werden sollte.

Im Grunde haben die Ostafrikaner fast 2000 Jahre lang auf diese Weise mit Völkern aus Jemen, Oman, Iran, Indien und China nicht nur Waren ausgetauscht, sondern auch Ideen, Praktiken und Techniken. Offenbar hielten die Ostafrikaner einige der Praktiken der Fremden für nützlich und übernahmen sie. So entwickelte sich ein neues Volk –

die Swahili. Am Beispiel von Kilwa, einer der historisch bedeutsamsten Swahili-Siedlungen auf einer Insel vor der Küste Tansanias, werden wir uns nun im Detail ansehen, welche Elemente und Merkmale die Ostafrikaner übernahmen, die sie zu Swahili machten.

*

Der Gelehrte Ibn Battuta kam im Jahr 1331 nach Kilwa. Zu diesem Zeitpunkt hatte er bereits viele der Siedlungen an der Küste Ostafrikas besucht. Nach seiner Pilgerreise 1325 reiste er in den Irak und den Iran, bevor er nach Saudi-Arabien zurückkehrte. 1330 ging er an Bord des Schiffes eines äthiopischen Jemeniten, das nach Aden fuhr. Er hatte gar nicht die Absicht, nach Ostafrika zu reisen, aber etwas, das er in Aden hörte oder sah, überzeugte ihn, dass es sich lohnen würde. Er nahm ein Schiff nach Zeila im Norden Somalias. »[Zeila] ist eine große Stadt mit einem großen Basar, aber … die schmutzigste, abscheulichste und stinkendste Stadt der Welt«, schrieb Battuta. »Der Grund für den Gestank ist die Menge an Fisch und das Blut der Kamele, die sie auf den Straßen schlachten. Als wir dort ankamen, zogen wir es vor, die Nacht auf der See zu verbringen, obwohl sie sehr rau war, und nicht in der Stadt, wegen all des Schmutzes.«[37]

»[Dann] segelten wir 15 Tage lang und kamen nach [Mogadischu], eine riesige Stadt. Ihre Einwohner sind Kaufleute und besitzen jede Menge Kamele.«[38] Als sie erfuhren, dass Battuta kein Händler, sondern ein Gelehrter war, riefen die Kaufleute aus Mogadischu den *Qadi* (Richter) der Stadt. »[Dieser *Qadi*] kam mit einer Reihe von Studenten an den Strand und schickte einen von ihnen zu mir«, schrieb Battuta. »Als ich mit meinen Begleitern an Land ging, grüßte ich ihn und seine Gefolgschaft, und er sagte: ›Im Namen Gottes, lasst uns gehen und den Shaykh grüßen.‹ [So] nennen sie den Sultan … Ich antwortete ihm: ›Sobald ich mich eingerichtet habe, werde ich zu ihm gehen‹ und er erwiderte: ›Es ist Brauch, dass, wann immer ein Theologe oder *Sharif* (ein Nachkomme des Propheten Mohammed) oder ein Mann des Glaubens hierherkommt, er zunächst den Sultan aufsuchen muss, bevor er sein Quartier bezieht.‹ So ging ich zu ihm, wie sie es verlangten.«[39]

Der Sultan von Mogadischu war Abu Bakr. »[Er] stammt aus [der Stadt] Berbera und spricht [Somali], obwohl er Arabisch kann«, berichtet Battuta. »Wir blieben drei Tage bei ihm, wobei uns dreimal am Tag Essen gebracht wurde.«[40] Battuta labte sich an einheimischen Gerichten wie Hühnereintopf, Fisch und Gemüse auf in Butter gekochtem Reis, Bananen in frischer Milch und einen weiteren Eintopf aus saurer Milch, grünem Ingwer, Mangos, eingelegten Zitronen und Chilis. »[A]m vierten Tag, einem Freitag, brachten mir der *Qadi* und einer der *Wesire* (Minister) Gewänder«, heißt es bei Battuta. »Dann gingen wir in die Moschee und beteten hinter der Trennwand des [Sultans]. Als [Abu Bakr] herauskam, grüßte ich ihn, und er hieß mich willkommen … [Wir] machten uns zu Fuß auf den Weg zu seinem Palast.«[41] Abu Bakr trug prächtige Kleider. Seine Begleiter waren barfuß. Über seinem Kopf wurden vier Baldachine aus farbiger Seide getragen, auf denen jeweils ein goldener Vogel thronte«[42], so Battuta.

Zwei Wochen später begab Battuta sich an Bord eines Schiffes, das für eine Nacht in Mombasa anlegte. »Die Einwohner [von Mombasa] sind fromm, ehrenhaft und rechtschaffend, und sie haben gut gebaute Holzmoscheen«, schildert Battuta. »Sie haben Obstbäume auf der Insel, aber kein Getreide, das vom [Festland] herangeschafft werden muss. Ihre Nahrung besteht hauptsächlich aus Bananen und Fisch.«[43]

Vorbei an den Inseln Pemba und Sansibar, erreichte das Schiff Kilwa. Bei Battutas Ankunft war Kilwa die reichste, wichtigste und bekannteste Siedlung an der ostafrikanischen Küste. »Kilwa … ist eine große Stadt«, schrieb Battuta. »Die meisten Einwohner sind [Ostafrikaner] von tiefschwarzer Haut … mit Tätowierungen im Gesicht.«[44]

In einem portugiesischen Bericht aus dem frühen 16. Jahrhundert heißt es: »[D]ie ganze Umgebung [von Kilwa] ist sehr üppig, mit vielen Bäumen und Gärten mit allen möglichen Gemüsesorten, Zedraten, Zitronen und den besten süßen Orangen, die man je gesehen hat, dazu Zuckerrohr, Feigen, Granatäpfel und eine große Anzahl an Viehherden, vor allem Schafe«[45].

Im späten 12. Jahrhundert hatte Kilwa den regionalen Goldhandel von Mogadischu unter seine Kontrolle gebracht. Es eroberte die Siedlungen, in die man das Gold aus dem Landesinneren brachte, bevor es zu den größeren Handelsplätzen transportiert wurde. Dazu gehörte auch die vielleicht wichtigste Siedlung – Sofala in Mosambik. Das Gold, das es hier gab, stammte aus Groß-Simbabwe, einem Königreich, das zwischen 1100 und 1600 n. Chr. in Simbabwe bestand. Mit seinen zwei Häfen, in denen viele große Schiffe anlegen konnten, wurde Kilwa für ausländische Händler zum besten Ort, um Gold sowie Elfenbein zu kaufen.

Im 14. Jahrhundert erlebte Groß-Simbabwe seine Blütezeit. Kilwanische Kaufleute wurden extrem reich. Sie importierten mehr islamische Töpferwaren, indische Glasperlen, chinesisches Porzellan, das sie als Grabschmuck nutzten, und Seide als je zuvor. Im 15. Jahrhundert ernteten sie die Früchte ihrer Arbeit. »In [Kilwa] gibt es reiche Kaufleute und jede Menge Gold und Silber und Bernstein und Moschus und Perlen«, schrieb ein portugiesischer Reisender im späten 15. Jahrhundert. »Die Bewohner [dieses] Landes tragen Kleider aus feiner Baumwolle und Seide und viele schöne Dinge, und sie sind schwarze Männer.«[46]

Auch die Kilwaner vergrößerten ihre Stadt. Im 8. Jahrhundert hatten sie einstöckige Häuser aus rotem Lehm und Palmblättern gebaut. Nun errichteten sie mehrstöckige Komplexe aus Stein, die von Steinmauern mit bewachten Metalltoren und Türmen umgeben waren. Die Bewohner der Siedlungen Somalias bauten auch mit Stein. »[Die Somalier] türmen Steine auf, um ihre Behausungen zu bauen«, schrieb eines der Besatzungsmitglieder von Admiral Zheng He. »[Auch in Baraawe und Zhubu] werden Steine aufgeschichtet, um Mauern und Gebäude zu errichten.«[47] Diese konnten bis zu vier oder fünf Stockwerke hoch sein.

Das Material, das die Kilwaner und Somalier zum Bau ihrer Gebäude verwendeten, war *Porites*, eine Steinkoralle. Das Wissen um die Baueigenschaften dieser Koralle stammt wahrscheinlich von den Jemeniten im 10. Jahrhundert. Die Bewohner des Lamu-Archipels waren die ersten Ostafrikaner, die damit bauten. In der Stadt Shanga auf der Insel Pate wurden Überreste von Steinmoscheen aus dem 10. Jahrhundert gefunden. Außerdem wurden die Überreste von fast 200 Steingebäuden aus dem 14. Jahrhundert gefunden. Frühere Gebäude waren aus Holz. Die Korallen wurden entweder von Tauchern gesammelt oder bei Ebbe von Arbeitern von den küstennahen Riffen geschnitten. In nassem Zustand konnten sie zu Blöcken geformt werden. Durch das Brennen in Öfen wurde außerdem Kalkmörtel gewonnen, mit dem sich die Steine miteinander verbinden ließen. Die Steinbauten wurden fachmännisch ausgeführt. Für die Böden legten die Baumeister ein Fundament aus verdichteten Korallenspänen, auf das sie einen hochwertigen Kalkputz gossen. Für die Dächer legten sie große, rechteckige Korallenblöcke auf Kanthölzer, die quer über das ganze Haus verliefen. Darauf brachten sie eine dicke Betonschicht aus Korallenspänen, Sand und Kalk auf. Nach dem Trocknen wurde alles, mit Ausnahme der Lagerräume, verputzt, um es wasserdicht zu machen. Von Zeit zu Zeit ließen die Eigentümer der Gebäude die Wände verputzen, damit sie wieder wie neu aussahen. »Kilwa ist eine der schönsten und am besten gebauten Städte der Welt«, schrieb Battuta. Alles ist elegant angelegt.«[48] »[Es] ist ein schönes Land [mit] Häusern … so hoch wie in Spanien«[49], berichtete der portugiesische Reisende des späten 15. Jahrhunderts. »[Kilwa] besteht aus soliden Bauten aus Stein und Mörtel mit Terrassen, und die Häuser sind gut verarbeitet«[50], heißt es dort weiter. »In Kilwa gibt es mehrstöckige Häuser, die sehr robust aus Mauerwerk gebaut und mit einem Putz bedeckt sind, der tausend Malereien aufweist«[51], heißt es in einem anderen Bericht. »[Die Häuser haben] flache Dächer, und auf der Rückseite gibt es Gärten mit schattenspendenden Obstbäumen und Palmen«[52], weiß ein anderer.

Weiter heißt es dort: »[I]n einem Teil von [Kilwa] stand der Palast des Königs, der im Stil einer Festung gebaut war, mit Türmen und Zinnen und allen möglichen Verteidigungsanlagen.«[53] Dieser »König« war al-Hasan ibn Sulaiman. Battuta lernte ihn kennen. »[Er ist] ein Mann von großer Bescheidenheit; er sitzt mit armen Brüdern zusammen und isst mit ihnen, und er hegt großen Respekt vor Männern des Glaubens und von edler Abstammung«[54], schrieb Battuta über ihn. »[Er] war bekannt für seine Geschenke und Großzügigkeit. Er pflegte ein Fünftel der Beute, die er auf seinen Expeditionen machte, für fromme und wohltätige Zwecke zu verwenden ... und ich habe gesehen, wie er einem Bettler auf dessen Bitte hin die Kleider gab, die er am Leib trug ... [Er ist ein] großzügiger und tugendhafter Sultan.«[55]

Der »Palast« von Ibn Sulaiman trug den Namen Husuni Kubwa. Er wurde im Jahr 1300 auf einem Hügel mit Blick übers Meer erbaut und war zweifellos das beeindruckendste Steingebäude in Kilwa. Umgeben von einer hohen Mauer und weitläufigen Ländereien, bestand er aus zwei Teilen: einem dreieckigen Gebäudekomplex im Norden und einem quadratischen im Süden.

Der dreieckige Part war der Bereich, in dem Ibn Sulaiman lebte und seine Freunde empfing. Jedes der Gebäude in diesem Bereich war mit hochwertigen, dekorativen Steinmetzarbeiten ausgestattet. In einem Raum wurden Korallenblöcke gefunden, die mit arabischer Schrift in schwarzer Tinte verziert waren. Die Räume der dreieckigen Anlage waren um einen großen Innenhof angeordnet, in dem Tanzdarbietungen und Festessen stattfanden. In diesem Hof wurden zahlreiche Fragmente von feinem chinesischem Porzellan aus dem 14. Jahrhundert – wahrscheinlich Geschirr – gefunden. An den Seiten des Hofes befanden sich Sitzbereiche, auf denen die Gäste auf Kissen gestützt die Vorführungen verfolgten oder sich unterhielten. Durch einen westlichen Korridor gelangte man zu einem Innenhof mit einem Schwimmbecken. Es war acht Meter breit, zwei Meter tief und hatte die

Form eines Achtecks. An der Südseite befanden sich weitere Sitzgelegenheiten. An seiner Westseite befand sich eine Veranda. Ein Korridor an der Nordseite führte die Gäste zu ihren Gemächern.

Der quadratische Gebäudekomplex im Süden des Anwesens war der Ort, an dem die Geschäfte abgewickelt wurden. Drei Reihen von unverputzten Räumen trennten ihn vom nördlichen Teil. Seine Zimmer waren um einen riesigen Innenhof angeordnet, auf dem vermutlich die Waren gezählt und für den Transport verpackt wurden. Seine Größe lässt vermuten, dass dies nicht nur das Handelszentrum des Palastes, sondern auch von Kilwa war.

An der südwestlichen Ecke von Husuni Kubwa befand sich das »Haus des Faktors«. Der Faktor war für die alltäglichen Handelsaktivitäten wie das ordnungsgemäße Beladen der Schiffe und das Eintreiben der Zollgebühren zuständig. Diese Aufgaben erledigte er im Erdgeschoss seines Hauses, das die Besucher über einen großen Vorplatz betraten. Im ersten Stock befanden sich seine Wohnräume, die er über eine große Treppe erreichte.

Im Zentrum des Palastes befand sich der einzigartig gestaltete »Pavillon«. Er lag zwischen den beiden Teilen des Palastes, war aber mit keinem verbunden, und vereinte somit ihre Funktionen. Hier empfing Ibn Sulaiman Gäste und verhandelte über Geschäfte. »[W]ir können ihn uns vorstellen, wie er auf dem Podium sitzt, das mit Teppichen und Kissen ausgestattet war«, schrieb der britische Archäologe Neville Chittick. »Der Pavillon befindet sich in der günstigsten Lage und bietet einen herrlichen Blick nach Westen über die Küste und die Dächer der dahinter liegenden Gebäude bis hin zur Stadt und dem Hafen von Kilwa in der Ferne.«[56]

Östlich des Pavillons befand sich das Haus des Kämmerers. Daran grenzten Räume an, in denen die Gäste vor ihrer Audienz bei Ibn Sulaiman warten mussten.

Das zweitbeeindruckendste Gebäude in Kilwa war die Große Moschee. Wie ihr Name schon sagt, war sie nicht die einzige Moschee in Kilwa. Eine weitere Moschee, die ausschließlich von Ibn Sulaiman genutzt wurde, stand im nördlichen Teil Husuni Kubwas. Einem portugiesischen Bericht aus dem 16. Jahrhundert zufolge gab es in der Umgebung von Kilwa außerdem »viele Kuppelmoscheen … [darunter auch die Große Moschee] wie die in Córdoba«.[57] Die Große Moschee wurde kurz vor der Zeit Ibn Sulaimans erbaut, vermutlich zwischen dem ausgehenden 12. und dem späten 13. Jahrhundert. Sie hatte 18 Kuppeln und Tonnengewölbedecken. Im Laufe der Zeit erweiterten und renovierten die Herrscher von Kilwa sie häufig, was die zentrale Bedeutung des Bauwerks sowie des Islams für sie unterstreicht. Es handelt sich um die wohl schönste mittelalterliche Moschee in Ostafrika.

Viele Ostafrikaner sind seit dem 8. Jahrhundert n. Chr. Muslime. In Shanga wurden Überreste einer Holzmoschee aus dem Jahr 780 n. Chr. gefunden. Muslimische Staaten und Kaufleute waren für die internationalen Handelsnetze, insbesondere im Indischen Ozean, von enormer Bedeutung. Die Menschen betrachteten den Islam als »Religion des Handels«. Um sich diesen wichtigen Akteuren anzunähern, nahmen frühe ostafrikanische Händler und Herrscher den muslimischen Glauben an. Doch sie schlossen sich nicht alle zur selben Zeit denselben Strömungen an. Im Laufe der Jahrhunderte traten unterschiedliche Herrscher verschiedenen Religionsgemeinschaften bei und verließen sie wieder, je nachdem, wie einflussreich sie im Handel waren. Um 1000

n. Chr. waren die meisten Völker an der Küste Ostafrikas Muslime.

Die Einwohner von Shanga waren Zaiditen, Anhänger einer schiitischen Sekte. Seit dem späten 8. Jahrhundert lebten die Zaiditen im Jemen. Sie gehörten zu den ersten muslimischen Händlern in Ostafrika. Zu Beginn des 10. Jahrhunderts hatten sie auch die Nordsomalier bekehrt.

Vom 8. Jahrhundert an waren die Bewohner der Insel Pemba in der Nähe von Tansania Ibaditen. In Basra im Irak blühte bereits Ende des 7. Jahrhunderts eine Ibadi-Gemeinschaft. Damals war Basra eine der wichtigsten Handelsstädte am Persischen Golf. Beim Handel im Indischen Ozean spielten die ibadischen Kaufleute eine entscheidende Rolle. 750 n. Chr. versuchten einige von ihnen, Qanbalu, eine Stadt auf Pemba, zu erobern. Unabhängig vom Ausgang der Mission gelang es ihnen, einige der Inselbewohner zu bekehren. Auf Pemba wurden die Überreste einer Ibadi-Steinmoschee aus dem 10. Jahrhundert gefunden. »[Pemba] hat eine gemischte Bevölkerung aus [afrikanischen] Muslimen und … Götzendienern«[58], schrieb al-Mas'ūdī.

Um 1000 n. Chr. zogen Muslime aus Shanga entlang der Küste nach Süden und erreichten Malindi, Mombasa und Kilwa, wo sie eine münzbasierte Währung sowie neue architektonische und künstlerische Stile einführten, darunter den Steinbau. Sie bekehrten die Einwohner Malindis und Mombasas, indem sie in deren Städten Moscheen errichteten, scheiterten aber bei den Menschen in Kilwa, die weiterhin ihre traditionelle Religion praktizierten. Ähnlich erging es auch den Pemba-Ibaditen, die sich 50 Jahre später nach Süden begaben und in Kilwa ebenfalls mit ihrer Missionierung scheiterten.

Um 1280 n. Chr. wanderten die Mahdalis, eine afrikanische Familie mit weit zurückreichenden arabischen Wurzeln, von Somalia nach Kilwa ein. Sie behaupteten, von einem jemenitischen *Scharif*-Clan abzustammen – mit anderen Worten, sie seien Nachkommen des Propheten Mohammed. Die *Scharif*-Bewegung war mit der Schāfi'ī-Schule der Sunniten verbunden. Diese Rechtsschule hatte sich im Jemen im 11. Jahrhundert entwickelt. Der sunnitische Islam war in Ostafrika seit dem 10. oder 11. Jahrhundert verbreitet. Im Jahr 1050 errichteten die Sunniten von Pemba eine neue Moschee an der Stelle der Ibadi-Moschee aus dem 10. Jahrhundert.

Die Mahdalis stürzten die Herrscher von Kilwa. Sie etablierten sich auch in Baraawe, Lamu, Pate und Mombasa. Ihr Einfluss hatte zur Folge, dass nicht nur Kilwa, sondern der größte Teil der Küste schon bald streng sunnitisch wurde. Die Swahili sind noch immer sunnitische Schāfi'iten. »Die wichtigsten Eigenschaften [der Kilwaner] sind Hingabe und Frömmigkeit«[59], betonte Battuta. Er betete in der Großen Moschee. »Alle Personen von Rang tragen Gebetsperlen«[60], schrieb ein portugiesischer Seemann im 16. Jahrhundert. Zu anderen Zeiten wanderten noch weitere *Scharif*-Familien von Norden nach Süden.

Wie wir oben gesehen haben, waren die Ostafrikaner nicht nur in Kilwa, sondern auch in anderen ostafrikanischen Küstensiedlungen wie Shanga und Baraawe durch den Kontakt mit fremden Völkern neuen Ideen und Praktiken ausgesetzt, die sie aus vielerlei Gründen übernahmen. Beispiele dafür sind die Steinbauweise (die sich die ostafrikanische Elite aneignete, um ihren Reichtum zur Schau zu stellen), der Islam (den ostafrikanische Händler annahmen, um ihre Beziehungen zu ihren muslimisch-arabischen oder persischen

Handelspartnern zu verbessern) sowie die arabische Sprache und das Speisen mit Porzellangeschirr der Ming-Dynastie. Die Swahili haben sich selbst immer als Handelsvolk an der ostafrikanischen Küste verstanden, das sich durch seine Religion, die Sprache sowie die städtische Kultur auszeichnet. Dieses Selbstbild deckt sich damit, wie ausländische Völker und Wissenschaftler, darunter Anthropologen, Archäologen und Historiker, sie wahrnehmen. Kurzum, die Ostafrikaner wurden zu »Swahili«, als sie begannen, internationalen Handel zu treiben, mit Stein zu bauen und den Islam zu praktizieren.

Allerdings bezeichnen sich viele »Swahili« heute nicht mehr als solche, sondern ziehen es vor, sich mit der Stadt, aus der sie kommen, zu identifizieren. Diejenigen aus Malindi nennen sich beispielsweise *waMalindi* – »Menschen aus der Stadt Malindi«. »Swahili«, das sich von *sawahil*, dem arabischen Wort für »Küste« ableitet, wurde erst im 19. Jahrhundert als ethnische Bezeichnung verwendet, als omanische Herrscher Teile der ostafrikanischen Küste kolonisierten und die dort lebenden Menschen *Swahili* nannten.

Die ersten Ostafrikaner, die die Praktiken des Steinbaus und des Islams übernahmen – d.h. die ersten Ostafrikaner, die zu »Swahili« wurden – waren diejenigen, die etwa ab dem 8. Jahrhundert in Somalia und auf dem Lamu-Archipel lebten. Aufgrund ihrer Nähe zum Nahen Osten waren diese Siedlungen die ersten, die häufig von jemenitischen und persischen Händlern besucht wurden, die ihre verschiedenen Sitten und Bräuche mitbrachten. So kommt es, dass die Swahili Shungwaya – jenen mythischen Ort, den sie als »Ursprungsort« bezeichnen – auf dem Festland gegenüber der Lamu-Inselgruppe verorten. Ende des 9. Jahrhunderts war die Transformation der Somalier und Inselbewohner abgeschlossen. Im 10. Jahrhundert wanderten ihre Nachkommen nach Süden bis nach Mosambik und veränderten dabei auch andere ostafrikanische Gemeinschaften auf ähnliche Weise. Im 11. Jahrhundert entstand in Ostafrika die »Swahili-Küste« – eine Reihe politisch eigenständiger, aber miteinander durch die gemeinsame Sprache, den Islam sowie ähnliche soziale und kulturelle Strukturen, die sich etwa in der Architektur der Städte widerspiegelte, verbundene Stadtstaaten.

Dieses Kapitel hat hoffentlich gezeigt, dass die Interaktion mit fremden Völkern zur Weiterentwicklung einer Kultur beitragen kann und nicht zwangsläufig die Ursache für ihre Zerstörung ist. Die Swahili sind nicht nur durch äußere Einflüsse entstanden, sondern entfalteten sich auch, weil sie fremde Elemente sinnvoll in ihre eigene Kultur integrierten. Dies ermöglichte es ihnen, zu den führenden Händlern auf dem afrikanischen Kontinent zu werden. Im Gegensatz dazu war es im heutigen Großbritannien nicht die Interaktion mit Mitgliedern der Windrush-Generation, die zu Spannungen führte. Vielmehr war es die Enttäuschung über die vorschnell getroffenen ausländerfeindlichen Maßnahmen der Regierung, die diese Menschen traf. Mit anderen Worten: Nicht der Kontakt mit anderen Bevölkerungsgruppen stellte eine Gefahr für die Gesellschaft dar, sondern das Versäumnis, sie vernünftig zu integrieren.

Im nächsten Kapitel werden wir uns ausführlich mit einer kulturellen Besonderheit Afrikas befassen – der mündlichen oder auch oralen Literatur. Anhand einiger Beispiele werde ich erklären, wie sie in einigen Fällen über Jahrhunderte und Kontinente hinweg erhalten blieb, und möchte einige ihrer bemerkenswertesten Vertreter vorstellen.

6

Rapper, Sänger und Geschichtenerzähler

In afrikanischen Kulturen auf der ganzen Welt gibt es viele Formen oraler Literatur, darunter Versepen, Fabeln und Lieder. Eine der weltweit bekanntesten Formen afrikanischer (wie auch amerikanischer) mündlicher Literatur sind Rap-Songs. Diese bedienen sich unterschiedlicher Ausdrucksformen, eine davon ist der Rap-Battle, bei dem zwei Rapper gegeneinander antreten. Natürlich hat Rap nicht immer so geklungen, wie wir ihn heute kennen. Aber es gibt Vorläufer – einige davon sind sowohl zeitlich als auch lokal nicht weit von den uns bekannten Formen entfernt, andere sind möglicherweise vor Hunderten von Jahren in einem ganz anderen Teil der Welt entstanden. Wie Rap und insbesondere der Battle-Rap daraus hervorgegangen sind, wollen wir uns nun genauer ansehen.

Rap-Battles, wie sie die meisten von uns kennen, sind wohl im Dezember 1981 im Harlem World Club in New York entstanden. Das »The World«, wie der Club von seinen Stammgästen genannt wurde, begann in den 1970er-Jahren als Diskothek. Er war ausgestattet mit goldenen hochflorigen Teppichen, verspiegelten Wänden, einer beleuchteten Tanzfläche und einer 30 Meter langen, blitzförmigen Bar. Sein Besitzer, Jack Taylor, ein stattlicher Afroamerikaner mit dem Spitznamen »Fat Man«, erkannte die steigende Popularität des Hip-Hop und machte daraus einen Rap-Club.

In den 1980er-Jahren wurde das World Schauplatz einiger der größten und beliebtesten Rap-Shows der Stadt und bot vielen der Top-MCs (Rapper) dieser Zeit eine Bühne. »Das World war damals der angesagteste Club in Manhattan«[1], erinnert sich der amerikanische Rapper Kool Moe Dee. Moe war in den 1970er-Jahren als Mitglied von The Treacherous Three bekannt geworden, einer Rap-Gruppe, die für ihre schnellen, lockeren und originellen Reime bekannt war. In den 1980er-Jahren war Moe bereits für seinen ungewöhnlich schnellen Reimstil bekannt. »Das Harlem World war in den 1980ern *the place to be* für Hip-Hop-Gruppen …, ein Laden, in dem alle [MC-]Gruppen wirklich zeigen konnten, was sie draufhaben«[2], sagte Grandmaster Caz, ein MC, der in derselben Liga spielte wie Kool Moe Dee. Von ihm stammt einer der Reime in »Rapper's Delight« der Sugar Hill Gang, ein Song, der wohl mehr als jeder andere dazu beigetragen hat, Rap zum Mainstream zu machen. Leider hat er dafür nie Anerkennung bekommen.[3] »[Die besten MCs in den 80er-Jahren waren natürlich] Caz, Mo[e] Dee und Melle Mel«[4], so Troy Smith. Smith wuchs in Harlem auf und kannte viele der Pioniere des Hip-Hop persönlich. Außerdem hat er eine der größten und wichtigsten Sammlungen von frühen Hip-Hop-Tapes zusammengestellt. »Aber was [Harlem] anbelangt, war Mo[e] … der Top-Mann«[5], fuhr Smith fort. »Doug, Spoon[ie Gee], Kool Mo[e] Dee, und die Fearless Four … [w]ann immer sie auftauchten, wurde für sie der rote Teppich ausgerollt.«[6] »[Moe ist] einfach ein richtig cooler, bodenständiger Typ mit einem krassen Style«, so Charlie Rock, der in den 1980er-Jahren im The World arbeitete. »Eine Sache, die ich über [Moe, Caz und Melle Mel] sagen kann, ist, dass sie immer herumliefen, als wären sie Superstars … [S]ie waren definitiv die Könige der Straße.«[7]

Jedes Jahr im Dezember veranstaltete das The World die Christmas Rappers Convention, einen zweiwöchigen Rap-Wettbewerb. »An jedem Feiertag gab es im [The World] abends irgendeine Hip-Hop-Show«[8], so Rock. Damals ging es bei den Rap-Wettbewerben oder Battles weniger darum, dass die Rapper gegeneinander antraten, sondern vielmehr darum, wie sehr sie das Publikum mitreißen konnten. Einer nach dem anderen kamen die Rapper auf die Bühne und trugen ihre besten Reime zu einem bestimmten Beat vor. Der Gewinner war derjenige, dem die Menge am lautesten zujubelte. »Ich trete nicht gegen dich an«, meinte Caz. »Ich zeige einfach, was [ich] kann, und du zeigst, was du kannst.«[9] »Du sagst einen Reim, ich sage einen Reim«[10], fuhr er fort, »[und] dann lassen wir [die Menge] beurteilen, was sie am besten findet.«[11] »Wer den besseren Reim hat, gewinnt.«[12]

Im Jahr 1981 moderierte Moe diesen Wettbewerb. Einer der teilnehmenden MCs war Busy Bee Starski. »Busy« war ebenfalls in den 1970er-Jahren aufgetaucht. Er spielte nicht in einer Liga mit Moe oder Caz, sondern war bekannt für seine repetitiven und einfachen, aber lustigen und eingängigen Reime. »Busy ist so der Typ: ›Hey, ich will eure Hände sehen!‹ … so eine Art Rapper ist er«, erklärte Caz. »[Er würde] nie über irgendjemanden was sagen. Nicht in einem Reim!«[13] Aber das Publikum liebte Busy. Sie sagten, er wisse wirklich, wie man »die Party rockt« und nannten ihn »Chief Rocker Busy Bee«. »Busy war … ein Publikumsmagnet«[14], erinnerte sich auch Rock. »[Er war] ohne Frage einer der lustigsten Typen im Hip-Hop«[15], so Moe. Er hatte Wettbewerbe in ganz New York gewonnen.

Arroganz war Teil von Busy Bees »Chief-Rocker«-Persönlichkeit. Eines Abends, als er auftreten sollte, prahlte Busy Bee ständig mit seinen Fähigkeiten und früheren Siegen. Er sagte, er sei sich sicher, die diesjährige Christmas Rappers Convention zu gewinnen, und hockte sich neben die Trophäe und forderte die Leute auf, Fotos zu machen. »Er kam rein, wie [Muhammad] Ali früher ins Trainingslager: ›Ich knocke sie alle aus.‹«, erzählt Kool Moe Dee. »Es war irrsinnig komisch.«[16]

Als Antwort auf Busys Prahlerei rief jemand aus der Menge: »Du kannst [Kool Moe Dee] nicht schlagen.«[17]

»Egal, wer es ist. Ich schlage jeden«, antwortete Busy. »Ich habe 800 von diesen [Wettbewerben] hintereinander gewonnen … Gebt mir den Pokal einfach gleich, denn mich kann niemand besiegen. Ich bin Chief Rocker Busy Bee. In 25 Minuten komme ich zurück und hole mir diesen [Pokal] … Für jeden, der sich hier blicken lässt, ist das der reinste Selbstmord, ich sag's euch. Ich knocke alle aus! Ich knocke alle aus!«[18]

Busys Antwort verärgerte Kool Moe Dee. »[Moe lief] um uns herum und sagte: ›*Yo, man*, ich werde mir diesen Kerl vorknöpfen‹«, erinnerte sich Caz. »Busy … gewann zwar alle MC-Wettbewerbe, [aber] ich dachte mir: ›Warte mal. Okay, du kannst vielleicht eine Party rocken, aber du bist kein Reimer. Im Reimen kannst du niemanden schlagen. Und genau darum geht es bei diesem [Contest].«[19] »[D]ie Leute schauten mich an nach dem Motto[:] ›Oh mein Gott, hast du gehört, was [Busy] da eben gesagt hat? Das wirst du doch bestimmt nicht unkommentiert stehen lassen‹«[20], erzählte Moe. »Ich weiß nicht mal, was ich von [Busy] erwartet habe. Hätte er einen Rückzieher machen und sagen sollen: ›Nein, ich kann ihn nicht schlagen‹? Das wäre … unmöglich gewesen. Also hat [Busy] getan, was er tun musste. Aber mein Ego war zu der Zeit einfach im Arsch. Also sagte ich: ›Ich kann nicht fassen, dass er nicht zugibt, dass er gegen mich in einem Battle keine Chance hat.‹«[21]

Nachdem er fertig war mit Angeben, zog Busy seine übliche Partyrapnummer ab. »[Danach] habe ich mich entspannt«, so Busy. »Ich habe einen Joint geraucht, Champagner getrunken und mit den Mädels abgehangen. Ich dachte, [der Wettbewerb an diesem Abend] sei vorbei.«[22]

Doch er war noch lange nicht vorbei. Während Busy auftrat, schrieb Moe Reime. »Ich dachte mir[:] ›Okay, es gibt noch einen weiteren Teilnehmer, und das bin ich‹«[23], meinte Moe.

»Setz meinen Namen auf die Liste«[24], meinte er zu Charlie Rock.

»Du willst antreten?«[25], fragte Rock ungläubig.

»Ja«[26], sagte Moe. »Und zwar direkt nach Busy Bee.«[27]

Dann, während Busy abhing, verkündete der Moderator, der für Kool Moe Dee eingesprungen war: »Wir haben noch einen Kandidaten … Also werden wir ihn rappen lassen.«[28]

Moe kam auf die Bühne. »Wie kann es nur Leute geben, die meinen, Busy Bee Starski hätte das Haus gerockt?«[29], rief er in die Menge.

Das Publikum johlte.

»Und das im angesagtesten Club der Stadt«, fuhr Moe fort. »Weiß nicht, ob ihr das mitgekriegt habt, aber ich habe 'ne Menge Scheiße gehört, müsst ihr wissen. Busy Bee erzählt Mist von wegen, er würde jeden MC ausknocken und so. Das muss man dem Mann lassen, er weiß, wie man die *crowd* rockt, aber wenn's ums Reimen geht, kann er niemanden bescheißen. Und das werde ich jetzt beweisen … *One for the treble. Two for the bass. C'mon Easy Lee and let's rock the place!*«[30] [»Ein Schlag für die hohen Töne, zwei für die Bässe. Komm schon, Easy Lee, lass uns den Laden rocken!«]

Hold on, Busy Bee, I don't mean to be bold
But put that »ba-ditty-ba« bullshit on hold
We gonna get right down to the nitty-grit
Gonna tell you little somethin' why you ain't shit …

And I remember, Busy, from the olden-times
When my man, Spoonie G[ee], used to sell you rhymes
Remember that rhyme called, »Ditty-Ba-Ditty«?
Man, goddamn, that shit was a pity![31]

…

Hey, Busy Bee, ich wollt' hier nich' so einfach reinschnei'n
Aber lass diesen ganzen »ba-ditty-ba«-Quatsch mal sein
Am besten wir kommen gleich direkt zur Sache
Und ich zeig dir, warum ich über dich nur lache …

Denn ich erinner mich, Busy, an die gute alte Zeit
Und wie mein Kumpel Spoonie G dir seine Reime leiht
Erinnerst du dich an den Reim, »Ditty-Ba-Ditty« genannt?
Die Nummer war ja wohl echt ein Witz, verdammt!

Während Moe rappte, machten sich einige aus Busys Crew auf die Suche nach Busy. Als sie ihn fanden, sagte einer von ihnen: »Yo Biz! Yo Biz … [Moe] zieht über dich her!«[32]

»Was?! Wer?«[33], fragte Busy.

»Kool Moe Dee disst dich«, meinte ein anderer, »er nennt dich was weiß ich nicht alles [und] erzählt alles Mögliche über dich.«[34]

»Ah ja?«, erwiderte Busy.

Er stürzte die Treppe hinauf. »Halt's Maul! Halt's Maul!«[35], schrie er Moe an.

Moes kompletter Rap über Busy ist drei Strophen lang. »[Moe] zog komplett über Busy vom Leder«[36], sagte Caz. »[Er] hat Busy Bee praktisch zerlegt«[37], so der Rapper Ice T. »Es war wirklich unschön für Busy an dem Abend … [Er] wurde echt fertiggemacht«, erzählte Charlie Rock. »Moe war auf jeden Fall der bessere Reimer … [Er] war ein MC durch und durch … besser als so ziemlich jeder andere … Als er rappte »… put that ba-ditty-ba bullshit on hold«, flippten die Leute aus!«[38]

»[D]as Publikum ist durchgedreht«[39], sagte Moe. »[Sie] rasteten aus, weil sie sich sagten: ›Ich kann nicht fassen, dass er [Busy] so angreift.‹ Und es war eine echte Überraschung. Niemand hatte damit gerechnet.«[40] »[Moes] Diss war die reine Wahrheit«[41], fügte Caz hinzu. »Ich stand ganz vorne mit offenem Mund da, wie alle anderen auch. *Ich* wusste, was passieren würde, aber nicht in welchem Ausmaß.«[42] »Busy hat an dem Abend der Menge eingeheizt«, fuhr er fort. »Aber Moe Dee hat Busy eingeheizt.«[43] »Wir hatten die Show [an diesem Abend] live auf hochwertigem Band aufgenommen, sodass der Klang wirklich glasklar war«, so Rock. »Wir blieben bis spät in die Nacht auf, um Tapes zu produzieren, und am nächsten Tag liefen wir durch Harlem und sagten: ›Yo, wir haben den Battle, wir haben den Battle[!]‹ [Wir verkauften] die Tapes für etwa 10 Dollar pro Stück. In den frühen Achtzigern war das eine Menge Geld für ein Tape … [Aber es] war berühmt. Ihr könnt euch nicht vorstellen, wie viele wir auf der Straße verkauft haben. Wir haben so viele davon verkauft!«[44]

Das Tape wurde zu einem der meistverkauften Underground-Rap-Tapes aller Zeiten. Rock ist überzeugt, wäre es eine Platte gewesen, hätte sie Platin, vielleicht sogar Doppel-Platin bekommen. »Jeder hatte [es], und die Leute kamen auf mich zu und sagten: ›Ich hab' gehört, was du mit Busy Bee gemacht hast!‹«[45], erzählte Moe.

Für viele war dieses Tape das erste Mal, dass sie hörten, wie ein Rapper in einem Battle einen anderen direkt disste. Sein Einfluss trug dazu bei, dass sich die Battles von reinen publikumswirksamen Darbietungen der eigenen verbalen Fähigkeiten zu den heutigen kunstvollen Wortgefechten entwickelten. »Es gab zwar Battles, aber die Leute haben nie wirklich etwas übereinander gesagt«, erinnerte sich Moe. »Ich war einer der ersten Rapper, der einen Reim über eine [bestimmte] Person schrieb.«[46] »[Moe] traf [Busy] mitten ins Herz. Er veränderte die Art und Weise, wie die Leute Battles austrugen«[47], sagte Caz. »[Nach diesem Abend] wurde das Batteln ein wenig persönlicher – Mann gegen Mann … [Kool Moe Dee vs. Busy Bee] war der erste richtige [Rap]-Battle – das erste Mal: ich gegen dich. Ich rede über dich … darüber, wie du über dieses und jenes gelogen hast und dich für sonst was hältst … [Moe] war der Erste, der so auf jemanden losging. Das hat die Messlatte praktisch höher gelegt. Wenn man sich jetzt mit jemandem anlegte, legte man sich mit ihm direkt an.«[48]

Ungeachtet dessen, was an diesem Abend zwischen Moe und Busy geschah, waren sie damals – und sind noch immer – gute Freunde. »[Wir] sind Homies. Das waren wir damals auch«[49], sagte Busy. »Zwischen uns ist alles cool«, sagte Moe. »[W]ir machen kein großes Aufheben darum, [was in dieser Nacht passiert ist], und wahrscheinlich ergibt sich irgendwann ein gemeinsames Projekt.«[50]

Der Rap-Battle, wie wir ihn kennen, mag an jenem Dezemberabend 1981 entstanden sein, als Kool Moe Dee öffentlich Busy Bee Starski disste. Aber die gereimten Beleidigungen und ihr Einsatz in einem Wettbewerb waren keine Erfindung von Kool Moe Dee. Vielmehr führte er diese bereits existierenden Elemente in den Kontext des Rap-Battles ein und schuf damit eine neue Form.

Mit anderen Worten: Der moderne Battle-Rap hat sich aus Vorläufern der mündlichen Literatur entwickelt, bei denen in einem verbalen Schlagabtausch gereimte Beleidigungen genutzt wurden. Einer davon sind die sogenannten *Dozens*, ein früher afroamerikanischer Wettbewerb für gereimte Beleidigungen, dessen Charakteristik und Einfluss wir uns nun genauer ansehen werden.

*

Hier ein Beispiel dafür, wie die *Dozens* ablaufen können:

> [Spieler A]: »[W]enn ich so hässlich wäre wie du, würde ich mich umbringen.«
> [Spieler B]: »Du bist auch nicht gerade eine Schönheit. Deine Haare sehen aus wie Stroh.«
> [Spieler A]: »Die Haare von deinem Pa sehen aus wie Draht[.]«
> [Spieler B]: »Du bist mein Pa.«
> [Spieler A]: »Wenn ich dein Pa bin, muss ich es mit deiner Ma getrieben haben.«

> [Publikum]: »[O]h! Er hat deine Ma beleidigt. Ich würde mir das an deiner Stelle nicht bieten lassen. Mach schon und sag was.«[51]

Die *Dozens* sind ein Spiel, bei dem sich zwei Spieler abwechselnd vor einem Publikum beleidigen und jedes Mal versuchen, noch witziger oder verletzender zu sein, um die Zustimmung des Publikums zu gewinnen. Üblicherweise sind sowohl die Spieler als auch das Publikum männliche Afroamerikaner im Teenageralter, und das Ganze findet auf einem Spielplatz oder auf der Straße statt.

Oft beginnt das Spiel spontan. Jungs unterhalten sich. Dann schleudert einer von ihnen (der »Anstifter«) einem anderen (dem »Empfänger«) wahllos eine klassische *Dozens*-Beleidigung entgegen: »Wenigstens ist meine Mutter keine Türklinke, bei der jeder mal ran darf.«[52]

Niemand weiß, woher diese Beleidigungen stammen. Sie wurden über Generationen hinweg mündlich weitergegeben und variieren stark in Stil, Form und Inhalt. Manche reimen sich. Andere sind Wortspiele. Einige sind typische One-Liner. Andere wiederum Kurzgeschichten. Meist sind die Sprüche eher allgemein oder metaphorisch, mitunter auch persönlich und schonungslos. Viele sind sexualisiert – wie zu erwarten ist bei einem Spiel, das größtenteils von Jungs im Teenageralter gespielt wird – und zielen auf die weiblichen Verwandten des Gegners ab. Andere heben die Schwächen des Gegners hervor. Wenn dieser beispielsweise schlecht in der Schule ist, lässt man sich kreative Wege einfallen, ihn als dumm zu bezeichnen. Gereimte *Dozens*-Beleidigungen waren früher die gängigste Variante, aber in den 1960er-Jahren waren sie weitgehend ausgestorben und durch ungereimte einzeilige Beleidigungen ersetzt worden, die auf die Mutter oder die Schwächen des Gegners abzielten.

Als Reaktion auf die Beleidigung des Anstifters johlt das Publikum, was den Empfänger zu einer Gegenbeleidigung ermutigt: »Meine Mutter ist wenigstens kein Kuchen, bei dem jeder ein Stück abkriegt.«[53] Wenn er mit einer spontanen Beleidigung kontert, bringt ihm das noch mehr Anerkennung des Publikums ein.

Im Laufe des Spiels tauschten die Kontrahenten so lange Beleidigungen aus, bis einem von ihnen langweilig wurde und er das Thema wechselte. Nur sehr selten endete das Spiel, weil einer der Spieler so sehr durch die Beleidigung des Gegners verletzt wurde, dass er ihn tätlich angriff. Wer die Beherrschung verlor, galt als Verlierer.

Woher die *Dozens* stammen, weiß niemand genau, sie tauchen aber zum ersten Mal in Blues-Songs der 1910er-Jahre auf. In den 1920er-Jahren hatte der Pianist und Sänger Speckled Red zudem einen Hit namens »The Dirty Dozen«. Dem Plattenproduzenten Bob Koester erzählte er, »The Dozen« sei »ein Kinderspiel, [bei dem] ich zwölf deiner Verwandten beleidige [und] du zwölf meiner, so geht das hin und her, und wer zuerst zuschlägt, hat verloren.«[54] Andere Quellen legen nahe, dass *Dozens* aus satirischen Reimen hervorgegangen sind. In den USA gab es Ende des 19. Jahrhunderts gereimte Lieder, die für jede Stunde des Tages die wichtigsten christlichen Pflichten besangen. Oft wurden diese Texte vulgär umgedichtet, wie in diesem Beispiel von 1922:

> Ich schaute auf die Uhr, und die Uhr schlug eins. Ich sagte:
> ›Einmal ist keinmal, Daddy, heut‹ bist du meins[.]«

Wahrscheinlich wurde »The Dozens« in den Vierteln im Süden der USA bereits Jahrzehnte vor dem Entstehen dieser satirischen Reime gespielt.

Gut möglich, dass der Rap und der Rap-Battle auf *Dozens* zurückgehen. Ganz sicher aber sind die *Dozens* ihr Vorläufer, die Ähnlichkeiten sind erstaunlich. Bei beidem treten zwei Teilnehmer vor Publikum auf und spielen sich gegenseitig Zeilen zu, wobei sie versuchen, ihre Zuschauer zu beeindrucken, indem sie besonders witzig und schlagfertig sind. Sowohl *Dozens*-Spieler als auch Rapper verwenden häufig gereimte Beleidigungen. Und bei beiden gilt Improvisation als hohe Kunst. Außerdem ist das Publikum in beiden Fällen aktiv beteiligt, feuert die Kandidaten an und entscheidet mit seinen Buhrufen und seinem Jubel über den Sieger. Viele Rapper haben zugegeben, dass sie früher bei *Dozens* mitgespielt und dabei einiges von ihrem Handwerk gelernt haben.

Es heißt, *Dozens* habe sich aus einem Beleidigungsspiel entwickelt, das Jugendliche des Igbo-Volkes in Nigeria spielen und das *Ikocha Nkocha* (»abfällige Bemerkungen machen«) heißt. Die Ähnlichkeiten zwischen *Dozens* und *Ikocha Nkocha* (sowie anderen afrikanischen Wortspielen) sind ebenso frappierend wie die zwischen *Dozens* und modernem Rap-Battle.

*

Dies ist ein Beispiel für *Ikocha Nkocha*:

> [Spieler A]: »Lass uns *Ikocha Nkocha* spielen.«
> [Spieler B]: »In Ordnung, bist du bereit?«
> [Spieler A]: »Ja, ich bin bereit, aber du fängst an.«
> [Spieler B (zum Publikum)]: »*Churu m ya.*« [Wörtlich: »Verscheucht ihn für mich.« Damit will er die Aufmerk-

samkeit des Publikums erregen und sie um Unterstützung bitten].

[Publikum (zu Spieler A)]: »*Cha, cha, cha.*« [Das Geräusch, das man macht, um ein Tier zu verscheuchen.]

[Spieler B]: »Seht ihn euch an, mit seinen gespitzten Ohren, wie ein Hund, der seine Futterschüssel gehört hat.«

[Publikum (zu Spieler A)]: »Willst du ihn damit durchkommen lassen?«

[Spieler A (zum Publikum)]: »*Churu m ya.*«

[Publikum (zu Spieler B)]: »*Cha, cha, cha.*«

[Spieler A]: »Schaut ihn euch an, mit seinen Wangen wie die eines Kindes, dessen Mutter ihm zu früh ein jüngeres Geschwisterchen geboren hat.«

[Publikum (zu Spieler B)]: »Er hat dich schlimmer beleidigt.«[55]

Ikocha Nkocha wird in der Regel abends vor einem Publikum aus Familienmitgliedern und Freunden gespielt. Das Format ist identisch mit dem der *Dozens.* In beiden Fällen gehören Sprüche über die Mutter zu den häufigsten und schlimmsten Beleidigungen. Und schließlich waren viele der versklavten Afrikaner, die nach Amerika verschleppt wurden, und die meisten, die nach Virginia verschleppt wurden, Igbo. Möglicherweise brachten sie *Ikocha Nkocha* mit, das sich in der amerikanischen Umgebung zu den *Dozens* entwickelte.

Es scheint, dass rätselhafte Wortspiele in ganz Afrika verbreitet sind.

Afrikanische Rätsel sind oft kurze Aussagen, die mithilfe von Bildern versuchen, den Zuhörer an eine bestimmte Sache aus der realen Welt denken zu lassen. Um darauf zu kommen, was gemeint ist, muss er um die Ecke denken. Nehmen wir zum Beispiel ein Rätsel der Makua, einem Bantu-Volk in Mosambik und Tansania: Wasser, das aufrecht steht. Antwort: Zuckerrohr. Oder dieses von den Tonga – ein Bantu-Volk in Sambia und Simbabwe: Kleine Dinge, die uns besiegen. Antwort: Stechmücken.

Männliche Teenager der Hehe – einem Bantu-Volk, das hauptsächlich aus Tansania stammt – spielen ein Rätselspiel, das den *Dozens* und *Ikocha Nkocha* ähnelt. Wie die *Ikocha-Nkocha*-Spieler spielen sie es abends, nach dem Abendessen und kurz vor dem Schlafengehen. Wie bei den *Dozens* beginnt das Spiel oft spontan, wenn Freunde sich unterhalten und einer beiläufig einem anderen ein klassisches Rätsel aufgibt. Wie die Beleidigungen bei den *Dozens* variieren auch diese Rätsel in Stil, Form und Inhalt. Wer gut improvisieren kann, ist klar im Vorteil. Und auch hier läuft es so ab, dass das Publikum einen der Kontrahenten verhöhnt, woraufhin dieser mit einem Rätsel kontert. Derjenige, der die wenigsten Rätsel beantwortet, hat am Ende verloren.

Bei den Kgatla in Südafrika und den Akan in Ghana ähneln die Rätsel eher den Rap-Battles als den *Dozens*. Es handelt sich nicht um ein Spiel zwischen Kindern, sondern um ein organisiertes Duell zwischen Erwachsenen. Zwei Teilnehmer stellen abwechselnd entweder klassische Rätsel oder – was noch besser ankommt – improvisieren immer witzigere, komplexere und verwirrendere Rätsel. (Im Fall der Kgatla sind diese Teilnehmer Teil eines größeren Teams).

Oft werden die Rätsel in rasantem Tempo gesprochen. Bei den Akan sind zudem häufig Beleidigungen darin eingebettet. Auch hier verliert der Spieler, der die wenigsten Rätsel beantworten kann. Der Gewinner hingegen hat unter

Beweis gestellt, dass er intelligenter, kreativer und sprachlich gewandter ist.

Wir haben nun verschiedene Formen afrikanischer mündlicher Literatur kennengelernt, von Rap-Songs bis hin zu Beleidigungs- und Rätselspielen, wie die *Dozens*, *Ikocha Nkocha* und das Spiel der Hehe. Aber das ist längst nicht alles, was sie zu bieten hat. Wie ich bereits zu Beginn dieses Kapitels angedeutet habe, ist die orale afrikanische Literatur äußerst vielfältig. Um dies zu demonstrieren, werden wir uns nun noch eine andere Form ansehen, die in praktisch jeder afrikanischen Kultur vorkommt: Sprichwörter.

*

Sprichwörter sind kurze metaphorische Aussagen, die einfache Wahrheiten ausdrücken. Oft werden sie mündlich gebraucht. Mitunter sind sie durch literarische Mittel wie Reim oder Rhythmus gekennzeichnet und heben sich dadurch von der Alltagssprache ab. Sie können aber auch visuell ausgedrückt werden, zum Beispiel in Form von Skulpturen. Oft beschreibt die Metapher das Verhalten von Tieren oder Pflanzen, und die zugrundeliegende Aussage bezieht sich auf einen Aspekt der menschlichen Natur. »Die Stärke des Krokodils liegt im Wasser«, lautet ein Sprichwort der Tsonga, eines Bantu-Volkes aus dem Süden Afrikas. Soll heißen: Menschen, die ihre natürlichen Talente nutzen, sind erfolgreicher.

In vielen afrikanischen Kulturen gibt es unzählige Sprichwörter. So sind etwa 4000 Sprichwörter der Rundi, einem Volk in Burundi in Ostafrika, und etwa 2000 der Hausa, einem Volk im Norden Nigerias, dokumentiert.

Die Ursprünge der afrikanischen Sprichwörter sind unbekannt. Es wird angenommen, dass Vorfahren aus längst vergessenen Zeiten sie einst erfunden haben. Somit stehen die Sprichwörter für die traditionelle Weisheit und die Lehren dieser Vorfahren. In Verbindung mit ihrer Scharfsinnigkeit verleiht ihnen dies eine geradezu heilige, objektive und unbestreitbare Qualität.

So kommt es, dass Afrikaner häufig Sprichwörter verwenden, um ihre Argumente zu untermauern oder andere zu kritisieren, ohne sie zu beleidigen. In manchen afrikanischen Kulturen wurden vor traditionellen Gerichten sogar Sprichwörter vorgebracht, um sich im eigenen Fall darauf zu berufen, so wie Anwälte vor modernen Gerichten Präzedenzfälle anführen. Da Sprichwörter als Lehren der Vorfahren und in einigen Fällen als direkte Zitate gelten, besitzen sie eine außerweltliche Aussagekraft. Dadurch und aufgrund ihres oft metaphorischen Charakters werden sie von der Person, an die sie gerichtet sind, nicht als persönliche Beleidigung aufgefasst. Die Kritik kommt nicht von demjenigen, der das Sprichwort bemüht, sondern von den Ahnen, deren Sprichwort er zitiert. Außerdem wird dadurch keine Person im Speziellen kritisiert, vielmehr weist der Sprecher lediglich auf eine universelle Wahrheit hin, an die sich jeder halten sollte.

Jemand – in der Regel ein Ältester –, der nicht nur viele Sprichwörter kennt, um seine Argumente zu bekräftigen, sondern auch weiß, wann er welches Sprichwort einsetzen sollte, ist hoch angesehen. »Ein Mensch, der sowohl die Probleme als auch die zugehörigen Sprichwörter kennt, ist derjenige, der die Probleme der Gesellschaft löst«[56], heißt es bei den Yoruba. Umgekehrt gelten diejenigen, die nur wenige Sprichwörter kennen und sie wahllos anwenden, als töricht, kindisch und wenig überzeugend. Es ist besser, gar kein Sprichwort zu verwenden, als es falsch zu benutzen.

Die Urhobo – ein Volk im Süden Nigerias – verwenden Sprichwörter, um Streitigkeiten friedlich zu lösen. Wenn sich ein Urhobo-Ehepaar streitet, lösen sie das Problem nicht untereinander. Stattdessen wendet sich einer von beiden an das Familienoberhaupt. Normalerweise ist dies der älteste Mann. Sie erzählen ihm von dem Streit und dem Auslöser. Etwa Untreue, finanzielle oder sexuelle Schwierigkeiten oder Drogenmissbrauch. Das Familienoberhaupt ruft daraufhin die Ältesten sowohl aus der Familie des Mannes als auch der Frau zusammen, und man verabredet sich in einem ihrer Häuser. Wenn die anderen Ältesten und das Paar eintreffen, werden ihnen Getränke und Kolanüsse angeboten.

Zu Beginn erklärt der Gastgeber, der Zweck des Treffens bestehe darin, dem Paar zu helfen, sein Problem friedlich zu lösen. Jede Seite wird dabei zu Wort kommen. Die Ältesten werden ihre Gedanken, Kommentare und Ratschläge einbringen und ihnen helfen, eine faire und akzeptable Einigung zu erzielen.

Dieser Prozess wird *erhuere* (»reparieren«) genannt. Für die Urhobo stehen Fairness, Versöhnung und Harmonie an oberster Stelle. Ziel von *Erhuere* ist es, eine Lösung zu finden, die bei keiner der Parteien auch nur einen Hauch von Groll hinterlässt. Die Ältesten fürchten vor allem, dass ein solcher Groll, wenn er nicht vollständig ausgeräumt wird, zu Handlungen führen könnte, die die gesamte Gemeinschaft zerstören könnten.

Die Ältesten schenken beiden Ehepartnern gleichermaßen Gehör. Durch ihre Reaktionen sorgen sie dafür, dass sich jede Seite mit ihren Gefühlen, Gedanken und Handlungen angemessen berücksichtigt und gewürdigt fühlt. Sie sprechen sanft und halten die Eheleute dazu an, das Gleiche zu tun. Sie beschuldigen oder tadeln keinen von beiden. Wenn eine Seite die Hauptlast der Verantwortung trägt, ermutigen sie diese behutsam, aber ohne jeden Zwang, ihren Fehler einzusehen und sich zu entschuldigen. Hier sind Sprichwörter besonders nützlich.

Bei einer *Erhuere*-Schlichtung, die 2011 aufgenommen wurde, gab es einen Streit zwischen einem Urhobo-Ehemann und seiner Frau. Die Ehefrau verkaufte Mais. Das Ehepaar besaß auch eine Geflügelfarm, die beide bewirtschaften sollten. Doch während die Ehefrau dieser Aufgabe nachkam, nahm der Ehemann einen Job als Taxifahrer an und war häufig unterwegs.

Eines Tages kam er mit einer schweren Handverletzung nach Hause. Er konnte zwei Monate lang nicht arbeiten. Seine Frau pflegte ihn während dieser Zeit. Als er genesen war, bat sie ihn, bei der Bewirtschaftung der Farm zu helfen. Dafür war er schließlich ausgebildet worden. Doch er lehnte ab und fuhr weiter Taxi. Frustriert übergab die Frau den Betrieb an den nichtsnutzigen Cousin des Mannes. Dieser kannte sich nicht mit Hühnern aus und trieb das Geschäft in den Ruin. Der Ehemann forderte seine Frau daraufhin wütend auf, das Geschäft wieder zu übernehmen, doch sie weigerte sich. Sie befanden sich nun in finanziellen Schwierigkeiten.

Aus ihren Familien hielten sechs Älteste – vier Männer und zwei Frauen – das *Erhuere* ab. »Ich verstehe meinen Mann nicht mehr«, sagte die Frau. »Ihr seid alle Zeugen, dass er erst nach Hause kam, als er so schwer verletzt war, dass es ihn fast das Leben gekostet hätte. Um die Familie musste ich mich allein kümmern. Mit *einem Finger kann man keine Läuse vom Kopf zupfen* [d.h. eine Person kann nicht allein eine Aufgabe erledigen, die für zwei oder mehr Personen gedacht ist]. Stattdessen verschwendet er seine Zeit und sein Geld an seine Geliebten, bei denen er sich mit unheilbaren Krankheiten anstecken kann. Ich möchte wissen, warum er die Kinder und mich so vernachlässigt. Ich bin eine Frau. Wieso sollte ich die Arbeit einer Frau erledigen und obendrein noch die, für die eigentlich der Mann zuständig ist? Ich werde diese Geflügelfarm nicht noch einmal führen.«[57]

»Hast du dich je gefragt, warum ich den Job als Taxifahrer annehmen musste?«, erwiderte der Ehemann. *Wenn jemand mit dem Finger auf andere zeigt, sind drei Finger auf ihn selbst gerichtet* [d.h. wenn etwas schiefgeht, sind wir schnell dabei, andere zu beschuldigen, ohne an unsere eigene Schuld zu denken und sie zu erkennen].«[58]

»*Die Hand des Eichhörnchens sollte nicht den Elefantenschenkel ignorieren* [d.h. pass auf, dass du nicht eine große Gelegenheit verpasst, die direkt vor dir liegt]«, wandte sich einer der Ältesten an den Ehemann. »Ich sehe keinen Sinn darin, dass du dein lukratives Geflügelgeschäft vernachlässigst und den Großteil des Jahres von deiner Familie fernbleibst. *Ehemann, tue dies, damit ich das tue, was den Hausfrieden wahrt* [d.h. es ist die Aufgabe des Ehemannes, für den Lebensunterhalt zu sorgen, und Aufgabe der Frau, sich um den Haushalt zu kümmern. Die Frau kann ihre Arbeit nur erledigen, wenn der Mann seiner nachkommt]. Ich bin nicht gegen dich, aber bedenke, *wenn die Wurzeln eines Baumes zu faulen beginnen, greift der Tod auf die Zweige über* [d.h. was zunächst nur ein oder zwei Familienmitglieder betrifft, wird schließlich alle betreffen. Der Älteste erinnerte den Ehemann daran, welche Auswirkungen sein Verhalten und die Streitereien zwischen ihm und seiner Frau auf die Kinder haben].«[59]

»Mein Kind, deine Worte sind hart, und von einer vernünftigen Frau würde man Derartiges nicht erwarten«, sagte ein anderer der Ältesten zur Frau. »Was du vorbringst, darüber lohnt sich nicht zu streiten. *Wenn ein Mann eine Schlange sieht und eine Frau sie tötet, ist es in Ordnung, Hauptsache die Schlange wird getötet* [d.h. manchmal ist es akzeptabel, wenn eine Frau eine Aufgabe erledigt, die eigentlich für ihren Mann bestimmt ist]. Es ist dein Ehemann, und es sind deine Kinder. Du solltest deinen Mund nicht benutzen, um sie ins Unglück zu stürzen. *Wenn der Regenwurm dem Boden Respekt zollt, öffnet dieser sich für ihn* [d.h. ein respektvolles, sanftes Gespräch ist der beste Weg, um andere zur Einsicht zu bewegen].«

»Liebe Gemeinde, wir sollten [die Frau] ermutigen«, sagte ein dritter Ältester. »Es ist nicht leicht, sich allein um fünf Kinder zu kümmern ... Vor sechs Monaten hatte das Baby Windpocken und musste in ein Krankenhaus gebracht werden. Der Arzt und die Krankenschwestern fragten immer wieder nach dem Vater des Kindes, aber er kam nicht, obwohl er mehrmals benachrichtigt wurde. [Die Frau] muss zusätzlich zur Geflügelzucht auch noch ihre Waren verkaufen. *Wenn man der Frau nicht helfen kann, ihre Last zu tragen, sollte man ihr nicht noch mehr aufbürden* [d.h. wenn man jemandem nicht helfen kann, sollte man ihn nicht zusätzlich belasten].«

»[Liebe Mit-Älteste], ›*Darüber lohnt sich nicht zu streiten*‹, *macht den Kämpfer wütend* [d.h. die Gefühle von jemandem herabzuwürdigen, macht ihn nur noch wütender]«, sagte ein vierter Ältester. »Wann wird [der Ehemann] lernen, dass [der] ... Fahrerjob gefährlich und unrentabel ist? Immer, wenn das Fahrzeug auf einer langen Fahrt eine Panne hat, musst du die Nacht darin verbringen, anstatt es dir in deinem Bett bequem zu machen. Je eher du diesen Job aufgibst und zurückkehrst, desto besser für dich und deine Familie. Soweit ich verstanden habe, ist das Geflügelgeschäft lukrativ. Wenn man es richtig betreibt, sollte das Einkommen, das du damit erzielst, ausreichen, um deine Familie zu ernähren. *Jemand, der einen Elefanten auf dem Kopf nach Hause trägt, muss seine Zehen nicht benutzen, um unterwegs Grillen auszugraben* [d.h. jemand, der bereits einen Job hat, der mehr als genug einbringt, braucht keinen Nebenverdienst]. Kehre nach Hause zurück und kümmere dich um deine Frau und deine Kinder. Das würde uns alle hier freuen. *Wenn man einem Kind das gibt, wonach es schreit, hört es auf zu quengeln* [d.h. der einfachste Weg, jemanden zu besänftigen und sich mit ihm zu arrangieren, ist, ihm das zu geben, was er will].«[60]

»Meine Ältesten, ich danke euch sehr für dieses Treffen«, sagte der Ehemann. *Du musst einem Kind nur ein paar Worte sagen, und es vervollständigt den Satz* [d.h. um das Richtige zu tun, braucht eine vernünftige Person nur einen leichten Anstoß]. Ich habe alles gehört, was ihr mir zu sagen hattet, und verspreche hiermit, die Stelle in zwei Wochen zu kündigen, nachdem ich das Monatsgehalt von der Firma erhalten habe.«

Wie wir sehen konnten, hat die geschickte Verwendung von Sprichwörtern durch die Frau und die Ältesten dazu beigetragen hat, den Ehemann davon zu überzeugen, das zu tun, was sie von ihm wollten – nämlich seinen Job als Taxifahrer aufzugeben und sich mehr um die Geflügelfarm und seine Familie zu kümmern.

*

Die wohl bekanntesten, vielseitigsten und erfolgreichsten Vertreter der mündlichen Literatur in Afrika sind die sogenannten westafrikanischen *Griots*. Griots sind Wortschmiede im wahrsten Sinne des Wortes. Wie ein Schmied Metall oder ein Töpfer Ton in verschiedene Formen bringt, formen Griots Worte. Oft sind es Lieder oder Geschichten.

Die Ursprünge des Griots reichen mindestens 1000 Jahre bis ins Reich von Ghana zurück – einem Reich der Soninke, das zwischen etwa 300 und 1100 n. Chr. in Mali und Mauretanien existierte und das vom Mali-Reich abgelöst wurde. Im Mali-Reich florierte der Beruf des Griots und verbreitete sich über den Sudan. In verschiedenen sudanesischen Kulturen haben die Griots unterschiedliche Namen. In der Soninke-Kultur werden sie *jeseré* oder *jaaré* genannt. In der Kultur der Wolof, einem Volk, das hauptsächlich im Senegal lebt, heißen sie *géwél* oder *guewel*. Diese Namen leiten sich von dem Wolof-Wort *géew* (»Kreis«) ab. Denn was ein Griot zu sagen hat, ist so interessant, dass die Leute einen Kreis um ihn bilden, um ihm zuzuhören. In der Mandingo-Kultur lautet die Bezeichnung der männlichen Griots *jali* oder *jalike*, weibliche Griots – denn dieser Beruf ist nicht etwa den Männern vorbehalten – heißen *jalimuso*, manchmal werden sie aber auch »Griottes« genannt. Abgesehen von den Namen gibt es wenig, was männliche und weibliche Griots voneinander unterscheidet. »Der Beruf des Griots, der auch von [Wolof-] Frauen ausgeübt wird, wird innerhalb der Familie weitervererbt«[61], schrieb Anne-Jean-Baptiste Raffenel, ein Franzose, der im 19. Jahrhundert den Senegal und Gambia bereiste. »[G]riot[t]es … sind sehr zahlreich«, heißt es bei Silvestre Goldberry, einem Adjutant des französischen Gouverneurs im Senegal im frühen 19. Jahrhundert. »[G]riots und Griot[t]es sind gleichermaßen … Musiker und Dichter.«[62] Und um noch ein letztes Beispiel zu bemühen: In der Kultur der Bamana – einem Volk, das hauptsächlich in Mali lebt und wie die Mandingo und die Soninke (mit denen sie verwandt sind) eine Mandé-Sprache spricht – werden Griots als *Jeli* bezeichnet, ihr weibliches Pendant heißt *Jelimuso*. Der Ursprung des Wortes »Griot« selbst ist ungeklärt. Es könnte von dem französischen *guiriot* abstammen, das in einem Manuskript aus dem frühen 17. Jahrhundert auftaucht. Es könnte aber auch auf das Wolof-Wort *gueroual*, das berberische *iggio* oder das portugiesische *criado* zurückgehen. Es ist wahrscheinlich, dass das Wort »Griot« im Sudan entstanden ist und Verbindungen zum Reich von Ghana hat.

Jede sudanesische Kultur hat einen Griot-Ursprungsmythos. Diese Mythen sind einander erstaunlich ähnlich, was darauf hindeutet, dass sie auf ein und dieselbe, ältere Geschichte zurückgehen. Vermutlich ist diese ursprüngliche Geschichte auch im Ghanaischen Reich vor etwa 1000 Jahren entstanden.

Die Wolof-Version des Mythos beginnt mit zwei Brüdern, die sich auf eine lange Reise begaben. Als sie eine Wüste erreichten, gingen ihre Vorräte zur Neige. Der jüngere Bruder war am Verhungern, doch der ältere Bruder hatte Mitleid mit dem jüngeren und sagte ihm, er solle sich keine Sorgen machen. Er – der Ältere – sei schließlich ein guter Jager und würde bald etwas zu essen finden. Er trug seinem jüngeren Bruder auf, an Ort und Stelle zu bleiben, und ging fort. Kurz darauf kehrte er zurück und trug ein Stück Fleisch bei sich. Er kochte es und gab es seinem jüngeren Bruder. Als dieser darauf bestand, es mit ihm zu teilen, sagte der Ältere, er habe seine eigene Hälfte bereits gegessen. Der Jüngere dankte ihm und aß. Er fragte seinen großen Bruder, wie es ihm gelungen sei, an einem so unwirtlichen Ort überhaupt etwas zu erlegen. Der Ältere antwortete nicht. Als der Jüngere fertig war mit Essen, gingen sie weiter.

Drei Tage später brach der ältere Bruder zusammen und konnte nicht mehr aufstehen. Der Jüngere untersuchte ihn und entdeckte eine schreckliche Wunde an seinem Bein, die sich entzündet hatte. Er fragte seinen älteren Bruder, wie er sich diese zugezogen habe. Der Ältere gestand daraufhin, dass er aus Sorge um seinen Bruder etwas von seinem eigenen Fleisch abgeschnitten und es ihm gegeben hatte. Der Jüngere war entsetzt, vom Fleisch seines eigenen Bruders gegessen zu haben, aber auch zutiefst bewegt über dessen Aufopferung.

Sie hatten ihr Ziel fast erreicht, und so hob der Jüngere seinen Bruder hoch und trug ihn den Rest der Reise. Er ließ seinen älteren Bruder behandeln und schrieb ihm zu Ehren ein Lied, in dem er dessen Tapferkeit, Edelmut und Selbstlosigkeit pries. Der Ältere war erfreut und überhäufte ihn mit Geschenken.

In der Wolof- und Mandingo-Gesellschaft waren die Griots Mitglieder einer mittleren Schicht – zwischen Adel und Leibeigenen –, die die Mandingo *Nyamakala* (»Besitzer okkulter Macht«) nannten. Zu dieser Klasse gehörten auch andere Handwerker, wie Schmiede, Töpfer und Weber. Jede Gruppe wurde als eigene Kaste betrachtet. Heiraten war nur zwischen Mitgliedern derselben Kaste erlaubt. Damit sollte verhindert werden, dass Berufsgeheimnisse nach außen dringen. Die Kasten betrachteten sich selbst als Zünfte und wurden auch als solche von den Adligen und Leibeigenen angesehen. Im Gegensatz zu den Leibeigenen waren die Handwerker völlig frei. Aber im Gegensatz zu den Adligen verfügten sie nicht über großen Reichtum (vor allem Land) und konnten normalerweise keine wichtigen politischen Ämter bekleiden. Um ihren Lebensunterhalt zu bestreiten, waren sie auf die Gunst des Adels angewiesen.

Im Dienst einer Adelsfamilie stand je eine Familie jeder Handwerkskunst. Bekam die Adelsfamilie ein Kind, wurde ihm ein Kind der Griots, die den Eltern des Neugeborenen dienten, zugeteilt. Auf Wolof wird diese Praxis *géwélu juddu* (»Griot von Geburt an«) genannt. Die beiden Kinder wuchsen zusammen auf, spielten miteinander und brachten sich gegenseitig viele Dinge bei. In den Geschichten der sudanesischen Prinzen, Könige und Kaiser wird die Intimität und Bedeutung dieser Beziehung oft hervorgehoben. Nur Mitglieder der Griot-Familie Kouyaté dienten der malischen Herrscherfamilie Keita. Balla Fasséké Kouyaté war der Griot von Sundiata, dem Gründer des Mali-Reiches. Die Nachkommen seiner Familie dienten wiederum den Nachkommen Sundiatas, darunter Musa und Sulayman. »Jeder Fürst hat [einen Griot] in seinem Gefolge«, schrieb der französische Afrikaforscher René Caillié, der im 19. Jahrhundert, u. a. den Senegal bereiste. »Der Griot von Hamet-Dou [Häuptling von Brakna, einer Region im Südwesten Mauretaniens] folgt ihm auf Schritt und Tritt. Oftmals singt er in seinem Zelt sitzend seine Loblieder und gibt die unverschämtesten Schmeicheleien von sich.«[63]

Eine der Auswirkungen des europäischen Kolonialismus war die nahezu vollständige Beseitigung des traditionellen Adels. Heute werden Griots in der Regel von denjenigen unterstützt, die sich ihre Dienste leisten können. Doch die Griots mussten sich auch andere Verdienstmöglichkeiten suchen, z. B. Live-Auftritte, Unterricht, die Herstellung und den Verkauf von Alben und Auftritte vor Touristen.

Dennoch fürchteten, verehrten und verachteten vor allem die Adligen, aber auch die Leibeigenen, die Handwerkszünfte, insbesondere die Griots. *Die nyama* (»Macht«) der Griots liegt in ihren Worten. Mit ihrer Hilfe können sie Menschen beeinflussen, ihnen zu Ruhm verhelfen oder sie brechen. »Die Griots besitzen eine außergewöhnliche Überzeugungskraft«, schrieb Caillié. »Ihre [Verleumdungen] sind so geschickt, dass sie immer den Ruf derjenigen beeinflussen, gegen die sie gerichtet sind.«[64] Oftmals brachten selbst Adlige den Griots höchste Achtung entgegen. Aber sie betrachteten sie auch als unmenschlich. Für die Adligen zeigte sich dies bereits in der Entstehungsgeschichte der Griots. Als der jüngere Bruder – jener erste Griot, von dem alle Griots abstammen – ein schwerwiegendes Tabu brach, indem er Menschenfleisch aß, galt er, und damit auch all seine Nachkommen, als andersartig. Daher diskriminierten die Adligen die Griots. »Die Griots werden von allen anderen [Sudanesen] so sehr verachtet, dass sie sie nicht nur für schändlich halten, sondern ihnen auch kaum ein Grab zugestehen, wenn sie sterben, weil sie glauben, dass die Erde keine Früchte oder Pflanzen hervorbringt, wenn sie mit deren Leichen verunreinigt wird«, schrieb John Barbot, ein Vertreter der englischen Royal African Company im 17. Jahrhundert, der durch den Senegal und Gambia reiste. »[Deshalb] stecken sie sie nur in die hohlen Stämme oder Stümpfe der Bäume.«[65]

Fast immer begleiten die Griots ihre Worte mit Instrumentalmusik. Die ältesten Instrumente sind dabei wahrscheinlich die Laute und das *Balafon*. Diese stammen aus der Zeit des Reiches von Ghana. Die Laute ist wohl das am häufigsten gespielte Instrument der Griots. Sie besteht aus Holz, Rindsleder und Nylonsaiten – bzw. traditionell aus Rosshaar – und sieht in der Basisversion aus wie ein Banjo. In den unterschiedlichen sudanesischen Kulturen variieren die Lauten in Größe, Form und der Anzahl der Saiten. Sie haben auch unterschiedliche Namen. Auf Wolof heißt sie *xalam* (auch *xhalam* oder *khalam*). Auf Mandingo *koni* (bzw. *n'koni* oder *ngoni*). In der Sprache der Soninke wird sie *gambere* genannt. In den Songhai-Sprachen ist die Rede von *molo*.

In einigen dieser Kulturen gibt es verschiedene Varianten der Laute. Die Wolof etwa unterscheiden vier *Xalam*-Varianten. Bei den Mandingo gibt es die berühmte *Kora*. Der Korpus dieser Stegharfe besteht aus einer halben, mit Leder bespannten Kalebasse, aus der drei Holzstangen senkrecht nach oben ragen. Die mittlere Stange ist etwa zwei Meter lang, die beiden äußeren je 50 Zentimeter. Über einen Steg auf der Oberseite verlaufen die rund 20 Saiten aus Nylon – traditionell aus Rohleder –, die von der Unterseite des Korpus bis zu ihren Befestigungspunkten am Hals des Instruments gespannt werden. Beim Spielen hält der Griot die Kora an den äußeren Stäben und zupft die Saiten, die zu ihm zeigen, mit Daumen und Zeigefinger.

Das *Balafon* hingegen sieht aus wie ein Xylophon. Auf einem Bambusrahmen liegen Tasten aus Hartholz, unter denen Kalebassen in verschiedenen Größen hängen, die als Resonanzkörper dienen. Das *Balafon* wird mit Hartholzstöcken mit Gummispitzen gespielt, in der Regel von Männern. Gespielt wird im Sitzen oder stehend, wobei das Instrument mit einem Stoffriemen über die Schulter gehängt wird.

Soumaoro Kanté, Herrscher des westafrikanischen Königreichs Sosso im frühen 13. Jahrhundert, den Sundiata schließlich besiegte, soll das *Balafon* erfunden haben. Als Sundiata Balla Fasséké schickte, um mit Soumaoro über den Frieden zu verhandeln, spielte Balla so schön auf Soumaoros *Balafon*, dass Letzterer beschloss, Balla als seinen Griot zu behalten, und nahm ihn kurzerhand gefangen. Erst als Sundiata Soumaoro besiegte, kam Balla wieder frei. Anschließend berichtete Balla den Mandingos vom *Balafon*, wie man es baut und spielt. Von Mali aus verbreitete sich dieses Wissen dann im ganzen Sudan.

Ein weiteres zentrales Instrument der Griot sind die Trommeln. In der Mandingo-Kultur gibt es unter anderem die *Tama* und die *Dundun* (auch: *Dunun*). *Die Tama* ist klein und hat die Form einer Sanduhr. Sie wird unter die linke Achselhöhle geklemmt und mit einem gebogenen Stock, der in der anderen Hand gehalten wird, geschlagen. Die *Dundun* ist eine große, zylinderförmige Trommel und wird mit zwei Stöcken gespielt. Sie erzeugt einen tieferen Bassklang.

Die Griots erzählen vor allem historische Epen, die vom Leben kulturell bedeutender Persönlichkeiten berichten. Die meisten überlieferten Geschichten handeln von den Gründern oder Reformern der großen mittelalterlichen sudanesischen Reiche wie Ghana, Mali und Songhai. Beispiele für diese Historienepen sind das *Epos von Sundiata*, das *Epos von Askiya Muhammad* und das *Epos von Samory Touré*. Touré gründete in der zweiten Hälfte des 19. Jahrhunderts das Wassoulou-Reich, das sich über Teile des heutigen Guinea, Malis, der Elfenbeinküste und Sierra Leones erstreckte.

Diese Epen wurden entweder zu Lebzeiten oder kurz nach dem Tod ihrer Protagonisten verfasst. Einige sind so alt, dass die Bedeutung mancher Worte im Laufe der Zeit verloren gegangen ist. *Das Epos von Askiya Muhammad* enthält fast 100 Zeilen mit unentzifferbaren Wörtern.

Die Epen enthalten mythische Elemente, beruhen jedoch überwiegend auf historischen Fakten, darunter genaue und wertvolle Informationen über den Ursprung, die Entwicklung und die wichtigsten Glaubensvorstellungen, Bräuche und Werte der jeweiligen Kultur. Indem die Griots sie erlernen und rezitieren, geben sie diese Informationen weiter, halten sie lebendig und schaffen eine Verbindung zwischen ihrem Volk und ihren Vorfahren.

Jedes Epos besteht aus verschiedenen »Episoden«, wobei jede dieser Episoden einem bestimmten literarischen Zweck dient. Narrative Passagen treiben die Handlung voran und fassen die wichtigsten Ereignisse im Leben des Helden zusammen. Lieder besingen in poetischen Details besonders wichtige Ereignisse und heben sie dadurch hervor. Loblieder sind Zwischenstücke, die beispielsweise zwischen zwei narrativen Episoden platziert werden, um Spannung auf- oder abzubauen.

Ein Epos besteht aus Hunderten, wenn nicht gar Tausenden dieser Episoden. Es ist für den Griot unmöglich, bei einer einzelnen Aufführung auch nur die wichtigsten zu rezitieren, geschweige denn alle. Wie viele er vorträgt, hängt stark von seinem Publikum ab. Wenn er sein Können vor geübten Zuhörern unter Beweis stellen will – vor den Ältesten, die das Epos selbst recht gut kennen –, kann er die meisten Episoden einbeziehen, auch die weniger bekannten. In diesem Fall kann es sein, dass er bis zu vier Stunden braucht, um das gesamte Epos zu rezitieren. Vor Kindern hingegen kann er sich darauf beschränken, nur ein paar zentrale Teile zu rezitieren, was nicht länger als eine Stunde dauert.

Mit jedem Auftritt erschafft ein Griot also praktisch eine neue Version des Epos. Wenn Griots das Wissen um ein Epos weitergeben, kann es gut sein, dass es sich dabei nicht um die Version handelt, die sie selbst von ihren Ältesten gelernt haben, sondern um eine eigene. Ihre Schüler können sich dafür entscheiden, nur einige der Episoden zu erlernen und zu verwenden, und möglicherweise treffen sie auf andere Griots, von denen sie wieder neue Versionen übernehmen. So kommt es, dass jeder Griot und jede Griot-Familie ihre eigenen Versionen der Epen hat.

Normalerweise sind die Lieder, die Griots singen, Loblieder. Dafür sind die Griots am meisten bekannt. Für Förderer komponieren und rezitieren sie Lieder, in denen ihre guten Eigenschaften und Taten besungen werden. Das ist es, was im Ursprungsmythos der jüngere Bruder für den älteren tat und was Hamet-Dous Griot für ihn tat. Michel Jajolet de La Courbe, ein Franzose, der im 18. Jahrhundert im Senegal lebte und dort als Direktor der Senegalkompanie tätig war, schrieb: »[Diese Lob]lieder sind martialisch. [Sie nennen] deinen Namen und berichten, dass du von großer [Abstammung] bist, dass du alle deine Feinde besiegt hast, dass du großzügig bist und andere Dinge dieser Art.«[66] Und bei Barbot heißt es: »[Ihr] üblicher [Lobgesang] … behauptet nicht weniger als: Er ist ein großer Mann oder ein großer Herr; er ist reich, er ist mächtig, er ist großzügig … und vieles mehr …, was oft wiederholt wird.«[67] Manchmal komponieren und rezitieren die Griots Loblieder über sich selbst, um ihrem Publikum ihre Fähigkeiten zu demonstrieren.

Der Gesang der Griots darf bei keiner Feier einer wichtigen Persönlichkeit fehlen, seien es Hochzeiten, Krönungen oder Einführungsrituale. Üblicherweise werden Griots eingesetzt, um die Personen, die im Mittelpunkt der Feier stehen, sowie wichtige Gäste zu preisen. Wenn bei einer Krönung Häuptlinge eines anderen Stammes eintreffen, singen sowohl die anwesenden Griots als auch die ihres Gefolges ihre Lobgesänge. Manchmal leiten die Griots auch die Feierlichkeiten an und unterweisen bei Initiationsriten die Neulinge. »Die Könige und großen Männer [des Sudan] halten sich jeweils zwei, drei oder mehr dieser [Griots], um Zerstreuung zu finden und Gäste zu unterhalten«[68], heißt es bei John Barbot weiter. »Hamet-Dou ist stets von [diesen] professionellen Wandersängern umgeben«[69], so Caillié.

Als der muslimische Gelehrte Ibn Battuta in den 1350er-Jahren in Mali war, traf er den Griot des Kaisers Sulayman, einen Mann namens Dugha, und beschrieb dessen Lobgesang wie folgt: »Dugha steht an der Tür des Audienzsaals und trägt prächtige Gewänder aus [bestickter Seide]. Auf seinem Kopf trägt er einen Turban mit Fransen … Er ist bewaffnet mit einem Schwert, dessen Scheide aus Gold ist, und an seinen Füßen trägt er leichte Stiefel mit Sporen … In seinen Händen hält er zwei kleine Speere, einen aus Gold und einen aus Silber mit eisernen Spitzen.«[70]

Battuta fuhr fort:

> »Während der beiden Feiertage anlässlich des Opferfests und des Fastenbrechens war ich [in Mali]. An diesen Tagen nimmt der [*Mansa*] nach dem Nachmittagsgebet auf dem *Pempi* [der mit Seidenteppich ausgelegten Plattform im Palasthof] Platz. Neben ihm stehen vier Emire, die die Fliegen vertreiben und in ihren Händen silberne Ziergegenstände halten, die an Steigbügel erinnern … Da kommt Dugha mit seinen vier Frauen und seinen [Konkubinen],

etwa 100 an der Zahl. Sie tragen wunderschöne Gewänder und auf dem Kopf goldene und silberne Haarbänder, an denen goldene und silberne Kugeln befestigt sind. Dann wird Dugha ein Stuhl hingestellt, auf den er sich setzt. Er spielt auf einem Instrument aus Schilfrohren, unter dem einige kleine Kalebassen hängen [d. h. ein *Balafon*], und stimmt einen Lobgesang zu Ehren des [*Mansa*] an, in dem er von seinen Schlachten und Heldentaten erzählt. Die Frauen und Mädchen singen mit ihm und spielen mit Bögen. Sie werden von etwa dreißig Jünglingen begleitet, die rote Wolltuniken und weiße Mützen tragen; jeder von ihnen trägt eine Trommel [gemeint ist eine *Dundun*] über der Schulter und schlägt darauf. Danach kommen seine jungen Schüler, die spielen und Räder in der Luft drehen. Sie zeigen bei diesen Übungen eine wunderbare Flinkheit und Gewandtheit und spielen überaus geschickt mit Schwertern. Auch Dugha führt ein herrliches Spiel mit dem Schwert vor. Daraufhin befiehlt der [*Mansa*], ein Geschenk an Dugha zu überreichen, und ihm wird ein Beutel mit … Goldstaub gebracht, und er wird vor allen Leuten über den Inhalt des Beutels informiert. Die Herrscher erheben sich daraufhin und verbeugen sich zum Dank vor dem [*Mansa*]. Am nächsten Tag gibt jeder von ihnen Dugha ein Geschenk, jeder seinem Rang entsprechend. Jeden Freitag nach dem Gebet vollzieht Dugha eine ähnliche Zeremonie wie die, die wir beschrieben haben.«[71]

Im Senegal beauftragen einige Frauen Griots, damit diese Loblieder für sie schreiben und vortragen. Diese Frauen werden *diriyanké* (»[Frauen], die in Reichtum und Eleganz leben«) genannt. Es handelt sich dabei um verheiratete oder unverheiratete, in jedem Fall aber wohlhabende und unabhängige Geschäftsfrauen, die mit einem großen Gefolge reisen, das aus ihren Freundinnen, den *góor-jigéen* (»Männer-Frauen«, d.h. männliche *Crossdresser*) und Griots besteht. Wenn die Griots dieser Frauen ihre Loblieder vortragen, steigt ihr Ansehen und die Wahrscheinlichkeit, dass sie von hochrangigen Geschäftsleuten angesprochen werden.

Auch politische Parteien beschäftigen Griots, die Loblieder für ihre Kandidaten schreiben und bei deren Wahlkampfveranstaltungen vortragen. In der Regel performen sie diese vor oder nach den Reden der Kandidaten. Der Prestigegewinn, den diese Kandidaten dabei erzielen, wird oft als Grund für ihren Wahlsieg genannt.

Die Bezahlung der Griots ist nicht freiwillig. »Wenn sie nichts bekommen, erzählen sie allerlei Blödsinn und dichten [ihrem Auftraggeber] eine obskure, verachtenswerte Abstammung an«[72], schrieb Henri De Cousin de Lavallière, ein französischer Kolonialoffizier des frühen 20. Jahrhunderts, der drei Jahre in Guinea verbrachte. Die traditionellen Belohnungen in Form von Geld, Edelmetallen, Lebensmitteln, Kleidung, Häusern und Vieh werden den Griots immer noch gewährt. Seit dem 19. Jahrhundert werden ihnen jedoch keine Konkubinen und Kriegsgefangene mehr ausgehändigt. An ihre Stelle sind modernere Dinge getreten, wie Autos und Flugtickets (die den Griots helfen, ihre Pilgerreise nach Mekka zu absolvieren). »Die Griots vergessen nie, die Fürsten, deren Loblied sie singen, um etwas zu bitten, und da sie selten abgewiesen werden, besitzen sie alle große Herden und viel Geld«[73], berichtete Caillié. Auch wenn sie nicht den Reichtum früherer Hofdiener genießen, lässt es sich doch auch heute noch gut leben als Griot.

Der wohl wichtigste Teil des Lobliedes ist die Genealogie. Der Reihe nach führt der Griot sämtliche Vorfahren seines Förderers und deren Leistungen auf. Den Nachnamen zuerst nennend, beginnt er mit dem ältesten Vorfahren und endet mit dem Auftraggeber selbst. Dabei streckt er einen Finger in die Luft und fügt zwischen jedem Namen und jeder Errungenschaft ein »Vater von« ein. Zum Beispiel: »Soundso, der dieses erreicht hat, Vater von Soundso, der jenes erreicht hat, seinerseits Vater von Soundso, der wiederum dieses und jenes erreicht hat« und so weiter. »Ohne zu zögern, können [Griots] 80 Namen in der Genealogie einer Person aufzählen«, so de Lavallière. »Sie heben die Person heraus, indem sie die verdienstvollen Taten ihrer Vorfahren aufzählen.«[74] Die sich wiederholende, rhythmische Form der Genealogie versetzt das Publikum in Trance.

Bei den Wolof rezitieren die Griots ihre Genealogien mit Trommeln. Jede Wolof-Familie hat ein *Bakk* – eine rhythmische Schlagfolge, die mit ihrem Nachnamen verbunden ist. Wenn der Griot das *Bakk* der Familie seines Förderers spielt, ist für alle klar, dass er dessen Genealogie vorträgt. Um verschiedene Auftraggeber preisen zu können, lernt der Griot neben der verbalen Genealogie auch unzählige dieser Rhythmen.

Im mittelalterlichen Mali hatte Battuta das Vergnügen, die Griots des Kaisers Sulayman zu sehen, die den Stammbaum ihres Herrschers rezitierten. »Jeder [dieser Griots] steckt in einem Kostüm, das einer Drossel ähnelt, bestehend aus Federn und einem hölzernen Kopf mit rotem Schnabel. In dieser Aufmachung stehen sie vor dem [*Mansa*] und tragen ihre [Loblieder] vor. Mir wurde gesagt, dass ihr [Gesang] eine Art Predigt beinhaltet, in der sie zu dem [*Mansa*] sagen:

›Auf diesem *Pempi*, auf dem du sitzt, saß einst dieser und jener König, der diese und jene edlen Taten vollbracht hat … So vollbringe auch du gute Taten, deren Erinnerung dich überdauern wird.‹ … Mir wurde gesagt, dass diese Praxis sehr alter Brauch bei ihnen ist, der noch vor Einführung des Islams existierte, und dass sie ihn beibehalten haben.«[75]

Wegen der Verwendung von Genealogien wird vor allem Lobliedern große Macht (*nyama*) zugeschrieben. Indem der Griot den Namen und die Verdienste seines Gönners neben denen seiner Vorfahren auflistet, ruft er starke Gefühle hervor. So kann es sein, dass der Auftraggeber Stolz und Selbstbewusstsein empfindet, weil er an seine ruhmreiche Herkunft erinnert wird und in eine Reihe mit seinen Vorfahren gestellt wird. Aber der Griot kann bei seinem Förderer auch Furcht, Nervosität und womöglich sogar Scham auslösen, denn er wird auch daran erinnert, dass er an seinen Vorfahren gemessen wird und vielleicht vergleichsweise wenig erreicht hat.

Bei den Bamana kann der Griot nur durch die Beherrschung von Genealogien den Rang eines *Nara* oder *Ngara* (»Meistergriot« oder »Meister des Wortes«) erreichen.

Da Griots meist historische Epen erzählen oder Loblieder singen, werden sie gemeinhin als Historiker, Geschichtenerzähler oder Sänger bezeichnet. Ihr Ruf als Sprachkundige bedeutet aber auch, dass man sie für alle möglichen anderen sprachbezogenen Aufgaben einsetzt. Sie werden gebeten, die richtigen Worte zu finden, z. B. für politische Reden, weise Ratschläge oder Ankündigungen wichtiger Neuigkeiten. Zudem werden sie als Vermittler, Dolmetscher und »Einheizer« eingesetzt.

Wenn in der Gemeinschaft etwas Wichtiges ansteht, etwa ein Fest, ist es der Griot, der die Nachricht verbreitet.

Bei Feiern, bei denen etwas verkündet werden muss, wird dafür ebenfalls ein Griot engagiert. Bei Namensgebungszeremonien der Mandingo flüstern die Eltern des Neugeborenen dem Griot den Namen zu, der daraufhin vor die Menge tritt und etwas sagt wie: »Das Kind wird Soundso heißen, genau wie sein Großvater.«[76] Für diesen Vorfahren singt der Griot dann ein Loblied.

Mit der Rolle des Griots als Historiker und Geschichtenerzähler ist auch seine Funktion als Zeuge verbunden. Oft ist dies bei der Unterzeichnung von Verträgen, Vereinbarungen und Abkommen der Fall. Was der Griot aufzeichnet, gilt als die offizielle Version der Ereignisse. Wenn sich Familien oder Gruppen über eine Vereinbarung streiten, suchen sie den Griot auf, der sie bezeugt hat. Wenn dieser Griot nicht mehr am Leben ist, wenden sie sich an einen seiner Nachkommen, dem die Einzelheiten der Vereinbarung üblicherweise weitererzählt wurden. »Durch ihren häufigen Kontakt mit den Herrschern haben die [Griots] oftmals die verschiedenen Ereignisse, die die Geschichte eines Landes ausmachen, mit eigenen Augen gesehen«, schrieb de Lavallière. »Sie haben [deren] Geist bewahrt, sodass man von ihnen auch heute noch Informationen erfährt, die mehr oder weniger korrekt sind.«[77]

Früher berieten die Griots ihre Adligen in wichtigen Entscheidungen und dazu, was eine gute Herrschaft auszeichnet. Zudem brachten sie ihnen ihre Geschichte, ihre Kultur, ihre Bräuche und ihre Rolle darin bei. Manchmal fand diese Beratung still und leise statt, indem sie ihren Gönnern etwas ins Ohr flüsterten. Andere Male erfolgte sie in Form eines lauten Befehls oder eines Loblieds. Insofern hatten sie großen Einfluss auf den Staat.

Bei wichtigen Verhandlungen war stets ein Griot an der Seite des Adligen. Auch ihre Diplomatie war von unschätzbarem Wert. Indem sie das Lob ihres Förderers sangen, schüchterten sie die Gegenpartei ein. Indem sie das Lob der Gegenpartei sangen, schmeichelten sie dieser. Auf diese Weise konnten sie ihren Auftraggebern und ihrem Volk bessere Verhandlungsbedingungen sichern. »[Bei einer Verhandlung, als ich ihrem Häuptling Geschenke überreichte], schrien sich [die Wolof-Griots] vor lauter Lobgesang heiser und begleiteten ihre Stimmen mit ihrem dreisaitigen Instrument [ein *Xalam*], an dessen Ende Rasseln befestigt waren«, heißt es bei dem Franzosen La Courbe im 18. Jahrhundert. »[Die Griots] sagten, es sei offenkundig, dass ich eine wichtige Person war, angesichts der Geschenke, die ich ihrem König gemacht hatte, dass kein oberster Verwalter vor mir so großzügig gewesen wäre und sie hofften, dass ich zu ihnen ebenso großzügig sein würde.«[78]

In jüngster Zeit ist es bei den Wolof, wo Ringen seit Jahrhunderten die beliebteste Sportart ist, üblich, dass Griots die Ringer managen und sie in Trainingsfragen, bei Ritualen vor dem Kampf und bei geschäftlichen Entscheidungen beraten. Sie basteln ihren Ringern Glücksbringer, sammeln deren Preisgeld ein und unterstützen sie beim verantwortungsvollen Umgang damit.

Die Griots kündigen auch ihre Kämpfer an, wenn sie in den Ring steigen. Während des Kampfes stehen die Griots am Rand und feuern ihren Champion mit Lobliedern an. »Die große Genugtuung, die [Wrestler] beim Werfen ihrer [Gegner] empfinden, besteht darin, dass die [Griots] ihre Tapferkeit mit lauter Stimme loben und sie ermutigen, noch viele solche Siege zu erringen«[79], schrieb der Engländer Barbot im 17. Jahrhundert.

In der Vergangenheit spornten die Griots als Musiker auch ihre Soldaten mit Lobliedern auf dem Schlachtfeld an. Die Lieder sollten zugleich den Feind einzuschüchtern. »Mit diesen [Liedern] verkünden die Griots auf [fröhliche] und selbstbewusste Art und Weise, dass [ihre Soldaten] nicht nur ihren Vorfahren in puncto Tapferkeit in nichts nachstehen, sondern sie im Gegenteil noch übertreffen werden«[80], berichtete Pater Jean-Baptiste Gaby, ein Geistlicher aus dem frühen 18. Jahrhundert. »Trotz zahlreicher Verwundungen schaffen es die [Griots] immer wieder, die Kämpfer weiter anzutreiben, die, um ihrer Vorfahren nicht unwürdig zu sein, lieber in den sicheren Tod rennen als aufzugeben«[81], erklärte de Lavallière.

Wenn einzelne Personen oder Familien streiten, bitten sie Griots um Hilfe bei der Lösung ihrer Probleme. Griots wissen besser als die meisten anderen, wie sie etwas so sagen können, dass Spannungen abgebaut, Empathie gefördert und eine Einigung herbeigeführt wird.

Oft werden Griots auch als Dolmetscher eingesetzt. In der Regel sprechen sie mehrere Sprachen. Sie sind nicht nur sprachlich begabt und geschickt, sondern auch weitgereist und weltgewandt.

Battuta nennt Dugha – Sulaymans Griot – mehr als einmal »den Dolmetscher«[82]. Dugha beherrschte nicht nur mehrere Mandé-Sprachen, sondern auch Arabisch. »Sprich vor [dem *Mansa*], und ich werde in deinem Namen ausdrücken, was nötig ist«[83], sagte er zu Battuta. »Wer mit dem [*Mansa*] sprechen will, spricht mit Dugha«, erklärt Battuta. »Dugha antwortet dem Mann, der vor ihm steht, und spricht [dann] zum [*Mansa*].«[84]

Aufgrund ihres hohen Ansehens werden Griots oft auch mit Aufgaben betraut, die nichts mit Sprache zu tun haben.

So werden sie unter anderem als behelfsmäßige Ärzte, Wahrsager (d. h. diejenigen, die sich auf Angelegenheiten der Geisterwelt spezialisiert haben) und sogar als Henker eingesetzt. Bei Mandingo-Hochzeiten kleidet eine *Jelimuso* die Braut ein, und ein *Jeli* trägt sie auf seinem Rücken über die Schwelle.

Bis zum »Meister des Wortes« ist es ein langer und steiniger Weg. Der erste Lehrer des Griots ist ein Familienmitglied, in der Regel ein Elternteil, manchmal aber auch die Großeltern oder ältere Geschwister.

Der Vater oder die Mutter beginnt damit, dem Kind ganz allgemein bewusst zu machen, dass es zu einer Griot-Familie gehört. Wenn Mandingo-Kinder Ringen spielen, wird das Griot-Kind ermutigt, eine Rolle zu übernehmen, bei dem es seine Worte und nicht seinen Körper gebraucht – zum Beispiel als Schiedsrichter. Zu Hause setzen sich die Mandingo-Griot-Eltern ihre Kleinkinder auf den Schoß und bringen ihnen bei, wie man ihre Instrumente spielt. Wenn die Eltern zu einem Auftritt gehen, nehmen sie ihr Kind mit und ermutigen es, mitzuspielen und sich auszuprobieren. Der junge Griot wird dann zum Backup-Sänger seiner Eltern. Wenn die Eltern eine bestimmte Zeile singen, reagiert das Kind mit einer zuvor erlernten Antwortzeile. »Als wir noch sehr jung waren, haben unsere Väter uns eine kleine [*Kora*] gebastelt, damit wir verstehen, wie man die Finger und Daumen bewegen muss«, sagte Jali Nyama Suso, ein Mandingo-Griot aus Gambia im 20. Jahrhundert. »[Dann] gehst du mit deinem Vater auf Reisen, und jedes Mal, wenn er zu spielen beginnt, machst du mit, indem du einen Rhythmus auf der Seite der *Kora* klopfst.«[85]

Wenn ihr Kind zwischen sieben und zehn Jahren alt ist, bringen die Eltern ihm systematisch das Singen und Spielen ihrer Instrumente bei. Das Kind nimmt weiterhin an Auftritten teil und unterstützt seine Eltern sowohl mit Gesang als auch instrumental bis ins frühe Teenageralter. Nun wird ein Meister-Griot ihr Lehrer. Manchmal ist es derselbe Griot, der schon die Eltern unterrichtet hat. Der Meister nimmt das Kind zu Zeremonien mit, bei denen es eine zentrale Rolle einnehmen darf.

Im Alter von 21 Jahren ist der formale Unterricht der Griots mehr oder weniger abgeschlossen. Jetzt dürfen sie auf eigene Faust losziehen und spielen. Oft reisen sie quer durch den Sudan, wo sie Griots aus anderen Familien und Orten treffen, von denen sie neue Techniken und Versionen bekannter Epen lernen. Heute lernen die Griots solche Dinge, indem sie anderen Griots im Radio zuhören oder ihnen im Fernsehen zuschauen. Es gibt auch Griot-Akademien, in denen Griots jeden Alters verschiedene Aspekte ihres Handwerks von Meister-Griots lernen können. Viele kommen hierher, um die Grundlagen zu erlernen, z. B. den Lobgesang, bevor sie ihre Kenntnisse in anderen Bereichen vertiefen. Andere, etwas Ältere, kommen, um das Äquivalent eines Master- oder Doktortitels zu erwerben, etwa im Rezitieren historischer Epen oder im *Balafon*-Spielen.

Wenn ein junger Griot talentiert ist und hart arbeitet, ist er mit 50 Jahren gut genug, um als Meister-Griot anerkannt zu werden. Diese widmen sich dann verstärkt der Aufgabe, die nächste Generation zu unterrichten.

Normalerweise spezialisieren sich die Griots. Es kann beispielsweise sein, dass Griots ihren Lebensunterhalt ausschließlich mit dem Rezitieren von Epen verdienen. Im Laufe des Lebens kann sich die Spezialisierung aber auch ändern. So kann es vorkommen, dass ein Griot, der als junger Erwachsener hauptsächlich Epen rezitiert hat, beschließt, etwas über Musikaufführungen zu lernen und damit seinen Lebensunterhalt zu verdienen.

Bei den Wolof ist jede Griot-Familie dafür bekannt, dass sie eine bestimmte Fertigkeit besonders gut beherrscht. Aber die Kinder dieser Familien sind nicht gezwungen, sich auf die Fähigkeit zu spezialisieren, in der ihre Familie traditionell gut ist. Vielmehr werden sie ermutigt, sich auf etwas zu fokussieren, wofür sie ein besonderes Interesse oder Talent zu haben scheinen.

Ein Kind, das in eine Familie von Lobpreis-Sängern hineingeboren wurde und das gerne viel redete, wurde ermutigt, ein *Waxkat* (»jemand, der spricht«) zu werden – kurz gesagt, ein Dolmetscher oder Sprecher. Ein Kind, das in eine Sprecherfamilie hineingeboren wurde, das aber gerne und gut sang, wurde ermutigt, ein *Woykat* (»jemand, der singt«), also ein Sänger, zu werden.

In diesem Kapitel haben wir viele Facetten des afrikanischen Kulturmerkmals der mündlichen Literatur erforscht. Wir haben uns ihre verschiedenen Formen angesehen, vom Rap über Beleidigungen, Rätsel und Spiele bis hin zu Sprichwörtern, historischen Epen und Liedern, und wie sich einige dieser Gattungen aus anderen entwickelt haben könnten. Wir haben uns angeschaut, welchen Zwecken diese Ausdrucksformen dienen, vom Beweis der eigenen Wortgewandtheit über die Stärkung der eigenen Argumente bis hin zum Unterrichten anderer hinsichtlich ihrer Geschichte und Kultur. Schließlich haben wir uns diejenigen angesehen, die diese Kunst praktizieren, angefangen bei männlichen Teenagern über ältere Menschen bis hin zu professionellen Wortschmieden. Die dargestellten Beispiele veranschaulichen eindrucksvoll die Bandbreite, Raffinesse und künstlerische Qualität afrikanischer oraler Literatur.

Im folgenden Kapitel wird anhand der *Anansesem* (sogenannte Spinnengeschichten, die vor allem von den Akan erzählt werden und die von der Sagengestalt Ananse handeln) deutlich, wie sich die Form und Funktion afrikanischer oraler Literatur verändern, wenn sie in andere kulturelle Kontexte übertragen wird.

7

Die Geschichte des Spinnengottes

Obwohl die meisten Akan, die hauptsächlich in Ghana, aber auch in Togo und der Elfenbeinküste leben, *Anansesem* erzählen, scheint die Tradition am stärksten in der Akan-Untergruppe der Asante in Ghana verankert zu sein.

Möglicherweise haben Ananse – der Spinnenmann selbst sowie die bekanntesten *Anansesem* – ihren Ursprung in dieser Kultur, von der aus sie bei anderen Akan-Gruppen Verbreitung fanden. Diese anderen Akan schufen jedoch ihre eigenen Geschichten, von denen einige womöglich wiederum Einfluss auf die Asante-Kultur nahmen.

Traditionell erzählten vor allem die Ältesten *Anansesem*, und zwar ausschließlich mündlich. Üblicherweise geschah dies abends, entweder auf der Straße im Kreise ihrer Verwandten oder, wenn es regnete, in einem zu einer Seite hin offenen Raum auf dem Gelände eines großen Hauses, das mit Dorfbewohnern gefüllt war. Solche Erzählabende finden noch immer statt. Aber da *Anansesem* im Gegensatz zu Mythen, die zumindest teilweise als historisch verbürgt gelten, weder als heilig noch wahr erachtet werden, darf sie jeder erzählen, nicht nur ausgewählte ältere Religionsexperten. Heutzutage werden *Anansesem* in den Schulen von Lehrern und Kindern erzählt, und sie werden sogar aufgeschrieben und eigenständig gelesen.

Da *Anansesem* keinen Wahrheitsanspruch erheben, erklärt der Erzähler vorab: »Wir meinen nicht wirklich, [dass das, was wir sagen werden, wahr ist].«[1] Hinterher heißt es: »Einiges [von der Geschichte] magst du für wahr halten, was den Rest angeht, darfst du mich loben.«[2] Mit anderen Worten: Ich – der Erzähler – behaupte nicht, dass das, was ich dir erzählt habe, wahr ist, aber du – die Zuhörerin oder der Zuhörer – kannst von der Geschichte glauben, was du willst. Und im Übrigen darfst du mich dafür loben, dass ich so interessante Dinge erfinde.

In den meisten, aber nicht allen *Anansesem* kommt Ananse vor. Der vollständige Name von Ananse ist Kweku Ananse, einigen ist er auch als Anansi bekannt. Bei den Akan gibt es Männer- und Frauennamen, die mit Wochentagen verbunden sind. So stehen zum Beispiel der männliche Name »Kofi« und der weibliche Name »Afua« in Zusammenhang mit dem Freitag. Ein Akan-Kind erhält den Namen, der dem Tag zugeordnet ist, an dem es geboren wurde. Der Männername »Kweku« wird mit dem Mittwoch assoziiert und bedeutet somit »Mittwoch-Geborener«.

In *Anansesem* wird Ananse oft als Spinne dargestellt. In der Asante-Sprache Twi bedeutet *Ananse* »Spinne«. Manchmal wird Ananse aber auch als Mensch-Spinne-Mischwesen dargestellt – etwa mit dem Körper einer Spinne, aber mit dem Kopf, der Sprache und dem Verhalten eines Menschen.

Ananse ist der archetypische Trickbetrüger. Er ist klein, langsam und schwach, aber auch intelligent, gerissen und mutig. In den meisten Konflikten mit anderen Wesen ist er der Außenseiter und muss die letztgenannten Eigenschaften nutzen, um sie zu besiegen. Bei den Asante sind Spinnen, die als raffinierte Jäger gelten, ein Symbol für Weisheit. Manchmal nennen wir sogar unsere oberste Gottheit, den Himmelsgott Nyame, »Ananse Kokuroko« (»Die große Spinne« oder »Der Weise«). »Die Weisheit der Spinne ist größer als die der ganzen Welt zusammen«[3], sagen die Geschichtenerzähler der Akan.

Doch Ananse ist auch gierig, egoistisch, rachsüchtig, hartherzig und unhöflich. Er handelt vorwiegend im eigenen Interesse und kümmert sich nicht darum, ob seine Handlungen anderen Unannehmlichkeiten bereiten. »Wehe dem, der Ananse sein Vertrauen schenkt – einem verschlagenen, selbstsüchtigen und gierigen Menschen«[4], sagen die Akan-Erzähler. Selbst Nyame und Ananses Familienmitglieder – seine Mutter (Nsia), seine Frau (Aso) und seine vier Söhne (Ntikuma, Nyiwankonfwea [»Dünne-Beine«], Afudotwedotwe [»Dicker-Bauch«] und Tikonokono [»Großer-Kopf«]) – werden nicht verschont.

Ananse ist eng mit Nyame verbunden. Beide sind Patriarchen der Akan, die mystische Kräfte besitzen. In den Mythen einiger Akan sind beide Götter, die gemeinsam das Universum und alles darin erschaffen haben. Für andere Akan ist Ananse der Sohn von Nyame. Für wieder andere ist Ananse die einzige Gottheit. Für wiederum andere war er vor vielen Jahrhunderten ein Sterblicher, der die Twi sprechenden Völker gründete. Sie nennen ihn »den Vater unserer Großväter«.

Auf jeden Fall ist es Ananse, der den Menschen ihre Wesenszüge verlieh – etwa Liebe, Eifersucht, Gerechtigkeit und das Erzählen von Geschichten. Während Nyame den Himmel nie verlässt und nur schwer zu erreichen ist, bewegt sich Ananse häufig zwischen Nyames Geisterwelt und der physischen Menschenwelt. Da er gern Nyames Autorität untergräbt, versucht er stets, die Wesenszüge zu stehlen, die Nyame erschaffen hat und besitzt. Manchmal will er diese den Menschen schenken, meist aber will er sie für sich selbst, und sie landen ungewollt bei den Menschen.

Nehmen wir als Beispiel zwei der bekanntesten *Anansesem*. Die erste – *Wie es dazu kam, dass die Geschichten des Himmelsgottes als »Spinnengeschichten« bekannt wurden* – ist wohl die berühmteste und die Quintessenz der *Anansesem*. Sie erzählt von der Verbindung zwischen Ananse und Nyame und dem Wunsch des Ersteren, die Autorität des Letzteren zu untergraben. Darin wird Ananses komplexer, trickreicher Charakter als einerseits bewundernswertes Genie und andererseits als gieriger, rücksichtsloser Unruhestifter dargestellt. Darüber hinaus zeigt sie Ananses Verbindung zur physischen und zur geistigen Welt und seine Fähigkeit, sich zwischen ihnen zu bewegen. Sie ist Beleg für seine mystischen Kräfte, aber auch für seine Menschlichkeit. Und schließlich zeigt sie seine Rolle als Träger und Überbringer menschlicher Eigenschaften. Und so geht die Geschichte:

> Kweku Ananse, der Spinnenmann, ging einst zu Nyame, dem Himmelsgott, um seine Geschichten zu kaufen.
> Der Himmelsgott fragte ihn: »Bist du denn in der Lage, sie zu kaufen?«
> Der Spinnenmann sagte: »Bestimmt kann ich das.«
> Der Himmelsgott sprach: »Große und mächtige Städte wie Kokofu, Bekwai und Asumengya sind gekommen, doch sie konnten sie nicht kaufen, und du, der du nur ein herrenloser Mann bist, behauptest es zu schaffen?«
> Der Spinnenmann fragte: »Wie hoch ist der Preis für die Geschichten?«

Der Himmelsgott antwortete: »Man kann sie für nichts anderes kaufen außer für die Kreatur Onini, die Python; Osebo, den Leoparden; Mmoatia, die Fee; (und) Mmoboro, die Hornissen.«

Der Spinnenmann sagte: »Ich werde etwas von all diesen Dingen mitbringen, und du sollst außerdem noch meine Mutter Nsia bekommen.«

Der Himmelsgott erwiderte: »Dann geh und bring sie her.«

Der Spinnenmann kam zu seiner Mutter und erzählte ihr alles: »Ich möchte die Geschichten des Himmelsgottes kaufen, doch er sagt, ich müsse ihm dafür Onini, die Python; Osebo, den Leoparden; Mmoatia, die Fee; und Mmoboro, die Hornissen, bringen. Und ich sagte, ich würde ihm, dem Himmelsgott, alles übergeben und dich noch dazugeben.«

Der Spinnenmann beriet sich nun mit seiner Frau Aso und fragte: »Was sollen wir tun, damit wir Onini, die Python, bekommen?«

Aso antwortete ihm: »Geh und schneide einen Palmzweig sowie den Spross einer Schlingpflanze ab.«

Der Spinnenmann kam mit beidem zurück, und Aso sagte: »Bringe sie zum Fluss.«

Ananse nahm beides und ging fort, und dabei sprach er: »Er ist länger als sie, er ist nicht so lang wie sie; du lügst, er ist länger als sie.«

Die Python (die seine Worte mitgehört hatte) fragte: »Wo rüber sprichst du da?«

Der Spinnenmann erwiderte: »Ach, (meine Frau) Aso behauptet, dieser Palmzweig sei länger als du, und ich sage, sie lügt.«

Onini, die Python, sagte daraufhin: »Komm her und miss mich.«

Ananse nahm den Palmzweig und legte ihn neben den Körper der Python. Er wies sie an: »Streck dich aus.«
Die Python streckte sich, Ananse nahm die Schlingpflanze und wickelte sie um ihren Körper, bis er beim Kopf der Python ankam. Er sagte: »Dummkopf, ich werde dich zum Himmelsgott bringen und seine Geschichten (als Gegenleistung) erhalten.« Und so nahm Ananse sie mit zu Nyame …
Der Himmelsgott sagte: »Meine Hand hat sie berührt, es bleibt übrig, was noch übrig ist.«
Der Spinnenmann kehrte zurück und erzählte seiner Frau, was geschehen war, und sagte: »Nun bleiben noch die Hornissen.«
Seine Frau erwiderte: »Such dir eine Kalebasse, fülle sie mit Wasser und mach dich auf den Weg.«
Der Spinnenmann ging durch den Busch, da sah er einen Schwarm Hornissen. Er schüttete etwas von dem Wasser aus und bespritzte damit die Hornissen. Den Rest goss er über sich selbst, schnitt ein Blatt vom Bananenbaum ab und bedeckte damit seinen Kopf.
Nun wandte er sich an die Hornissen: »Da der Regen gekommen ist, solltet ihr nicht besser in meine Kalebasse fliegen, damit er euch nicht trifft? Seht ihr nicht, dass ich ein Bananenblatt genommen habe, um mich zu bedecken?«
Da sagten die Hornissen: »Wir danken dir … wir danken dir.«
Alle Hornissen flogen und verschwanden – *summ* – in der Kalebasse!
Die Spinne schlug die Hand vor den Mund und rief: »Dummköpfe, jetzt habe ich euch und tausche euch gegen die Erzählungen des Himmelsgottes.« Und er brachte die Hornissen zum Himmelsgott.

Der Himmelsgott sagte: »Meine Hand hat sie berührt, es bleibt übrig, was noch übrig bleibt.«
Der Spinnenmann kam noch einmal zurück, erzählte es seiner Frau und erklärte: »Es bleibt Osebo, der Leopard«. Aso erwiderte: »Geh und grabe ein Loch«, woraufhin Ananse sagte: »Das reicht, ich verstehe.«
Dann ging der Spinnenmann los, um die Spuren des Leoparden zu suchen, und als er sie gefunden hatte, grub er eine tiefe Grube, bedeckte sie und kehrte nach Hause zurück.
Früh am nächsten Morgen, als es hell wurde, meinte der Spinnenmann, er wolle losgehen. Und siehe da, in der Grube lag ein Leopard.
Ananse sagte: »Kindchen, Kindchen, ich habe dir doch gesagt, du sollst dich nicht betrinken, aber wie nicht anders zu erwarten war, hast du dich besoffen und bist in die Grube gefallen; wenn ich jetzt sage, ich hole dich heraus, wirst du bestimmt am nächsten Tag, sobald du mich oder eines meiner Kinder siehst, kommen und auf uns Jagd machen.«
Der Leopard rief: »Oh! So etwas würde ich nie tun.«
Da schnitt Ananse zwei Stöcke ab, legte einen hierhin und einen dorthin. Er erklärte: »Leg eine deiner Pfoten hierhin, und eine andere dorthin.« Der Leopard positionierte sie so, wie es ihm aufgetragen wurde.
Als er gerade hochklettern wollte, hob Ananse sein Messer und ließ es blitzschnell auf das Haupt des Leoparden herabsausen, *zack!* … Die Grube empfing den Leoparden und *bum!* ertönte das Geräusch seines Sturzes.
Ananse nahm eine Leiter, um in die Grube hinabzusteigen und den Leoparden herauszuholen.

Er sagte: »Dummkopf, ich nehme dich mit, um dich gegen die Geschichten des Himmelsgottes einzutauschen.« Er hob den Leoparden hoch, um ihn Nyame zu übergeben.

Der Himmelsgott sagte: »Meine Hände haben ihn berührt, was übrig bleibt, das bleibt übrig.«

Der Spinnenmann kam und schnitzte ein Akua-Kind (eine flache Holzpuppe), klopfte etwas klebrigen Gummi (von einem Baum) und bestrich den Körper der Puppe damit, dann zerstampfte er *Eto* (zerdrückte Süßkartoffeln) und gab etwas davon in die Hand der Puppe, und er zerstampfte noch mehr und legte es in ein Messingbecken; anschließend band er der Puppe eine Schnur um die Taille und legte sie an den Fuß eines *Odum*-Baumes, jenen Ort, an den die Feen zum Spielen kommen.

Da kam eine Fee vorbei. Sie sagte: »Akua, darf ich ein wenig von diesem Brei essen?«

Ananse zerrte an der Schnur, und die Puppe nickte mit dem Kopf.

Die Fee erzählte einer ihrer Schwestern davon und fügte hinzu: »Sie sagt, ich darf etwas essen.«

Ihre Schwester entgegnete: »Dann iss doch etwas.«

Und die Fee aß auf und dankte der Puppe. Doch die antwortete nicht mehr. Da sagte die Fee zu ihrer Schwester: »Wenn ich ihr danke, antwortet sie nicht.«

Die Schwester der Fee meinte: »Schlag ihr ins Gesicht.«

Die Fee gab der Puppe eine Ohrfeige, *klatsch!* Und ihre Hand blieb daran kleben. Daraufhin sagte sie zu ihrer Schwester: »Meine Hand ist daran kleben geblieben.«

Ihre Schwester riet ihr: »Nimm die andere Hand und ohrfeige sie noch einmal.«

Die Fee schlug die Puppe also erneut, *patsch!* Und auch die zweite Hand klebte fest. Nun sagte die Fee zu ihrer Schwester: »Meine beiden Hände kleben fest.«

Ihre Schwester schlug vor: »Schubs Akua doch mit deinem Bauch.«

Die Fee schubste die Puppe, und ihr Bauch klebte daran fest. Da kam Ananse, fesselte sie und sagte: »Dummkopf, jetzt habe ich dich und bringe dich zum Himmelsgott im Tausch gegen seine Geschichten.« Und er nahm sie mit zu sich nach Hause.

Dort forderte Ananse seine Mutter Nsia auf: »Steh auf, lass uns gehen, denn ich werde dich zusammen mit der Fee dem Himmelsgott im Tausch gegen seine Geschichten übergeben.«

Er hob beide hoch, ging mit ihnen zum Himmelsgott und sagte: »Himmelsgott, hier ist eine Fee, und meine Mutter, von der ich sprach, ist auch hier.«

Nun rief der Himmelsgott seine Ältesten, die Häuptlinge Kontire und Akwam, den Adonten (den Anführer seiner zentralen Heeresgruppe), den Gyase (Kämmerer) sowie Oyoko, Ankobea und Kyidom, die Anführer der Nachhut. Er trug ihnen die Angelegenheit vor und sprach: »Große Könige sind gekommen und waren nicht in der Lage, die Geschichten des Himmelsgottes zu kaufen, aber Kweku Ananse, der Spinnenmann, hat es fertiggebracht, den Preis zu zahlen; ich habe von ihm Mmoboro, die Hornissen, erhalten; ich habe von ihm Mmoatia, die Fee, bekommen; er hat mir Osebo, den Leoparden gebracht, und er hat mir Onini, die Python überreicht. Und von sich aus hat Ananse noch seine Mutter zu mir gebracht; sie alle sind hier versammelt ... Lobpreist ihn.«

»Eee!«, riefen sie alle.

Der Himmelsgott sagte: »Kweku Ananse, von heute an und für immer nehme ich meine Himmelsgott-Geschichten und biete sie dir dar … gesegnet seist du, gesegnet seist du, gesegnet seist du. Wir werden sie nicht mehr *Nyankonsem*, also die Geschichten des Himmelsgottes, nennen, sondern von nun an sollen sie *Anansesem* (»Spinnen-Geschichten«) heißen.«[5]

Die zweite *Ananesem – Wie die Weisheit unter das Volk kam* – verdeutlicht, wie die Eigenschaften der Menschen unbeabsichtigt von Ananse weitergegeben wurden. Sie lautet wie folgt:

Es heißt, der Spinnenmann Kweku habe alles Wissen gesammelt, an einem Ort zusammengetragen und bewahre es in einer Kalebasse auf. Eines Tages erklärte er, er werde auf einen Baum klettern und die Kalebasse darin aufhängen, sodass es keine Weisheit mehr auf der Erde gäbe.

Er nahm also die Kalebasse, und als er unter dem Baum ankam, in dem er sie aufhängen wollte, befestigte er eine Schnur daran und hängte sie sich um den Hals. Dann er machte sich daran, auf den Baum zu klettern.

Er kletterte und kletterte und kletterte – vergeblich. Er versuchte es erneut, kletterte und kletterte – doch seine Bemühungen blieben vergeblich.

Sein Sohn Ntikuma, der neben dem Baum stand, fragte: »Oh, deine Augen sind bestimmt vor Scham gestorben, wäre es nicht besser gewesen, wenn du die Kalebasse umgedreht und sie dir auf den Rücken gebunden hättest, dann wäre dir das Klettern sicher leichter gefallen?«

Der Spinnenmann rief: »Mach, dass du wegkommst mit deinen altmodischen Sprüchen!«, und versuchte erneut, den Baum zu erklimmen, aber ohne Erfolg. Er dachte lange nach, nahm schließlich die Kalebasse und band sie sich auf den Rücken. Anschließend machte er sich daran, den Baum zu erklimmen, und kletterte schnell hinauf … Als er die Stelle erreichte, an der die Äste vom Stamm abzuzweigen begannen, sagte er zu sich selbst: »Ich, Kweku Ananse … will tot umfallen! Mein Kind, das so klein ist, so klein, so klein – ich sammelte alle Weisheit (so dachte ich), trug sie an einem Ort zusammen, und doch blieb etwas übrig, das selbst ich übersah, und siehe da, mein Kind, noch so klein, hat es mir gezeigt.«

Da ergriff er die Kalebasse, ein Reißen ertönte … und er warf sie fort, sodass sie zerbrach.

So kam die Weisheit zu den Menschen. Und wer nicht rechtzeitig hinging, um sich etwas davon zu holen, ist – Verzeihung – ein Dummkopf.[6]

Die Akan erzählen *Anansesem* nicht nur zum Vergnügen. Vielmehr ist diese Praxis für ihr Fortbestehen von großer Bedeutung.

Die traditionelle Akan- und insbesondere die Asante-Gesellschaft ist sehr hierarchisch. Von den Jüngeren wird erwartet, dass sie den Älteren die gebührende Ehrfurcht und den nötigen Respekt entgegenbringen. Dasselbe wird vom einfachen Volk gegenüber Aristokraten erwartet. Dazu gehört auch, sie niemals zu beleidigen.

Aber wie jeder andere Mensch auch, kann ein Akan, wenn ihm jemand Unrecht getan hat, nicht anders als seinem Ärger Ausdruck zu verleihen, selbst wenn es sich dabei um eine höhergestellte Person handelt. Wie aber können sie es anstellen, ohne den Ranghöheren zu verletzen, was zu Spannungen, Konflikten und möglicherweise zum Verlust ihrer Existenzgrundlage oder sogar ihres Lebens führen würde?

Ganz einfach: Durch das Erzählen von *Anansesem*. Dabei tut eine Figur – oft ein Tier oder die Spinne Ananse selbst – genau das, was auch die ranghöhere Person dem betreffenden Akan angetan hat. Dafür wählt er ein Tier, dessen natürliches Verhalten mit der falschen Handlung dieser Person übereinstimmt. Wenn der Höhergestellte ihn beispielsweise bestohlen hat, dann lässt der Akan in seiner Geschichte eine Elster diese Tat begehen. Zudem ahmt er beim Erzählen die Verhaltensweisen der ranghöheren Person nach, sodass für das Publikum, das nun vor Lachen brüllt, völlig klar ist, wer dem Akan Unrecht getan hat. Da der Akan seinen Unmut indirekt durch eine Geschichte zum Ausdruck bringt, diese zudem mit dem Hinweis versieht, dass sie nicht wahr ist, und sie abends erzählt – eine Zeit, die traditionell mit unbeschwerten Aktivitäten verbunden ist –, ist es unwahrscheinlich, dass der Höhergestellte, der meist selbst im Publikum sitzt, beleidigt ist.

Zwischen dem 17. und 19. Jahrhundert wurden die meisten versklavten Asante nach Jamaika verschleppt. Kulturelle Elemente der Asante, darunter die *Anansesem* sowie die Akan-Namen für Wochentage, prägten somit die jamaikanische Kultur. Das Leben der versklavten Asante in Jamaika unterschied sich jedoch stark von dem der in Asanteland verbliebenen Asante. So kam es, dass Erstere einige dieser kulturellen Elemente an ihre neue Realität anpassten. Nachdem wir nun das Wesen und den Zweck von *Anansesem* in Asanteland erforscht haben, werden im nächsten Abschnitt untersuchen, warum und wie sich diese in Jamaika verändert haben.

*

Mehr noch als in Asanteland prägten Armut, Gewalt und Ausbeutung das Leben der Asante in Jamaika. So wurde Ananse in Jamaika zu einem ganz und gar irdischen Wesen, das viel zynischer, egoistischer, gieriger, gerissener, lüsterner, gewalttätiger und sogar apathischer war als sein Pendant in Asanteland.

Zudem bekam er viel mehr Gegenspieler, die alle dem kaltblütigen jamaikanischen Plantagenbesitzer oder dem brutalen Aufseher so sehr ähneln, dass auf der Hand liegt, dass sie ebendiese repräsentieren sollen. Zu diesen Widersachern gehörten Ananses Erzfeind, der tyrannische Tiger (der für Nyame steht), Massa, Buckra, König, Prediger, Tod und Knochenmann.

Knochenmann ist der zweitschlimmste von allen. Er wird als Skelett dargestellt, da in den Augen der jamaikanischen Asante die grausamen Plantagenbesitzer jede Menschlichkeit abgelegt hatten und außerdem gierig, verschlossen, finster und repressiv waren. Knochenmann soll sein Gewicht nach Belieben erhöhen können und andere häufig dadurch bestrafen, dass er sich auf ihren Rücken setzt und sich immer schwerer macht, bis sie zusammenbrechen. Genau wie der Plantagenbesitzer bleibt Knochenmann meist gemütlich in seinem Haus. Und so wie der Plantagenbesitzer seinen Aufseher vorschickt, hat Knochenmann einen Hahn, den er als Spitzel einsetzt.

In Jamaika dienten die *Anansesem* vor allem der Inspiration. Wenn Tiger, Knochenmann usw. die Plantagenbesitzer und Aufseher waren, dann waren die jamaikanischen Asante selbst Ananse, und so wie Ananse sich wehrte, seine Gegner überlistete und sich an ihnen rächte, fühlten sich die jamaikanischen Asante dazu ermutigt, es ihm gleichzutun. Um die Erträge der Plantagen ihrer Herren zu mindern, gaben sie vor, nicht zu wissen, wie man bestimmte Maschinen bedient, beschädigten diese, verletzten sich sogar absichtlich selbst oder rissen alte Wunden wieder auf, um sie zu infizieren.

Maroons – entlaufene versklavte Afrikaner, die ihre eigenen Gemeinschaften gründeten und zu Freiheitskämpfern wurden – drangen in Plantagen ein, plünderten und sabotierten sie und griffen Aufseher an. Oft besiegten sie viel größere und besser bewaffnete europäische Truppen. Wenn britische und versklavte afrikanische Truppen in den Gebieten der Maroons patrouillierten, riefen letztere den versklavten Afrikanern laut zu und prahlten dabei mit ihrem freien Leben im Busch und forderten sie auf, sich ihnen anzuschließen.

In den beiden folgenden jamaikanischen *Anansesem* werden der antagonistische Charakter und der inspirierende Zweck der Geschichten deutlich. Dies ist die erste Geschichte:

> Einmal, als Ananse sehr hungrig war und nichts zu essen bekam, nahm er seinen Korb und einen großen Topf und ging zum Meer hinunter, um Fische zu fangen.
> Als er dort ankam, machte er ein großes Feuer, stellte den Topf darauf und rief: »Komm, großer Fisch!«
> Er fing einige große Fische, legte sie beiseite und sagte: »Großer Fisch, geh, lass kleine Fische kommen!«
> Dann fing Ananse die kleinen Fische.
> Anschließend rief er: »Kleine Fische geht, lasst große Fische kommen!« …

Und er fing so viele Fische, bis der Topf und sein Korb voll waren.
Er kochte einen Topf voll, setzte sich hin und aß; dann machte sich Ananse auf den Heimweg … mit dem Topf auf dem Kopf und dem Korb, der mit den restlichen Fischen gefüllt war.
Als er einen kleinen Weg erreichte, versteckte er den Topf in einem Busch und nahm den Korb mit.
Auf seinem Weg traf er auf Tiger.
Tiger war ein sehr grober Mann, und Ananse hatte Angst vor ihm.
Tiger sprach ihn barsch an: »Was hast du in dem Korb?«
Ananse antwortete mit schwacher Stimme: »Nichts! Nichts!«
So gingen die beiden aneinander vorbei, doch kurz darauf versteckte sich Tiger im Busch, um Ananse zu beobachten.
Ananse setzte sich unter einen Baum, öffnete seinen Korb, nahm einen Fisch nach dem anderen heraus und sagte: »Das ist ein hübscher kleiner Gelbschwanz«, legte ihn beiseite, nahm einen Schnapper heraus und meinte: »Das ist ein hübscher kleiner Schnapper« und legte auch ihn beiseite.
Da kam Tiger angerannt und fragte: »Ich dachte, du hättest nichts in dem Korb?«, woraufhin Ananse erwiderte: »Ich bin eben zum Meer hinuntergegangen, um zu baden, und habe ein paar Fische gefangen.«
Tiger herrschte ihn an: »Gib sie mir!«. Dann verspeiste Tiger alle Fische und spuckte die Gräten aus.
Ananse hob die Gräten auf und aß sie, während er vor sich hin grummelte …

Anschließend machten sich beide mit dem leeren Korb auf den Heimweg, aber diesmal war Ananse vor Tiger auf der Hut.

Als sie ein Stück gegangen waren, entdeckte Ananse einen Obstbaum und sagte: »Was für ein schöner Obstbaum!«

»Kletter rauf!«, forderte Tiger auf seine schroffe Art.

Als Ananse hinaufkletterte, um ein paar Früchte zu pflücken, stand Tiger unter dem Baum.

Ananse schaute auf Tiger hinab und rief: »Sieh nur, da sind Läuse auf deinem Kopf!«

Tiger erwiderte: »Komm runter und fang sie!«

Ananse kam herunter, meinte aber zu Tiger, dass er das nur tun könne, wenn er sich dabei an den Baum lehnen dürfe.

Tiger fauchte: »Dann lehn dich an den Baum!«

Das Haar auf Tigers Kopf war sehr lang. Während Ananse damit beschäftigt war, die Läuse zu suchen, schlief Tiger ein. Da nahm Ananse dessen Haar und band es um den Baum …

Nachdem er das getan hatte, weckte er Tiger auf und sagte, er könne keine Läuse mehr fangen.

Tiger herrschte ihn an: »Komm her und fang sie gefälligst!«

»Das werde ich nicht!«, beharrte Ananse und rannte davon.

Tiger sprang ihm hinterher – nur um festzustellen, dass sein Haar an den Baum gebunden war.

»Komm und mach mich los!«, rief er.

Doch Ananse verneinte: »Das werde ich nicht!«, und machte sich auf den Heimweg.

Als später ein Jäger vorbeikam und Tiger an den Baum gebunden sah, tötete er ihn.[7]

Und so geht es die zweite Geschichte:

Ein Mann pflanzte ein großes Feld mit hohen Erdnusspflanzen. Er hatte auch einen Wachmann, den er dort Wache halten ließ. Dieser Wachmann konnte nicht lesen. Die Pflanzen wuchsen und gediehen prächtig; jeder, der vorbeikam, war voller Bewunderung.

Da kam Ananse vorbei und wollte etwas von den Erdnüssen haben. Er bettelte den Wachmann an, aber der weigerte sich, ihm welche zu geben.

Da ging Ananse davon und holte einen Umschlag. Er legte ihn dem Wächter vor und erklärte, der Besitzer des Feldes hätte ihn ihm für den Wachmann überreicht.

Dieser sagte: »Der Herr weiß, dass ich nicht lesen kann, und lässt mir dieses Ding übergeben?«

Ananse entgegnete: »Ich werde es dir vorlesen. Der Herr schreibt: ›Du sollst Herrn Ananse dort anbinden, wo die Erdnüsse am dicksten sind, und wenn sein Bauch voll ist, lass ihn gehen.‹«

Der Wächter tat, wie ihm geheißen wurde, und als Ananse satt war, rief er nach dem Wächter, und dieser ließ ihn gehen.

Nachdem Ananse gegangen war, kam der Besitzer des Erdnussfeldes und fragte den Wachmann, was mit den Erdnüssen passiert sei. Der Wächter erzählte es ihm.

Der Besitzer sagte daraufhin, er habe niemanden gesehen, es sei auch niemand zu ihm gekommen, und er habe keinen Brief geschickt, aber wenn nochmal ein Mann zu ihm käme, müsse er ihn an den Erdnusspflanzen festbinden und dürfe ihn nicht weglassen, bis er komme.

Am nächsten Tag kam Ananse mit demselben Brief zurück und erklärte: »Dein Herr sagt, ich soll dir den hier geben.«

Ananse las den Brief vor, und der Wachmann band Ananse an die Erdnüsse. Als Ananse sich den Bauch vollgeschlagen hatte, rief er dem Wachmann zu, er solle ihn gehen lassen, doch der weigerte sich.
Ananse rief ein zweites Mal: »Komm, lass mich gehen!«
Der Wächter antwortete: »Nein, du gehst nicht!«
Ananse sagte: »Wenn du mich nicht gehen lässt, spucke ich auf den Boden, und du bist verflucht!« Da bekam der Wächter Angst und band ihn los.
Wenige Minuten danach kam sein Herr und trug dem Wächter auf, Ananse festzuhalten, sollte er noch einmal auftauchen, ganz gleich, was er auch sagen würde.
Am nächsten Tag kam Ananse noch einmal mit demselben Brief zurück und las dem Wächter dieselbe Geschichte vor.
Der Wächter band ihn an die Erdnüsse, und als Ananse sich den Bauch vollgeschlagen hatte, rief er dem Wächter zu, er solle ihn gehen lassen, doch der weigerte sich … egal, was Ananse auch sagte; er wartete, bis der Herr eintraf.
Der packte Ananse und brachte ihn in seinen Hof, wo er ihn an einen Baum fesselte und ein großes Eisen ins Feuer legte, um es heiß zu machen.
Während das Eisen erhitzt wurde, weinte Ananse …
Da kam ein Löwe vorbei und sah, wie Ananse unter dem Baum angebunden war, und fragte ihn, warum er dort gefesselt war.
Ananse erklärte dem Löwen, er habe seit seiner Geburt noch nie Messer und Gabel in der Hand gehalten, und nun wolle der Herr Essen bringen und ihn zwingen, mit Messer und Gabel zu essen.

Der Löwe sagte zu Ananse: »Du Nichtsnutz! Ich kann Messer und Gabel halten und damit essen. Ich werde dich losmachen, und dann bindest du mich dort fest.«

Also löste der Löwe Ananses Fesseln, und Ananse band den Löwen an den Baum.

Daraufhin ging Ananse fort, weit in den Busch hinein, und kletterte auf einen Baum, um zu sehen, was vor sich ging. Als der Herr herauskam, sah er statt Ananse den Löwen. Er nahm das heiße Eisen aus dem Feuer und stieß es dem Löwen ins Ohr. Dieser machte einen Satz, riss sich los und rannte in den Busch davon.[8]

In diesem Kapitel haben wir uns mit den *Anansesem* beschäftigt, mit der Frage, was sich hinter den Geschichten verbirgt, wer ihre Hauptfigur ist, was ihre Charakteristik und ihr Zweck in der Asante-Kultur sind und wie sie sich verändert haben, als sie nach Jamaika mitgebracht wurden.

Bei den Asante ist Ananse ein halbgöttliches, aber lästiges Wesen, das sowohl mit dem Himmelsgott Nyame als auch mit den Menschen interagiert, und die Asante erzählen seine Geschichten, um ihren Unmut über andere Leute auszudrücken, ohne diese zu beleidigen.

In Jamaika ist Ananse zynischer, irdischer und hat mehr Gegenspieler, an denen er sich oft rächen will. Hier werden Asante-Geschichten erzahlt, um sich gegenseitig Mut zu machen und sich gegen die Unterdrückung zu wehren.

Nachdem wir verschiedene Aspekte der mündlichen Literatur erörtert haben, die ein bedeutendes Merkmal Afrikas ist, werden wir uns im nächsten Kapitel mit einem weiteren Phänomen befassen, das viele afrikanische Kulturen prägt: das ganzheitliche Gesundheitsverständnis.

8

Die Weisheit der Ahnen

In vielen afrikanischen Kulturen beschränkt sich Gesundheit nicht auf den Körper. Damit eine Person als gesund gilt, müssen neben ihrem Körper auch ihr Geist, ihre Seele und sogar ihre Beziehungen zu den lebenden und toten Mitgliedern ihrer Gemeinschaft in einem guten Zustand sein. Um sich selbst zu heilen, verwenden die Afrikaner daher Mittel, die nicht nur den Körper, sondern alle diese Aspekte behandeln. Genau diese Einstellung zur Gesundheit und diese Heilmittel werden wir in diesem Kapitel untersuchen.

Im Westen hat man erst in jüngster Zeit erkannt, dass sich Gesundheit nicht ausschließlich auf den Körper beschränken sollte. So hat die Öffentlichkeit in Ländern wie den USA erst in den letzten Jahren anerkannt, dass es völlig legitim ist für Spitzensportler, sich nicht nur wegen physischer, sondern auch aufgrund von psychischen Problemen aus Wettkämpfen zurückzuziehen.

Als die US-amerikanische Turnerin Simone Biles im Juli 2021 aus dem Mannschaftsfinale der Olympischen Spiele in Tokio ausstieg, löste das eine Welle der Solidarität aus.

Im Vorfeld und während dieser Wettkämpfe hatte Biles mit einer mentalen Blockade zu kämpfen, die als »Twisties« bekannt ist. Normalerweise wissen Turner in der Luft genau, wo sie sich im Verhältnis zum Boden befinden. Wenn sie jedoch gestresst, ängstlich oder deprimiert sind, können sie diese Orientierung verlieren. »Ich kann buchstäblich nicht zwischen oben und unten unterscheiden«, erklärte Biles. »[Die Twisties sind] das irrste Gefühl überhaupt. Man hat keinerlei Kontrolle über seinen Körper. Noch beängstigender ist, dass ich keine Ahnung habe, wo ich mich in der Luft befinde und deshalb auch keine Ahnung habe, wie ich landen werde.«[1]

Im Sprungwettbewerb sollte Biles eine sehr schwierige Übung namens »Amanar« ausführen – eine Rundwende vor dem Sprungtisch, gefolgt von einem gestreckten Doppelsalto mit zweieinhalbfacher Drehung vor der Landung. Normalerweise ist der Amanar-Sprung für Biles kein Problem. Doch als Biles sich dieses Mal vom Sprungtisch abstieß, drehte sie sich nur eineinhalb Mal und schaffte es gerade noch, auf den Füßen zu landen. Wäre sie nicht so trainiert und mit dem Amanar vertraut gewesen, wäre sie vielleicht auf dem Kopf gelandet, hätte sich das Genick gebrochen und ihre Karriere wäre beendet gewesen.

Für alle Athleten waren die Vorbereitung auf die Olympischen Spiele in Tokio sowie die Spiele selbst außergewöhnlich schwierig gewesen. Wegen der Corona-Pandemie waren die Spiele verschoben und die Trainingszentren geschlossen worden. Die Trainingspläne der Athleten wurden somit empfindlich gestört. Es waren keine Zuschauer zugelassen, sodass die Athleten ohne die sonst so wichtige Energie des Publikums auskommen mussten, die sie normalerweise zu Höchstleistungen antreibt. Biles stand unter zusätzlichem Druck. Ihr Team hatte sowohl bei den Olympischen Spielen 2012 als auch 2016 gewonnen, und es wurde erwartet, dass sie erneut gewinnen würden. Biles war die bekannteste Turnerin und

Olympionikin, die in Tokio antrat. 2016 hatte sie fünf Medaillen gewonnen, darunter viermal Gold, und es wurde erwartet, dass sie nun rekordverdächtige fünf Goldmedaillen erringen würde. Außerdem war sie die Einzige, die in diesem Jahr antrat, die Opfer des sexuellen Missbrauchs durch Larry Nassar geworden war – ein Arzt des Turnverbands USA Gymnastics, der Hunderte von Turnerinnen sexuell missbraucht hatte und der wegen sexuellen Missbrauchs und Besitzes von Kinderpornografie verurteilt worden war. »Diese Olympischen Spiele waren wirklich anstrengend«, sagte Biles. »Ich glaube, insgesamt, so ohne Publikum, kamen mehrere Faktoren zusammen … [E]s war ein langer olympischer Prozess, es war ein langes Jahr … Ich glaube, wir sind einfach ein bisschen zu gestresst.«[2]

Nach dem Amanar-Vorfall konsultierte Biles einen Trainer von USA Gymnastics. Sie verließen das Gebäude. Als Biles zurückkehrte, zog sie ihr Wettkampf-Outfit aus und ihre Aufwärmkleidung an. Am nächsten Tag gab USA Gymnastics folgende Erklärung ab: »Nach weiteren medizinischen Untersuchungen hat Simone Biles ihre Teilnahme am Mehrkampffinale bei den Olympischen Spielen in Tokio zurückgezogen, um sich auf ihre mentale Gesundheit zu konzentrieren.«[3]

Unterstützung für diesen Schritt kam nicht nur aus der amerikanischen Öffentlichkeit, sondern auch von Biles' Mannschaftskameradinnen, anderen Athleten und von Initiativen für psychische Gesundheit sowie Wohltätigkeitsorganisationen. »Wir unterstützen Simones Entscheidung von ganzem Herzen und applaudieren ihrem Mut, ihr Wohlbefinden zu priorisieren«[4], hieß es am Ende der Erklärung des USA-Teams. »[Biles] zeigt uns allen, dass es genauso wichtig ist, sich um die geistige Gesundheit zu kümmern, wie um die körperliche Gesundheit«, so Mental Health America.

Wir werden uns nun einige Beispiele für die ganzheitliche afrikanische Sicht auf die Gesundheit ansehen und wie diese traditionell durch Heilmethoden wiederhergestellt wurde, die nicht nur den Körper, sondern auch ihre Beziehungen zu den lebenden und verstorbenen Mitgliedern ihrer Gemeinschaft heilten. Beginnen wollen wir mit den Azande aus der Demokratischen Republik Kongo zu Beginn des 20. Jahrhunderts.

*

Bei den Azande war *Mangu* (»Hexerei«) für alle Arten von Unglück, einschließlich Krankheiten, verantwortlich. Sie glaubten, dass jeder Zande (die Einzahl von Azande) der Hexerei fähig ist, denn er trug eine »Hexensubstanz« in sich – eine schwarze Flüssigkeit im Bauchraum. Männliche Azande erbten diese von ihren Vätern, die Frauen von ihren Müttern.

Jede Hexerei-Substanz hatte ihre eigene *mbisimo mangu* (»Hexerei-Substanz-Seele«). Um jemanden zu verhexen, »schoss« (*no*) ein Zande seine Hexerei-Substanz-Seele auf sein Opfer. *No* kann auch mit »verhexen« übersetzt werden. Für die Azande war diese Hexerei-Substanz-Seele eine große, hell leuchtende Kugel, die an ein gigantisches Glühwürmchen erinnerte. Sie drang in das Opfer ein und entfernte dessen *mbisimo pasio* (»fleischliche Seele« – die Art von Seele, an die Christen glauben). Bald darauf wurde das Opfer krank.

Aber eine Verhexung fand nur selten statt, meist ruhte die Substanz. Die Azande sagten, sie sei »kalt«. Sie wurde nur dann aktiv – oder »heiß« –, wenn ihr Besitzer negative Gefühle anderen gegenüber hatte. Hegte jemand Groll, Ärger oder Wut gegen einen Freund, ein Familienmitglied oder einen Nachbarn, führte dies dazu, dass die Seele der Hexerei-Substanz auf diese Person geschossen wurde. Dies geschah automatisch, ohne dass der Betreffende dies beabsichtigte.

Wenn ein Zande krank wurde, galt es daher herauszufinden, wer ihm gegenüber negativ eingestellt war, und diese Person dazu zu bringen, damit aufzuhören. Kurzum, die Beziehung zwischen den beiden wurde wieder hergestellt.

Zunächst ließ der Erkrankte eines seiner Familienmitglieder ein Orakel befragen. Damit das Orakel funktionierte, musste die Person, die es befragte, bestimmte Dinge meiden. Zum Beispiel durfte sie in der vergangenen Woche keinen Sex gehabt oder bestimmte Lebensmittel wie Fisch gegessen haben. Da dieselben Einschränkungen für trauernde Personen galten, bat der Kranke oft ein trauerndes Familienmitglied, in seinem Namen das Orakel zu befragen.

Für das Giftorakel (*benge*) machte sich dieses Familienmitglied frühmorgens zusammen mit einem Freund auf den Weg in die Wildnis. Der Verwandte trug einen Korb voller Hühner, sein Freund eine Kalebasse mit Wasser und Gift – genauer gesagt ein strychninähnliches rotes Pulver, das aus einer Kletterpflanze des Waldes gewonnen wurde. Der Freund suchte sich ein abgelegenes Plätzchen und trat zunächst das Gras platt. Dann kratzte er ein Loch in den Boden und legte ein großes Blatt darüber. Aus anderen Blättern formte er einen Becher und einen Filter, aus Grashalmen machte er einen kleinen Pinsel. Zudem sammelte er Zweige.

Das Familienmitglied gab seinem Freund daraufhin den Korb mit den Hühnern und setzte sich in einiger Entfernung davon hin. Der Freund schüttete das giftige Pulver auf das große Blatt. Anschließend goss er Wasser aus der Kalebasse in den Becher, den er über dem Gift ausleerte, und rührte die Mischung mit dem Finger zu einer Paste. Auf ein Zeichen des Familienmitglieds hin griff er sich ein Huhn, fixierte es mit einigen Zweigen, nahm den Pinsel und rührte damit in der Paste. Als nächstes öffnete er den Schnabel des Huhns, steckte den Filter hinein und presste die Mischung hinein. Das Familienmitglied sagte daraufhin etwas wie: »War es Soundso (also dieser Freund oder jener Nachbar), der meinen Verwandten verhext hat und ihn krank machte? Falls dem so ist, oh Giftorakel, so töte dieses Huhn. Falls er aber nichts damit zu tun hatte, dann, oh Giftorakel, verschone es.« Unabhängig davon, ob das erste Huhn starb oder nicht, nahm der Freund ein weiteres und verabreichte auch ihm Gift, woraufhin das Familienmitglied erneut seine Fragen stellte.

Nehmen wir einmal an, das erste Huhn stirbt. Dann würde das Familienmitglied sagen: »Das Giftorakel hat das Huhn getötet. Es scheint, dass Soundso mein Familienmitglied verhext hat. Wenn das wahr ist, Giftorakel, verschone das zweite Huhn. Wenn es falsch ist, Giftorakel, töte es.« Nehmen wir nun an, das zweite Huhn überlebt. Dann ergibt sich für das Familienmitglied daraus, wer seinen Verwandten krank gemacht hat.

Die Konsultationen des Giftorakels dauerten lange – manchmal Tage – und konnten sehr komplex sein. So fragte das Familienmitglied das Orakel nicht nur, wer die Krankheit verursacht hatte, sondern auch nach der genauen Art und Schwere der Krankheit, ob es noch andere Schuldige gab und so weiter. Hierbei gingen sie oft so detailliert wie möglich vor. Es konnte fünf bis zehn Minuten in Anspruch nehmen, nur eine *einzige* Frage zu stellen. Um sie richtig zu formulieren, musste das Familienmitglied im Giftorakel geübt sein.

Neben dem Giftorakel (*benge*) verfügten die Azande noch über zwei weitere Orakel: das Orakel des Reibebretts (*iwa*) sowie das Termitenorakel (*dakpa*). Um ersteres zu befragen, fertigte ein Zande zunächst die beiden Teile des Reibebretts an. Das eine ähnelte einem handgroßen, dreibeinigen Tisch, das andere einem in der Größe dazu passenden Topfdeckel. Der Zande presste eine Frucht – in der Regel einen Kei-Apfel – über dem Tisch aus, sodass der Saft darauf floss. Anschließend nahm er den Deckel, tauchte ihn in eine mit Wasser gefüllte Kalebasse, legte ihn auf den Tisch und schob ihn hin und her. Dabei fragte er etwas wie: »War es Soundso, der meinen Verwandten verhext und krank gemacht hat? Falls Soundso tatsächlich meinen Verwandten verhext hat, Reibebrett, so bleibe kleben. Falls aber Soundso nichts damit zu tun hat, dann Reibebrett, lass dich geschmeidig reiben.«

Für die Befragung des Termitenorakels (*dakpa*) steckte ein Zande zwei Zweige, *dakpa* und *kpoyo* genannt, in einen Termitenhügel und sagte dabei: »War es Soundso, der meinen Verwandten verhext und ihn krank gemacht hat? Falls dem so ist, Termiten, fresst nur *dakpa*. Sollte Soundso aber unschuldig sein, Termiten, fresst sowohl *dakpa* als auch *kpoyo*.« Der Zande ließ die Stöcke über Nacht in dem Hügel und kehrte am nächsten Morgen zurück, um das Ergebnis zu begutachten.

Von den drei Orakeln war das Giftorakel das prestigeträchtigste und in den Augen der Azande aussagekräftigste, gefolgt vom Termitenorakel. Für das Giftorakel waren zahlreiche Materialien erforderlich – die zum Teil nicht billig waren –, und es erforderte dem Azande-Glauben nach viel Übung. Bei den meisten Angelegenheiten konsultierten die

Zande das deutlich günstigere Reibebrettorakel, bei ernsteren Angelegenheiten, etwa der Identifizierung von Hexen, befragten sie jedoch das Giftorakel.

Wenn das Familienmitglied, das das Giftorakel konsultiert hatte, eine Antwort erhalten hatte, schnitt sein Freund dem toten – d. h. dem ersten – Huhn einen Flügel ab, steckte ihn auf das Ende eines Stocks und breitete die Federn aus, sodass sie einem Fächer ähnelten. Diesen gab er dem Familienmitglied. Beide kehrten nach Hause zurück, wobei das Familienmitglied den Flügel mitnahm. Anschließend bat das Familienmitglied um eine Audienz bei einem Beamten der königlichen Azande-Familie. Bei dieser Audienz legte er den Flügel vor dem Beamten auf den Boden und erklärte alles, von der Erkrankung seines Verwandten bis zum Ergebnis des Giftorakels.

Nachdem er dem Familienmitglied aufmerksam zugehört hatte, rief der Beamte einen Boten herbei und befahl ihm, den Flügel zum Haus des Schuldigen zu bringen und ihm das Ergebnis des Giftorakels mitzuteilen. Wenn der Bote dies tat und den Flügel vor dem Schuldigen auf den Boden legte, entschuldigte sich dieser zunächst dafür, dass er negative Gefühlen gegenüber dem Verwandten des Familienmitglieds gehabt, diesen verhext und krank gemacht hatte. Dann sagte er, dass es nicht seine Absicht gewesen sei, seine Hexensubstanz zu aktivieren, und dass er sie nun wieder »abkühlen« würde, damit der Angehörige gesund werden könne.

Um seine Hexensubstanz zu »kühlen«, trank der Schuldige zunächst einen Schluck Wasser aus einer Kalebasse, spülte sich damit anschließend den Mund aus und spuckte das Wasser anschließend in einem feinem Strahl über dem Flügel aus. Seine Hexensubstanz galt nun als »abgekühlt«.

Der Bote brachte den Flügel zurück zum Beamten und zum Familienmitglied und berichtete, was der Schuldige getan hatte. Erleichtert kehrte das Familienmitglied nach Hause zurück und wartete auf die Genesung seines Verwandten. Falls dieser nicht genas, zog er das Giftorakel ein weiteres Mal zu Rate, allerdings mit einer anderen Person als möglichem Verursacher.

Auf diese Weise konnte der kranke Verwandte indirekt auf ein anderes Mitglied der Gemeinschaft zugehen, von dem er annahm, dass es ihm gegenüber negative Gefühle hegte, das Problem lösen und die Beziehung zu diesem wiederherstellen. Erst wenn die Beziehung gekittet war, konnte der Verwandte wieder gesund werden.

Nachdem wir nun ein Beispiel für ein afrikanisches Volk gesehen haben, das durch Versöhnung mit lebenden Mitgliedern seiner Gemeinschaft Heilung erfuhr, wollen wir uns noch ein afrikanisches Volk ansehen, das sich an die lebenden toten Gemeinschaftsmitglieder wandte: die Lobi aus Burkina Faso im späten 20. Jahrhundert.

*

Wie in vielen afrikanischen Kulturen glaubten auch die Lobi, dass Unglücke, darunter auch Krankheiten, dann auftreten, wenn die Vorfahren ihre lebenden Nachkommen nicht mehr beschützen. Wie wir in Kapitel 2 (»Die Toten leben weiter«) gesehen haben, bestrafen afrikanische Ahnen ihre Nachkommen auf diese Weise, wenn sie wütend auf sie sind, höchstwahrscheinlich weil die Nachkommen es versäumt haben, die Vorfahren zu ehren. Kurzum, eine gestörte Beziehung zwischen einer Person und ihren Ahnen führt dazu, dass die betreffende Person krank wird.

Bei den Lobi sind die Ahnen der Gemeinschaft unsichtbare Wesen, die *Thila* (Einzahl: *Thil*) genannt werden und die als Trostgeschenk ihres Gottes Thangba Yu gelten, dessen Name »Himmel über uns« bedeutet.

Einst lebten die Lobi sorglos, ohne Krankheit, Krieg und – da Thangba Yu ihnen so viel Fleisch gab, wie sie wollten – ohne Hungersnot. Im Gegenzug verlangte Thangba Yu von den Lobi, dass sie sich an bestimmte Regeln hielten: Sie durften nicht stehlen, nicht ehebrechen und nicht töten.

Am Anfang, als die Bevölkerung der Lobi noch klein war, befolgte sie diese Vorschriften mühelos. Aber mit der Zeit, als ihre Bevölkerung wuchs und sie um knappere Ressourcen konkurrierten, brachen sie sie.

Thangba Yu war untröstlich. Er nahm den Lobi das Fleisch weg und ließ Krankheiten und Naturkatastrophen über sie kommen. Zudem zog er sich in den Himmel zurück, wo er die Gebete der Lobi nicht mehr hören konnte. So erhielt er seinen Namen.

Aber Thangba Yu konnte die Lobi nicht völlig im Stich lassen. Er schenkte ihnen nicht nur Getreide und Hacken für den Ackerbau, sondern auch die *Thila*, die – sofern man sie ehrte – die Lobi beschützen und lenken würden.

Wenn also ein Lobi krank wurde, wusste er, dass die Beziehungen zwischen ihm und einem oder mehreren seiner *Thila* beschädigt waren.

Um herauszufinden, um welchen *Thil* es sich handelte und wie er die Beziehung kitten konnte, konsultierte der kranke Lobi einen *Buor* (»Wahrsager«). Ein Lobi wurde meist deshalb zum *Buor*, weil ihn ein *Thil* im Traum dazu auserkoren hatte. Die meisten Lobi waren schon unzählige Male bei *Buoren* gewesen und wussten daher, wie Wahrsagen funktioniert. Aber nur ausgewählte Lobi konnten erfolgreich weissagen. Um als *Buor* anerkannt zu werden, musste ein auserwählter Lobi keine formale Ausbildung absolvieren, sondern lediglich eine Wahrsagung für einen erfahreneren *Buor* durchführen.

Wenn der kranke Lobi den *Buor* in dessen Haus aufsuchte, bat er diesen um Hilfe bei einem Problem, ohne genau zu sagen, was es war. Damit testete er die Fähigkeiten des *Buors*, indem dieser zunächst erahnen musste, um welches Problem es sich handelte, aber auch, warum es auftrat und wie es gelöst werden konnte.

Der *Buor* führte den Lobi daraufhin in den Raum seines Ahnenschreins und forderte ihn auf, sich auf eine Matte auf dem Boden zu setzen. Wenn der Lobi dies tat, legte der *Buor* seine Wahrsagerhilfsmittel vor ihm aus, darunter eine Eisenglocke und mit Kaurimuscheln gefüllte Lederflaschen. Dann setzte er sich neben den Lobi, nahm die Glocke in die Hand und läutete sie, um die *Thila* herbeizurufen.

Wenn die *Thila* aus der Geisterwelt kamen, begrüßte der *Buor* sie, nahm die Hand des Lobi und begann, den *Thila* Ja-oder-Nein-Fragen über den Zustand des Lobi zu stellen – zum Beispiel: »Ist er krank?« oder »Hatte er einen Unfall?«.

Lautete die Antwort »Ja«, spürte der *Buor*, dass die *Thila* ihre verschränkten Hände anhoben, sie langsam senkten und sie mit einem Ruck zum Lobi hinführten. Lautete die Antwort »Nein«, erkannte der *Buor* das daran, dass die *Thila* die verbundenen Hände lediglich hoben und langsam wieder senkten.

Der *Buor* verbrachte 45 Minuten damit, rund 1000 Ja-oder-Nein-Fragen zu stellen, die ihm dabei halfen, nicht nur herauszufinden, was genau das Problem des Lobi war, sondern auch dessen Schweregrad, Ursache und Lösung. Anschließend ließ er die Hand des Lobi los, stellte den *Thila* eine letzte Frage: »Habe ich alle relevanten und korrekten Informationen über den Zustand meines Klienten erhalten?«. Dabei nahm er eine der mit Kaurimuscheln gefüllten Lederflaschen in die Hand, schüttete eine Handvoll aus und warf sie vor sich auf den Boden. Zeigte nur eine einzige Muschel nach oben, lautete die Antwort der *Thila* »Ja«. Wenn aber *mehr* als eine Muschel nach oben zeigte, hatten die *Thila* mit »Nein« geantwortet, und der *Buor* musste die Befragung erneut beginnen.

Sobald der *Buor* von den *Thila* alles Relevante über den Zustand des Lobi erfahren hatte, gab er ihm eine detaillierte Zusammenfassung seiner Fragen und der Antworten der *Thila*, einschließlich der Frage, welcher *Thil* wütend auf den Lobi war und was er tun sollte, um die Beziehung zu glätten.

Der Lobi ging daraufhin nach Hause und tat alles, was dafür erforderlich war. Er konnte beispielsweise dem wütenden *Thil* einen Schrein bauen oder eine kleine Statue von ihm schnitzen. Davon besänftigt, nahm der *Thil* daraufhin seinen Schutz für den Lobi wieder auf, der sich daraufhin erholte.

Nun haben wir Beispiele für afrikanische Völker gesehen, die die Genesung eines Kranken dadurch vorantreiben, dass dieser entweder seine Beziehung zu den lebenden Mitgliedern seiner Gemeinschaft reparierte oder zu seinen Vorfahren, den lebenden Toten. In beiden Beispielen ging es hauptsächlich um die Gesundheit des Einzelnen. Im nächsten Abschnitt werden wir uns kurz mit den Lugbara aus Uganda im späten 20. Jahrhundert befassen, einem Beispiel für ein afrikanisches Volk, das seine gesamte Gemeinschaft heilte, indem es gleichzeitig die Beziehungen seiner lebenden Gemeinschaftsmitglieder untereinander als auch der Mitglieder zu den lebenden Toten wiederherstellte.

*

Genau wie die Lobi glaubten auch die Lugbara, dass eine Person dann krank wird, wenn die Beziehungen zwischen ihr und ihren persönlichen Ahnen, die sie *A'bii* nennen, beschädigt sind. In diesem Fall wusste der kranke Lugbara, dass er seine Ahnen besänftigen muss, indem er ihnen einen Schrein baut. Er wusste jedoch nicht, welche *Art* von Schrein sie zufriedenstellen würde – also wie groß er sein sollte, welche Form er haben und aus welchem Material (Holz oder Stein) er bestehen sollte.

Also ging der kranke Lugbara zu einem Wahrsager, der in seinem Namen die Ahnen fragte, was für einen Schrein er bauen sollte, und ihnen sagte, dass sie dem Kranken ihre Antwort mitteilen sollten. In der Regel waren die Schreine 50 Zentimeter hoch, 30 Zentimeter breit und 15 Zentimeter dick und wurden aus Stein, Gras oder Lehm gebaut. Andere, oft aus Lehm gefertigt, waren so groß wie eine kleine Hütte. Manchmal wurden neue Schreine neben oder auf einen alten Schrein gebaut, sodass ein Überbau entstand.

Nachdem der kranke Lugbara den Schrein gebaut hatte, versammelte er sich dort mit seiner Familie und mitgebrachten Speisen. Zuerst bat er seine Ahnen um Vergebung. Dann veranstalteten er und seine Familie an Ort und Stelle ein Festmahl und legten einen Teil des Essens in der Nähe des Schreins für die Ahnen ab. Blieb dieses Essen während des Festmahls von Ameisen unberührt, ging man davon aus, dass die Ahnen es angenommen und ihrem Nachkommen vergeben hatten. Die Beziehung zwischen dem Kranken und seinen Vorfahren war wiederhergestellt, und Ersterer wurde wieder gesund.

Wenn die Gemeinschaft von einer Epidemie heimgesucht wurde, galt die Beziehung zwischen den Lugbara und einem oder mehreren Ahnen ihrer gesamten Gemeinschaft, die sie *Ori* nannten, als beschädigt. Überall im Lugbaraland hatten die Lugbara Tempel gebaut, die diesen Ahnen gewidmet waren. Um einen wütenden Ahn der Gemeinschaft zu besänftigen, mussten die Lugbara ihm im Tempel ein Opfer darbringen. Zunächst mussten sie jedoch herausfinden, welcher Ahn wütend war und welches Tier geopfert werden sollte.

Um Ersteres herauszufinden, konsultierte ein Ältester das »Hühnerorakel«. Dazu grub er zunächst Löcher oder stellte Steine in einem Kreis auf, wobei jedes Loch bzw. jeder Stein einen Ahn repräsentierte. Dann nahm er ein Huhn und schnitt ihm die Kehle durch, und der wütende Vorfahr war derjenige, in dessen Loch oder auf dessen Stein das Huhn starb.

Der Älteste informierte daraufhin die anderen Ältesten über das Ergebnis des Orakels. Um zu bestimmen, welches Tier geopfert werden sollte – üblicherweise ein Huhn, eine Ziege oder eine Kuh –, gingen sie gemeinsam zu einem Wahrsager. Der Wahrsager befragte den Ahn in ihrem Namen und teilte ihnen die Antwort mit. Je wütender der Ahn und je schwerer die Epidemie, desto größer das Tier, das geopfert werden sollte.

Nachdem die Ältesten die Gemeinschaft über alles Geschehene informiert hatten, versammelten sich so viele Mitglieder wie möglich im Ahnentempel der Gemeinschaft. In völliger Stille opferte der Älteste, der in der Regel auch das Opfertier mitbrachte, das Tier und sorgte dafür, dass etwas von seinem Blut den Tempel berührte. Anschließend schlachtete er das Tier, und andere Mitglieder der Gemeinschaft kochten und servierten das Fleisch.

Während die Lugbara gemeinsam aßen, kamen sie miteinander ins Gespräch. Oft nutzten sie die Gelegenheit, um Probleme zu klären. Wenn alle mit dem Essen fertig waren, standen die Ältesten der Reihe nach auf und hielten Reden darüber, warum sie alle an diesem Tag im Tempel versammelt waren, und über die Geschichte der Lugbara. Mit anderen Worten, die Ältesten erinnerten ihre Verwandten daran, was passiert, wenn man sich nicht um gute Beziehungen zu seinen Vorfahren kümmert. Das heißt, als die lebenden Lugbara für das Opfer zusammenkamen, stellten sie nicht nur ihre Beziehung untereinander wieder her, sondern auch zu ihren Vorfahren, indem sie sich nach dem erbrachten Opfer gezielt an sie erinnerten.

Wie wir an den Beispielen der Azande, Lobi und Lugbara gesehen haben, geht die Vorstellung der afrikanischen Völker von Gesundheit über den Körper und sogar den Geist hinaus und umfasst alle Aspekte, die das Wohlbefinden beeinflussen können, einschließlich der Beziehungen zu anderen Menschen. Man kann daher sagen, in Afrika wird Gesundheit ganzheitlich gedacht.

9

Die Erfindung des Rassismus

Von 1934 bis 2015 stand in der Universität von Kapstadt (UCT) in Südafrika eine Bronzestatue von Cecil John Rhodes. Rhodes war ein Imperialist, Geschäftsmann und Staatsmann des 19. Jahrhunderts, der maßgeblich zur Kolonialisierung des südlichen Afrikas durch Großbritannien beitrug. Und er war Rassist, d. h. er diskriminierte dunkelhäutige Afrikaner, weil er sie für von Natur aus minderwertig hielt.

Rhodes' Statue schmerzte daher viele dunkelhäutige afrikanische Studierende der UCT. Schließlich stellte sie eine Person dar, die ihre Vorfahren diskriminiert hatte und die, hätten sie zu ihrer Zeit gelebt, auch sie diskriminiert hätte. »[Jahrelang] die Statue [von Rhodes] Tag für Tag sehen zu müssen … machte mich enorm wütend«[1], erklärte Chumani Maxwele in einem Interview. 2015 war Maxwele ein 30-jähriger, dunkelhäutiger afrikanischer Politikstudent im vierten Jahr an der UCT. Verärgert über die Rhodes-Statue, beschloss er, etwas zu unternehmen.

Am 9. März 2015 – einem Montagmorgen – zog Maxwele in seinem Protest-Outfit los. Oberkörperfrei, mit schwarzer Hose, Turnschuhen, einem rosa Bauhelm, einer Trillerpfeife und einer Trommel fuhr er mit dem Bus nach Khayelitsha, einem Township (d. h. Ghetto) am Rande von Kapstadt. Da es an grundlegenden sanitären Einrichtungen fehlt, verrichten die meist dunkelhäutigen Bewohner von Khayelitsha ihre Notdurft in Plastikeimern, die einmal pro Woche vor ihren Hütten abgeholt werden. Da Maxwele in Delft aufgewachsen war, einem Township in der Nähe von Khayelitsha, war er schon öfter dort vorbeigekommen und wusste wohl, dass montags Abholtag war. Als Maxwele Khayelitsha erreichte, nahm er einen der Eimer und fuhr mit dem Bus zurück zur UCT. Er ging zur Rhodes-Statue und kippte den Inhalt des Behälters über die Statue, während er in seine Trillerpfeife blies und seine Trommel schlug. Nach und nach versammelte sich eine Schar von Studenten um ihn. »Wo sind *unsere* Helden und Vorfahren?«[2], rief Maxwele ihnen zu.

Maxweles Protest löste eine Diskussion über die Rhodes-Statue aus. Einige Tage später, am Mittag des 12. März, versammelten sich über 1000 Studierende und Mitarbeitende der UCT auf dem Hauptplatz der Universität, wo man ein Mikrofon und Lautsprecher aufgestellt hatte. Die Atmosphäre war gespannt, aber es lag auch ein Gefühl von Aufbruch in der Luft. Die Menge buhte, jubelte und spottete. Einer nach dem anderen trat ans Mikrofon und äußerte seine Gedanken zu der Aktion und der Rhodes-Statue. Einige stimmten Maxwele voll und ganz zu und verhöhnten Rhodes' Statue und den Rassismus, den sie repräsentierte. Andere teilten Maxweles Gefühl, hielten seine Protestform jedoch für zu derb. Wieder andere waren ganz und gar nicht mit Maxweles Aktion einverstanden, die ihrer Meinung nach die Studierenden nur spalten würde.

Am Ende der zweistündigen Debatte waren die meisten Studierenden der Meinung, die Rhodes-Statue müsse weg. »[Was] wir wollen, ist ein Datum, an dem Cecil John

Rhodes fällt«[3], sagte Maxwele. Dann fing er an zu skandieren: »[W]ir wollen ein Datum!«[4]

Einige Studierende gründeten die Bewegung »Rhodes Must Fall« (RMF) und bezeichneten sich als »ein unabhängiges Kollektiv von Studenten, Arbeitern und Angestellten, die sich zusammengeschlossen haben, um den institutionalisierten Rassismus … an der UCT zu beenden[, deren] Bewegung ausgelöst wurde durch … Maxweles radikalen Protest gegen die Statue von … Rhodes … [Eine unserer] unmittelbaren Forderungen«, so fuhren sie fort, »[ist], dass wir einen Termin für die Entfernung der [Rhodes-]Statue erhalten«.[5]

Am 15. März hüllten die RMF-Mitglieder die Rhodes-Statue in schwarze Müllsäcke und begannen mit 24-stündigen Sitzstreiks. In der Zwischenzeit wehrte sich die Leitung der UCT gegen die Entfernung der Statue.

Am 20. März marschierten Studierende, darunter auch RMF-Mitglieder und Teile der Studierendenvertretung (Student Representative Council), von der Rhodes-Statue in das Bremner-Gebäude, in dem die gesamte Verwaltung der UCT untergebracht ist, und versammelten sich im Empfangsbereich. Sie jubelten und klatschten und sangen Protest- und Anti-Apartheids-Lieder.

Über zwei Wochen lang besetzten die Studierenden das Bremner-Gebäude. Sie benannten es in »Azania House« um – »Azania« ist ein Name für Südafrika, der oft von politischen Gruppen und Aktivisten verwendet wird – und wechselten sich schichtweise ab. Während einige Studierende zu den Vorlesungen gingen oder Essen besorgten, blieben andere im Azania House zurück, wo sie aßen, lernten und schliefen. Die Verwaltungsangestellten der UCT konnten das Gebäude nicht betreten, geschweige denn dort arbeiten, und der Universitätsbetrieb kam zum Erliegen. Gleichzeitig verunstalteten andere Studierende die Rhodes-Statue weiter, besprühten sie mit Anti-Apartheids-Parolen und bewarfen sie mit Farbe.

Die Leitung kapitulierte. Am 8. April votierte der UCT-Rat – das höchste Gremium der Universität, das sich aus etwa 30 Personen zusammensetzt, darunter Mitarbeitende, Studierende und Alumni – einstimmig für die Entfernung der Rhodes-Statue. Am nächsten Tag wurde sie mit grünem Band verschnürt und eine Absperrung um sie herum errichtet. Tausende von Menschen, darunter Studierende, Mitarbeiter, Lokalpolitiker und Einwohner Kapstadts, versammelten sich um die Statue. Maxwele selbst ging durch die Menge und forderte sie auf, näher zu treten. Die Atmosphäre war feierlich und voller Vorfreude. Die Leute sangen Freiheits- und Siegeslieder und stampften mit den Füßen.

Ein Kran wurde neben die Statue gefahren, die Menschen machten Fotos und Videos, und als der Kran die Statue anhob, ging ein Jubel durch die Menge, der über den gesamten Campus zu hören war. Studierende durchbrachen die Absperrung. Einige warfen weiße Farbe und Müll auf die Statue und stülpten einen Eimer über ihren Kopf. Andere kletterten auf den Sockel der Statue und reckten die Fäuste in einer Siegergeste in die Luft. Während der Kran die Statue auf der Ladefläche eines Pritschenwagens absetzte, kletterten andere Studierende auf die Ladefläche, beschmierten die Statue mit roter Farbe, wickelten Papier um ihren Kopf und schlugen auf sie ein, wobei sie *Ululationsschreie* (jener lange, hohe Klang mit schnell schwankender Tonhöhe, für den Zunge und Gaumenzäpfchen schnell bewegt werden, während gleichzeitig ein hoher Ton gesungen wird) ausstießen und *Amandla*

(»Macht« – ein Ruf, der in Südafrika vor allem während der Anti-Apartheidbewegung verwendet wurde) riefen. Weitere Studierende kletterten auf den Lkw, schlugen mit Holzstöcken auf die Statue ein, bedeckten ihren Kopf mit einer schwarzen Plastiktüte und hängten ein Schild mit der Aufschrift »This Is Only The Beginning« daran. »Das war ein Moment der Freude, weil sich damit eine Vision verwirklichte«[6], erinnerte sich Maxwele später.

Die Rhodes-Statue schmerzte die dunkelhäutigen afrikanischen Studierenden der UCT so sehr, dass sie sich gezwungen sahen, für ihre Entfernung zu kämpfen. In Anbetracht dieses Umstands und, allgemeiner betrachtet, der Auswirkungen, die Rassismus, wie ihn Rhodes verkörperte, auf die afrikanische Bevölkerung hat, könnte man meinen, Rassismus sei tief verwurzelt und seit Langem in der Geschichte afrikanischer Gesellschaften weit verbreitet. Doch wie wir in den folgenden Abschnitten sehen werden, könnte dies nicht weiter von der Wahrheit entfernt sein. Rassismus ist vor allem ein Phänomen des 18. und 19. Jahrhunderts, das anfangs nur von wenigen Menschen mitgetragen wurde.

*

Edward Long, ein englischer Anwalt, Plantagenbesitzer in Westindien und Sklavenhalter des 18. Jahrhunderts, war wohl einer der einflussreichsten Vertreter rassistischer Ideologien.

Long wurde am 23. August 1734 in Cornwall geboren. Er hatte drei ältere Brüder und zwei Schwestern. Nach seiner Schulzeit an der Bury St. Edmunds School wurde er an der Anwaltskammer Gray's Inn in London ausgebildet. Im Jahr 1757, kaum dass er sein Referendariat begonnen hatte, starb sein Vater, Samuel. Im Jahr zuvor war Charles, sein ältester Bruder, verstorben.

Kurz nach dem Tod seines Vaters ging Long, damals Mitte 20, auf Drängen seines Onkels nach Jamaika. Longs Urgroßvater, der ebenfalls Samuel hieß, war Leutnant in der Armee gewesen, die Jamaika 1655 von den Spaniern erobert hatte. Samuel Senior wurde Oberster Richter von Jamaika und Mitglied des dortigen Regierungsrats. Auch Longs Vater – Samuel Junior – war Mitglied dieses Rates gewesen. Und Charles, Longs Bruder, war Mitglied des *House of Assembly* gewesen, des kolonialen jamaikanischen Parlaments. Als Samuel Junior im Jahr 1757 starb, belief sich das Anwesen der Longs mit seinen 7000 Morgen Land und den 400 versklavten Afrikanern auf einen heutigen Geldwert von etwa 4,7 Millionen Euro. Eine von Longs Schwestern heiratete den Gouverneur von Jamaika, Sir Henry Moore. Edward Long selbst wurde ebenfalls zum Mitglied des *House of Assembly* und zu dessen Sprecher gewählt. Außerdem ernannte Moore ihn zum Richter des Admiralitätsgerichts. 1758 heiratete Long Mary Ballard Beckford, die Alleinerbin des Zuckerbarons Thomas Beckford. Er gehörte zu den Beckford-Ballard-Palmers, einer der wohlhabendsten und bedeutendsten Anbaufamilien Jamaikas, die 50 000 Hektar Land besaß. Marys erster Ehemann war ebenfalls ein wohlhabender Plantagenbetreiber und der Sohn des Obersten Richters gewesen.

Long hatte gemischte Gefühle gegenüber Jamaika. Als er noch ein kleiner Junge war, beschrieb ihm seine Mutter Mary die Insel oft als einen idyllischen Ort: üppige Wälder, hohe Berge, weiße Strände und klares Wasser. Von der Versklavung der Afrikaner erzählte sie ihm nichts.

Auf der Insel hatten sich Longs Eltern unschön getrennt. Longs Vater war ein Tyrann gewesen. Eines Tages hatte der Gouverneur von Jamaika, der auf der Seite der reichen Kaufleute stand, beschlossen, den Regierungssitz von St. Jago de la Vega nach Kingston zu verlegen, wo diese Kaufleute lebten. Es war klar, dass dieser Umzug das Ende von St. Jago wäre, da der Ort sonst nichts hatte. Samuel unterstützte das Vorhaben und wies seinen Sohn Charles an, das Gleiche zu tun. Doch als die Angelegenheit das Parlament erreichte, stimmte Charles, der mit den Bewohnern von St. Jago sympathisierte, dagegen. Zur Strafe enterbte ihn Samuel. Kurz darauf wurde Charles krank. Samuel scherte sich nicht darum, und Charles starb, noch bevor er sich mit seinem Vater versöhnen konnte.

Als Edward Long nach Jamaika kam, überließ ihm sein Bruder Robert die Hälfte eines Anwesens namens Longville sowie die Plantage Lucky Valley. Long lebte und arbeitete bis 1769 auf der Insel, bis ihn sein schlechter Gesundheitszustand dazu veranlasste, sich in England zur Ruhe zu setzen.

Während Long in England war, gewann die Bewegung zur Abschaffung der Sklaverei schnell an Boden. Im selben Jahr, in dem Long nach England zurückkehrte, reiste Charles Stewart, ein schottischer Plantagenbesitzer, Sklavenhändler und Zollmeister, aus geschäftlichen Gründen von Boston, wo er lebte, nach London. James Somerset, ein afrikanischer Sklave, begleitete ihn.

Im Februar 1771 ließ Stewart Somerset in London taufen. Im Oktober desselben Jahres lief Somerset von Stewart weg. Um seine Freiheit zu erlangen, wandte sich Somerset an seine Paten sowie an Granville Sharp, einen der führenden Abolitionisten Englands. Im November 1771 ließ Stewart Somerset wieder einfangen und an Bord der *Ann and Mary* in

Ketten legen, einem Schiff, das nach Jamaika fahren sollte, wohin Stewart Somerset verkaufen wollte. Als sie zwei Tage später davon erfuhren, wandten sich die Paten von Somerset an Lord Mansfield, den Obersten Richter Englands. Mansfield ließ den Kapitän der *Ann and Mary*, John Knowles, vorladen und forderte ihn auf, sich zu erklären. Im Anschluss entschied Mansfield, dass die Angelegenheit gemäß dem *Habeas Corpus*, d.h. dem Recht, nicht willkürlich verhaftet und abgeurteilt zu werden, vor Gericht geklärt werden müsse.

Der sogenannte Somerset-Fall umfasste fünf Anhörungen und dauerte fünf Monate.

Stewarts Anwälte argumentierten, dass Somerset, da er legal in Virginia gekauft worden sei, Stewarts rechtmäßiges Eigentum sei und Stewart mit Somerset machen könne, was er wolle. Dass sie sich in England befänden, ändere daran nichts. Wenn dies der Fall wäre, wäre es praktisch unmöglich, sein Eigentum ins Ausland zu transportieren. Außerdem, so Stewarts Anwälte, würde die Freilassung von Somerset bedeuten, dass auch die anderen versklavten Afrikaner auf den Schiffen in den englischen Häfen freigelassen werden müssten. Es gab zu der Zeit etwa 15 000 Sklaven, wobei jeder 50 Pfund (heute etwa 5000 Euro) wert war. Wäre es vernünftig und gerecht, so Stewarts Anwälte, den »Eigentümern« dieser Afrikaner ihren kollektiven Wert von 750 000 Pfund (heute etwa 76 Millionen Euro) wegzunehmen?

Die Anwälte von Somerset, die Granville Sharp engagiert und bezahlt hatte, argumentierten hingegen, dass es in England kein Gesetz gebe, das es einer Person erlaube, eine andere in Knechtschaft zu halten. Sobald Stewart und Somerset in England angekommen waren, galten nicht mehr die Gesetze der Kolonien, sondern die Gesetze Englands. Daher war Somerset juristisch gesehen ein freier Mann und sollte auch als solcher behandelt werden.

Der Somerset-Fall erregte landesweit Aufmerksamkeit und war häufig in den Zeitungen. Während der Anhörungen drängten sich alle möglichen Bürger des Vereinigten Königreichs – von britischen Afrikanern bis zu westindischen Plantagenbesitzern (von denen einige Stewarts Anwälte bezahlten) – in den Gerichtssaal. Offenbar waren die meisten Menschen auf Somersets Seite. In der dritten Verhandlung wurde Somersets Anwalt geduldig angehört, mit Applaus und Standing Ovations bedacht, während Stewarts Anwalt ausgebuht, verhöhnt und verlacht wurde. Er kam kaum zu Wort und musste darum bitten, sprechen zu dürfen. »Ich habe das Pech, mich an ein Publikum zu wenden, von dem ich annehme, dass der weitaus größere Teil mich im Unrecht sehen will«[7], sagte er.

Am 22. Juni 1772 entschied Mansfield, dass Stewart unrechtmäßig gehandelt habe, als er Somerset gefangen nehmen ließ, in der Absicht, ihn nach Jamaika zu verkaufen. Mit anderen Worten: Das Urteil bezog sich nur auf Stewart und Somerset, und weder der Status der Sklaverei an sich – also die Frage, ob es im Vereinigten Königreich legal war, eine andere Person als Eigentum zu besitzen – noch der Status der anderen versklavten Afrikaner auf Schiffen im Vereinigten Königreich wurde in diesem Urteil berücksichtigt. Mansfield entschied sich bewusst dagegen, ein Urteil über die Sklaverei oder die anderen versklavten Afrikaner zu fällen, um den enormen wirtschaftlichen Wert für Englands Sklavenhändler, Sklavenhalter und Plantagenbesitzer nicht zu beeinträchtigen.

Dennoch wurde die Entscheidung auf beiden Seiten des Atlantiks so interpretiert und von der Presse verbreitet, dass

Mansfield die Sklaverei im Vereinigten Königreich beendet habe. Wenige Tage nach dem Urteil feierten etwa 200 britische Afrikaner in einem Pub in Westminster, wo sie auf Mansfields Wohl anstießen. Der Abend endete mit einem feierlichen Ball.

Die westindischen Plantagenbesitzer hingegen waren bestürzt darüber, dass mehr Engländer die Sklaverei ablehnten als sie erwartet hatten. Sie waren wütend und besorgt, dass dieses Urteil der Abolitionismus-Bewegung neuen Auftrieb geben könnte, und taten alles in ihrer Macht Stehende, um dem entgegenzuwirken und sogar das Urteil selbst rückgängig zu machen.

Die Plantagenbesitzer versuchten, im Parlament einen Gesetzesentwurf durchzubringen, der das Urteil aufheben und das Gesetz wieder auf die Yorke-Talbot-Erklärung von 1729 zurückführen sollte, die besagte, dass eine versklavte Person, die entweder nach England gebracht oder dort getauft wurde, nicht automatisch frei war. Doch sie scheiterten.

Um sich dem Druck in England zu entziehen, ihre versklavten Afrikaner freilassen zu müssen, deklarierten die westindischen Plantagenbesitzer sie als »Lehrlinge«. Zudem verfassten sie ein Pamphlet nach dem anderen, in dem sie argumentierten, dass westindische Plantagen ohne Sklavenarbeit nicht rentabel und daher für Großbritannien unverzichtbar seien. Außerdem behaupteten sie, dass es in Ordnung sei, Afrikaner als Eigentum zu halten und zu behandeln, da diese von Natur aus unterlegen seien.

1772 verfasste Samuel Estwick, ein Stellvertreter der Plantagenbesitzer in Barbados, die *Considerations on the Negroe Cause*. In diesem Pamphlet sprach er sich gegen Mansfields Urteil aus und behauptete, versklavte Afrikaner hätten in England keinerlei Rechte. Er untermauerte diese Aussage mit der Behauptung, dass Afrikaner im Gegensatz zu Engländern eine nicht-menschliche Spezies seien.

Edward Long war stark von Estwick inspiriert. Unmittelbar nach seiner Rückkehr von Jamaika nach England im Jahr 1769 begann Long mit dem Verfassen der drei Bände von *The History of Jamaica*, in denen er die Wirtschaft, die Landwirtschaft, die Wohnverhältnisse, die Gesetze und die Menschen – einschließlich der Plantagenbesitzer und der versklavten Afrikaner – detailliert beschreibt.

Als Long 1772 Estwicks Traktat las, unterbrach er seine Arbeit an *The History of Jamaica*, um sein eigenes Pamphlet zu veröffentlichen: *Candid Reflections upon the Negroe Cause*. Darin vertrat er die Ansicht, Afrikaner besäßen keine Rechte, weil Gott sie als minderwertige, nicht-menschliche Spezies eigens als Sklaven erschaffen habe. Außerdem seien die Gesellschaften in Afrika derart wild und rückständig, dass es nur barmherzig sei, sie auf die Westindischen Inseln zu bringen und sie dort zur Arbeit zu zwingen.

Als Long sich wieder seiner *History of Jamaica* zuwandte, die schließlich 1774 veröffentlicht wurde, griff er diese rassistischen Argumente auf und ging sogar noch weiter. »Die Nasen [der Afrikaner] sind flach wie die eines holländischen Hundes«, schrieb er. »Ihre Lippen [sind] sehr dick und groß; ihre Zähne [sind] überaus weiß, aber sehr lang und missplatziert, einige ragen ihnen aus dem Mund wie die Hauer von Wildschweinen … Ihr Gehör ist bemerkenswert gut; ihr Geruchs- und Geschmackssinn ist wahrhaft bestialisch, ebenso wie ihr Umgang mit dem anderen Geschlecht; bei diesen Handlungen sind sie so triebhaft und schamlos wie Affen oder Paviane.«[8]

Long behauptete weiter, Afrikaner seien tückisch wie Affen, besäßen die geistigen Fähigkeiten von Orang-Utans und hätten daher weder in den Künsten noch in den Wissenschaften etwas erreicht, weshalb es ihnen an Kultur und Geschichte fehle. Zudem war er Verfechter der Ansicht, Europäer und Afrikaner gehörten unterschiedlichen Spezies an, deren Kinder so unfruchtbar wie Maultiere wären, und verurteilte ihre Vermischung. Er schrieb, dass sich vor allem Frauen der »unteren Schichten« zu Afrikanern hingezogen fühlten und von ihnen »zahlreiche Kinder« bekämen. Er fuhr fort: »Noch ein paar Generationen und das englische Blut wird mit dieser Mischung derart verunreinigt und kann sich durch die Zufälle, die Höhen und Tiefen des Lebens, so ausbreiten, dass sie sogar die mittleren und dann die höheren Schichten des Volkes erreicht, bis die ganze Nation den Portugiesen ähnelt … in der Hautfarbe und Niedertracht des Geistes.«[9]

Long bezeichnete die Afrikaner nicht nur als unmoralisch, gewalttätig gegenüber ihren Kindern, gefräßig und faul, sondern auch als »ein brutales, unwissendes, träges, verschlagenes, heimtückisches, blutrünstiges, diebisches, misstrauisches und abergläubisches Volk«[10].

Obwohl Long nicht der erste Europäer war, der sich zu der angeblich natürlichen Minderwertigkeit der Afrikaner äußerte, sorgten seine detaillierten kulturellen und biologistischen Ausführungen dafür, dass seine Vorurteile viel fundierter, wissenschaftlicher und damit glaubwürdiger wirkten, als sie tatsächlich waren. Mehr noch: Obwohl Long noch nie in Afrika gewesen war, galt er aufgrund seiner Bekanntheit und der prominenten Rolle seiner Familie in Jamaika und im Sklavenhandel, die es ihm ermöglicht hatte, Afrikaner mit eigenen Augen zu beobachten, als Experte für Afrika. Politiker, Beamte und Unternehmer befragten ihn eifrig nach seinen Ansichten zu afrikanischen Angelegenheiten und übernahmen sie ohne sie zu hinterfragen. So konsultierte der Premierminister William Pitt Long im Sommer 1788 vor der ersten Parlamentsdebatte über den Sklavenhandel. Damals schrieb Lord Hawkesbury, Pitts Präsident des Kronrats (Privy Council for Trade), an Long: »Ich habe Ihre Meinung zu [den Afrikanern, den westindischen Plantagen und dem Sklavenhandel], mit denen Sie bestens vertraut sind, ungeduldig erwartet, da ich dieser Meinung so sehr vertraue … Ich werde keine Zeit verlieren, die Bemerkungen, die Sie mir geschickt haben, zu lesen und zu prüfen.«[11] Selbst die Abolitionisten lasen, referierten auf und zitierten aus Longs Werken. Longs *The History of Jamaica* war das meistzitierte Werk in den Debatten über den Sklavenhandel.

Ein Jahrhundert lang nach der Veröffentlichung von *The History of Jamaica* zitierten und plagiierten alle möglichen bedeutenden europäischen und amerikanischen Wissenschaftler, von Ärzten bis hin zu Historikern, die darin enthaltenen rassistischen Aussagen. In seinem 1799 erschienenen Buch *Account of the Regular Gradation in Man* bediente sich der bekannte englische Arzt Charles White stark bei Long, um seinerseits darzulegen, es handle sich bei den »Rassen« der Europäer, Asiaten und Afrikaner um unterschiedliche Spezies. Afrikaner stünden, da sie evolutionär gesehen am nächsten mit den Affen verwandt seien, am unteren Ende der Hierarchie. Etwa zehn Jahre zuvor war der anti-afrikanische Teil von *The History of Jamaica* in der amerikanischen Zeitschrift *Columbia* nachgedruckt worden. Der berühmt-berüchtigte schottische Arzt Robert Knox ließ sich in seinem

1850 erschienenen Werk *Races of Men* von Long zu der These inspirieren, dass die verschiedenen »Rassen« biologisch und kulturell so unterschiedlich seien, dass man sie als verschiedene Arten betrachten sollte. Diese »Spezies« konkurrierten miteinander, aber einige seien von Natur aus besser als andere. Wenig überraschend standen ihm zufolge die Angelsachsen an der Spitze. Die »Rassen« unter ihnen seien, so Knox, unfähig, sich weiterzubilden oder Fortschritte zu erzielen, aber insbesondere die Afrikaner bedrohten die natürliche Dominanz der Angelsachsen. Die Werke von White und Knox inspirierten weitere Denker in Europa und Amerika. Aufgrund seines weitreichenden Einflusses gilt Edward Long als der Vater des modernen pseudowissenschaftlichen Rassismus.

Wenn aber Rassismus in erster Linie ein Phänomen des 18. und 19. Jahrhunderts ist, wie standen die Europäer dann in den vorangegangenen Epochen zu Afrikanern? Das ist das Thema des nächsten Abschnitts, in dem wir die Haltung der Europäer gegenüber den Afrikanern sowohl in der Antike – also zwischen dem 8. Jahrhundert v. Chr. und dem 6. Jahrhundert n. Chr. – als auch in der Renaissance – d. h. zwischen dem 14. und 17. Jahrhundert n. Chr. – untersuchen werden.

*

Sowohl in der Antike als auch in der Renaissance hielten die Europäer die Afrikaner scheinbar nicht für von Natur aus minderwertiger als jedes andere Volk.

In der Antike – genauer gesagt, zwischen dem 6. Jahrhundert v. Chr. und dem 4. Jahrhundert n. Chr. – begegneten Griechen und Römer Nubiern, die als Gesandte, Statthalter und vor allem als Soldaten dienten. Sie respektierten und fürchteten die Nubier als äußerst geschickte Krieger, die vor allem im Bogenschießen und Elefantenreiten bewandert waren. Wahrscheinlich war der Einsatz von Elefanten im Krieg sogar eine nubische Erfindung. Mit großer Wahrscheinlichkeit setzten die Nubier Elefanten auf diese Weise vor den Nordafrikanern und den Mittelmeeranrainern ein. Die Griechen und Römer (wie auch die Ägypter und Perser) heuerten daher Nubier als Söldner an oder ermutigten sie, sich ihren Armeen anzuschließen. In Griechenland schmückten die Darstellungen nubischer Soldaten Vasen.

Die Griechen und Römer charakterisierten Nubier auch als weise, edel, gerecht und fromm, ihre Städte als beeindruckend und ihre Gesellschaft als wohlhabend, fortschrittlich und einflussreich. So vermerkte der griechische Geschichtsschreiber Herodot aus dem 5. Jahrhundert v. Chr. über die Frömmigkeit der Nubier, sie würden Zeus (also Amun) und Dionysos (Osiris) verehren. Zudem bezeichnete er Meroë als eine »große Stadt«[12]. Herodot äußerte sich auch sehr angetan über die »Makrobier« – der griechischen Mythologie zufolge vermutlich Äthiopier oder Somalier –, sie seien das größte und schönste Volk der Erde, und ihr König sei überaus gerecht. Der griechische Historiker Diodorus Siculus aus dem 1. Jahrhundert v. Chr. hatte nubische Gesandte in Ägypten getroffen. Er schrieb, die Nubier seien erstklassig, weise und fromm, weshalb die Götter sie begünstigten. Er erwähnte weiterhin, dass sie viele ägyptische Bräuche erfunden hatten, darunter bestimmte Bestattungsrituale, die Rolle der Priester sowie die Gestaltung von Statuen und Schriftformen. Der griechische Geograf Strabo aus dem 1. Jahrhundert v. Chr. lobte den nubischen Herrscher Piankhy aus dem 8. Jahrhundert v. Chr. und führte ihn in seiner Liste der größten Eroberer der Welt. In seinem Liebesroman *Aethiopica* (»*Äthiopische Geschichte*«) aus dem 4. Jahrhundert n. Chr. beschreibt der syrisch-griechische Autor Heliodorus von Emesa den nubischen König Hydaspes als großzügig, gerecht und friedsam. Hydaspes weigerte sich, seine Feinde zu töten, und befahl seinen Soldaten, sie gefangen zu nehmen. Er verbot auch Menschenopfer und lehnte es ab, in fremde Länder einzumarschieren, da er weder das Land noch die Ressourcen begehrte. Der römische Geschichtsschreiber des 1. Jahrhunderts n. Chr., Flavius Josephus, beschrieb Meroë als einen mächtigen, unabhängigen Staat. Sein Zeitgenosse, der römische Philosoph Seneca der Jüngere, beschrieb die Nubier als gerecht. Zur selben Zeit beschrieb der römische Naturforscher Plinius der Ältere sie als weise.

Auch im Europa der Renaissance wurden dunkelhäutige Afrikaner im Allgemeinen nicht diskriminiert. Wie im frühen Virginia führten afrikanische und europäische Bedienstete ein ähnliches Leben. Afrikaner mit besonderen Talenten oder Fähigkeiten wurden wertgeschätzt und konnten in unterschiedlichsten gesellschaftlichen Bereichen hoch aufsteigen. Talentierte Geschichtenerzähler wurden zu bedeutenden Dichtern und Predigern. Große Krieger wurden zu Waffenmeistern oder dienten in der Armee – und konnten sogar den Rang des Hauptmannes bekleiden. Begabte Trommler wurden zu Hofmusikern.

Außerdem wurden afrikanische Herrscher und Botschafter mit ebenso viel Pomp und Zeremoniell empfangen wie die europäischen. Der Mythos vom Priesterkönig Johannes – der im Mittelalter ein mächtiger König im heutigen Äthiopien gewesen sein soll, der das Christentum predigte – und die Darstellungen von Balthasar, einem der Heiligen Drei

Könige, als dunkelhäutigem Afrikaner, zeugen von der Anerkennung der Existenz reicher, kultivierter und bedeutender afrikanischer Zivilisationen.

Wie wir gleich am Beispiel von Alessandro de' Medici sehen werden, konnten Menschen afrikanischer Abstammung im Europa der Renaissance sogar zu Herrschern werden. Alessandro wurde 1512 unehelich in Florenz geboren. Sein Vater war offiziell Lorenzo di Piero de' Medici (einige vermuten auch Papst Clemens VII.), und seine Mutter war Simonetta da Collevecchio, die im Haushalt der Medici gearbeitet hatte und der aufgrund ihres dunklen Teints nachgesagt wurde, eine ehemalige afrikanische Sklavin oder zumindest afrikanischer Abstammung zu sein.

1516 wurde Lorenzo der oberste Vertreter der Medici in Florenz und im Grunde der Herrscher von Florenz. Sein Vorgänger und Onkel, Giuliano de' Medici, hatte nur einen Sohn, der 1511 – ebenfalls unehelich – geboren wurde und aus einer Beziehung mit einer Adeligen aus Urbino stammte. Der Name dieses Sohnes war Ippolito.

Als Lorenzo 1519 starb, waren Alessandro und Ippolito die einzigen Medici, die ihm nachfolgen konnten. Das einzige Kind, das Lorenzo mit seiner Frau hatte, war eine Tochter namens Caterina.

So wurde Ippolito, der älter war als Alessandro, als Erbe eingesetzt und Alessandro als »Reserve«. An dem Tag, an dem Lorenzo starb, wurden beide legitimiert. Ippolito wurde zum Erzbischof von Avignon ernannt. In der Zwischenzeit erhielt Alessandro im römischen Haus von Alfonsina, seiner wohlhabenden Großmutter väterlicherseits, eine erstklassige Ausbildung. Er war für eine Laufbahn beim Militär oder das Papsttum bestimmt. 1522 wurde Alessandro zum »Erlauchten Herzog der Stadt Penne«[13] ernannt. 1524 wurde Ippolito de' Medici von Papst Clemens VII. nach Florenz entsandt und im Palast der Medici untergebracht, wo er mit der politischen Elite bekannt gemacht und mit wichtigen staatlichen Aufgaben betraut wurde, darunter die Teilnahme an Ratssitzungen und das Treffen von Botschaftern.

Doch eine Wende im Schicksal der Medici sollte alles verändern.

Im Mai 1527 meuterten in Rom die Soldaten von Karl V. – König von Spanien und Kaiser des Heiligen Römischen Reiches, was hieß, dass er auch über Deutschland und die Niederlande herrschte –, weil sie angeblich nicht bezahlt worden waren. Sie belagerten Papst Clemens VII. (bürgerlich Giulio de' Medici) in der Engelsburg und plünderten Rom. Als die Nachricht von diesen Ereignissen Florenz erreichte, wurden die Medici und ihre Anhänger von republikanischen Gegnern aus dem Amt gejagt. Ippolito wurde heimlich in eine Villa in der Nähe von Florenz gebracht.

Clemens gelang die Flucht in die winzige, auf einem Hügel gelegene Stadt Orvieto, nördlich von Rom. Etwa ein halbes Jahr später, als Clemens' französische Verbündete den Aufstand der meuternden Soldaten niederschlugen, kehrte er nach Rom zurück. Dennoch war er bestürzt über die veränderten Verhältnisse bei den Medici. Anfang 1529 wurde er todkrank. Da Florenz so gut wie verloren war, machte Clemens Ippolito nicht zum dortigen Stadthalter der Medici, sondern zum Kardinal, in der Hoffnung, er würde eines Tages Papst werden.

Wider Erwarten erholte sich Clemens jedoch wieder. Im Sommer 1529 schloss er ein Friedensabkommen mit Karl V., den Vertrag von Barcelona. Im Gegenzug dafür, dass Papst

Clemens VII. Karl V. mehr Macht in Italien gab, würde dieser den Medici helfen, Florenz zurückzugewinnen. Um diesen Vertrag zu besiegeln, wurde Alessandro, der nun der einzige Medici-Erbe war, der heiraten und Florenz nach der Rückeroberung regieren konnte, mit Karls Tochter Margarethe, die damals erst sieben Jahre alt war, verlobt. Die beiden wurden 1536 verheiratet.

Im August 1529 kam Karl V. auf dem Weg nach Bologna durch Genua, wo ihn Alessandro und Ippolito, die zur Delegation gehörten, begrüßten. Ab Oktober 1529 belagerten die Truppen von Karl V. Florenz. Im August 1530 kapitulierten die Republikaner, nachdem ihnen die Ressourcen ausgingen. Als Gegenleistung für ihre Begnadigung ließen die Republikaner die Medici nach Florenz zurückkehren, und Karl V. bestimmte die neue florentinische Regierung.

In der Zwischenzeit wurden Zeremonien abgehalten, um den Vertrag von Barcelona zu formalisieren. Alessandro, der künftige Schwiegersohn Karls V. und Herrscher von Florenz, erhielt dabei wichtige Aufgaben. Bei den Feierlichkeiten am Heiligabend wurde ihm etwa die Ehre zuteil, das Wasser zu tragen, mit dem sich der Papst wusch. Dies war die prestigeträchtigste Aufgabe, die ein Nicht-Geistlicher übernehmen konnte, und machte Alessandro, neben Karl V., zum ranghöchsten anwesenden Laien.

Am 22. Februar 1530 wurde Karl in Bologna die Eiserne Krone der Lombardei von Papst Clemens VII. aufgesetzt – seine Krönung zum König von Italien. Die Krönung zum Kaiser des Heiligen Römischen Reiches folgte zwei Tage später, bei der Alessandro das Privileg zuteilwurde, den Reichsapfel zu tragen.

Der inzwischen 18-jährige Alessandro war gutaussehend, sportlich und vor allem charmant. »[Er ist] gut gebaut, stämmig, dunkelhäutig und hat eine große Nase«[14], schrieb ein italienischer Beobachter. »Er scheint klug zu sein und besitzt folgende Eigenschaft: Er versteht sich besser darauf, dem Wesen und Willen von [Papst Clemens] entgegenzukommen, als [Ippolito]«, schrieb der venezianische Botschafter im Jahr 1531. »[Papst Clemens] hat mir offen gezeigt, dass er [Alessandro] liebt und ihn besonders schätzt.«[15] Und auch die Damen liebten Alessandro. Beobachter kommentierten, wie sie sich um ihn scharten und wie er sie verführte. Andere munkelten, Alessandro schliefe sich durch ganz Florenz, angefangen bei verheirateten Aristokratinnen über weniger adlige alleinstehende Frauen bis hin zu Jungfrauen in Klöstern, aber die Belege hierfür sind dürftig.

Alessandros Ernennungen machten ihn außerordentlich wohlhabend. Er hatte mehr als 200 Höflinge, die alle teure Seide, Satin und Samt trugen. Zu diesen Hofleuten gehörten vierzehn Bedienstete (von denen jeder bis auf einen seinen eigenen persönlichen Diener hatte), fünf Kapläne, sechzehn Pagen und ihre Herren, ein Kürschner, ein Waffenschmied, ein Schneider, ein Schuhmacher, ein Maler, ein Edelsteinschleifer, ein Vergolder, ein Zahlmeister, ein Sommelier, ein Barbier, einen Streitkolbenträger, vier Herolde, ein Fechtmeister, über fünfzig Leute, die sich um Alessandros Pferde und Hunde kümmerten, Soldaten, Boten, Küchenpersonal, Musiker und ein Hofnarr. Als passionierter Jäger besaß Alessandro auch eine umfangreiche Waffensammlung, darunter vergoldete Handfeuerwaffen und Zweihandschwerter.

Ende 1530 lud Karl V., der von Alessandro sehr beeindruckt war, ihn auf seine Deutschlandreise ein. Alessandro sollte nur etwa eine Woche bleiben, aber er bezauberte seinen zukünftigen Schwiegervater so sehr, dass dieser ihn überredete, länger zu bleiben. Insgesamt verbrachte Alessandro sechs Monate bei Karl V. »Viele schreiben, der Kaiser liebe [Alessandro] sehr – nicht nur als Schwiegersohn, sondern wie einen Sohn«[16], betonte ein italienischer Beobachter.

Karl und Alessandro reisten auch in Karls andere Hoheitsgebiete, wie Belgien, wo sie sich der Kulinarik, dem Kampf und der Jagd widmeten. Bei einem Turnier zerbrach Alessandro vierzehn Lanzen. »Beim Tjosten hat sich niemand besser geschlagen als Herzog Alessandro«, schrieb ein italienischer Beobachter in der belgischen Stadt Gent. »Das macht mich stolz, Italiener zu sein, vor allem, wenn ich höre, wie die Spanier ihn loben.«[17]

Nur einen Monat nach ihrer gemeinsamen Reise verkündete Karl V., dass eine Medici-Dynastie, die von Alessandro und Karls Tochter Margarethe angeführt und an deren Kinder weitergegeben werden sollte, Florenz regieren würde. Zudem kündigte er an, er werde dieser Dynastie seine volle politische und militärische Unterstützung gewähren.

Im Sommer 1531 kehrte Alessandro nach Florenz zurück.

Zum Abschied schenkte Karl V. ihm ein maurisches Schwert mit einer Scheide und einem Griff aus purem Gold, ein Paar edle Pferde, kunstvolle Geschirre und ein goldenes Paar Sporen im maurischen Stil. Margarethe schenkte ihm eine Goldkette mit einem Rubinanhänger.

In Florenz wurde Alessandro sehnsüchtig von der Menge erwartet. Überglücklich über seine Rückkehr und den Frieden, den Karl V. zwischen den Medici und den Republikanern geschlossen hatte, nahmen die Florentiner an Maskenbällen teil, zündeten Feuerwerkskörper und feuerten Salutschüsse ab.

An dem Tag, an dem Alessandro offiziell zum Herzog von Florenz ernannt werden sollte, reiste er zusammen mit dem Botschafter Karls V. in Italien und dem päpstlichen Nuntius (einem Gesandten des Papstes) zum Palazzo Vecchio – dem Machtzentrum der Florentiner Regierung. »*Palle, Palle*, Medici, Medici, *Viva, Viva*[!]«[18] (»Es leben die Medici!«) rief die Menge.

Im ältesten Teil des Palazzo Vecchio versammelten sich der Stadtrat und die Magistrate von Florenz. Sowohl der Botschafter Karls V. als auch der Kanzler von Florenz verkündeten die Entscheidung Karls V. für die Herrschaft der Stadt, die, wie ein Beobachter schrieb, mit »allgemeiner Zufriedenheit«[19] angenommen wurde.

Daraufhin wurde Alessandro der Schlüssel zu den Festungen von Florenz ausgehändigt. Dann hielt er eine Rede, in der er Karl V. dankte und sich zu Treue und ewigem Dienst ihm gegenüber verpflichtete. Den Bürgern von Florenz versprach er, so ein Beobachter, »vollumfängliche Gerechtigkeit und ein tadelloses Verhalten, das er seinem Vaterland schuldete … einem Vaterland, das ihn zu einer solchen Ehre und einer immerwährenden Herrschaft auserwählt hatte und das so edel und würdevoll und voll von so ausgezeichneten Persönlichkeiten und Schätzen war.«[20]

Nach der Zeremonie spendete Alessandro an religiöse Einrichtungen und kündigte eine Senkung des Getreidepreises an. Überall in der Stadt wurden Feuer angezündet. Gefangene wurden begnadigt. Messen wurden abgehalten.

Papst Clemens VII. war von Alessandros Leistungen absolut begeistert. Nachdem dieser als Herzog von Florenz eingesetzt wurde, arbeitete Clemens hinter den Kulissen daran, Alessandros Macht noch weiter auszubauen. Dies nährt die

Theorie einiger Zeitgenossen und Historiker, wonach Clemens der leibliche Vater Alessandros war.

1532 drängte Clemens auf eine Reform der florentinischen Verfassung und beseitigte damit alle noch bestehenden Kontrollmechanismen, die Alessandro hätten aufhalten können. Die Oberste Magistratur – ein Regierungsgremium, das sich aus Alessandro, seinem Stellvertreter und einer Handvoll Ratsmitglieder zusammensetzte – erhielt unbegrenzte Macht, einschließlich der Möglichkeit, handverlesene Personen als Mitglieder der florentinischen Räte zu ernennen. Aufgrund dieser Veränderungen war Alessandro nicht mehr nur der oberste Vertreter der Medici in Florenz, sondern wurde am 1. Mai 1532 offiziell zum Herzog der Stadt. Er war der Erste, der den Titel »Herzog von Florenz« erhielt.

Wie aus den obigen Ausführungen hervorgeht, wurde Alessandro in Europa aufgrund seiner vermeintlich afrikanischen Abstammung nicht diskriminiert, ja, sie wurde kaum thematisiert, und das zu einer Zeit, als einige Europäer Afrikaner versklavten und verschleppten.

Alessandros Herkunft hinderte Clemens nicht daran, ihn zu legitimieren, ihn zu einem Herrscher auszubilden, ihn zum Medici-Erben und zum Herzog von Florenz zu machen und ihn gegenüber Ippolito zu bevorzugen. Alessandros Abstammung hinderte auch Karl V. nicht daran, ihn als Medici-Erben zu akzeptieren, Zeit mit ihm zu verbringen, ihn zu lieben, ihn mit seiner Tochter zu verheiraten und ihn an die Spitze einer neuen florentinischen Dynastie zu setzen.

Selbst diejenigen, die sich gegen Alessandro stellten, erwähnten seine vermuteten afrikanischen Wurzeln kaum und führten diese nie als Grund dafür an, weshalb er in ihren

Augen nicht als Herrscher infrage kam. Das einzige Problem, das diese Gegner mit Alessandro hatten, war, dass er von einer Dienerin, also keiner Adligen, abstammte. Dass sie mutmaßlich Afrikanerin war, spielte dabei keine Rolle. In der Renaissance kamen versklavte Menschen aus aller Welt nach Italien, die aus Arabien, der Türkei, dem Balkan sowie Nord- und Westafrika verschleppt worden waren. Alessandros Mutter hätte genauso gut eine griechische, türkische oder osteuropäische Dienerin sein können, und seine Gegner hätten ihm das trotzdem vorgeworfen. Um zu betonen, dass Alessandros Blut weder zu 100 Prozent adlig noch italienisch war, nannten sie ihn manchmal »das Maultier« oder »il moro«. Letzteres war eine Bezeichnung, die Europäer für sämtliche Südländer verwendeten, von dunkelhäutigen Ostafrikanern über hellhäutige Nordafrikaner bis hin zu andalusischen Muslimen mit olivfarbener Haut.

Selbst Ippolito, der zu Alessandros erbittertstem Feind wurde, war ihm gegenüber nicht rassistisch eingestellt. Wie wir noch sehen werden, wenn wir Ippolitos Geschichte verfolgen, war er vor allem eifersüchtig.

*

Im Jahr 1537, im Alter von nur 26 Jahren, wurde Alessandro brutal ermordet.

Ippolito hatte immer die Position als Herzog von Florenz begehrt und sah diese als sein Geburtsrecht an, obwohl auch er ein unehelicher Sohn der Medici war. Nicht nur war er älter als Alessandro, sondern meinte auch deshalb einen größeren Anspruch auf dieses Amt zu haben, da seine Mutter eine Adelige und keine einfache Dienerin war. Außerdem war sein Vater, Giuliano de' Medici, der ältere Onkel von Alessandros Vater, Lorenzo de' Medici, und bereits zuvor Hauptvertreter der Medici in Florenz gewesen.

Ippolito stand auch mit der Kirche auf Kriegsfuß, da er nie Papst werden wollte, geschweige denn Kardinal. 1530 schwänzte er die regelmäßige Sitzung des Kardinalskollegiums und ging stattdessen auf die Jagd. Dies verärgerte Papst Clemens VII., der Ippolitos Fehlverhalten als beschämend für die Medici empfand. Um Ippolito dafür zu bestrafen, drehte ihm Clemens den Geldhahn ab und weigerte sich, seine Schulden zu bezahlen. Kurz zuvor hatte Clemens Alessandro zum Statthalter der italienischen Stadt Spoleto ernannt, was Alessandros Einkommen erhöht hatte.

Im April 1531 reiste Ippolito mit einigen Vertrauten von Rom nach Florenz. Es gab Gerüchte, dass er die Eroberung von Florenz plante und dass der französische König – ein Feind Karls V. – ihn unterstützte. Clemens war alarmiert und befahl dem Kommandanten von Florenz, seine Truppen bereitzustellen. Der Papst war außer sich vor Wut, denn Ippolito bedrohte das Abkommen, den Frieden von Barcelona aus dem Jahr 1529 –, das er mit Karl V. geschlossen hatte. Clemens schickte daraufhin einen Kardinal, um seinen Neffen abzufangen. Ippolito erklärte dem Kardinal, er wolle nur mit Alessandro sprechen. Aber das war wahrscheinlich eine Lüge, denn zu diesem Zeitpunkt war Alessandro mit Karl V. auf Europareise, und jeder, der Clemens nahestand, wusste das. Um Ippolito zur Rückkehr nach Rom zu bewegen, beglich Clemens seine Schulden und erhöhte sein Einkommen.

Doch im Juli 1532, als Clemens schmerzlich erkannte, dass Ippolito weiterhin Unruhe stiften würde, zumal Alessandro nun wieder in Florenz war, schickte er ihn als *Legat a latere* – ein äußerst prestigeträchtiges Amt, das es ihm gestattete, als persönlicher Gesandter des Papstes in einem bestimmten Gebiet aufzutreten – nach Ungarn, wo sich Karl V. aufhielt.

Im Oktober 1532 marschierten Karls italienische Truppen, verärgert darüber, dass sie nicht bezahlt worden waren, von Ungarn aus zurück nach Italien. Ippolito nutzte die Gelegenheit, heimlich nach Florenz zurückzukehren, und folgte ihnen. An einem Punkt während des Marsches ritt Ippolito vor 400 Kanonieren. Die Offiziere Karls V. dachten, Ippolito führe die Kanoniere bei einem Angriff auf Florenz an, und nahmen ihn fest.

Clemens war gedemütigt.

Beinahe weinend beschwerte er sich bei den Botschaftern Karls, dass er nicht respektiert werde. Diese erwiderten, dass die Verhaftung ein Missverständnis gewesen sei und Karl, der nichts davon wusste, sie auch nicht angeordnet habe. Die Botschafter fügten jedoch hinzu, dass es wahrscheinlich vernünftig gewesen sei, Ippolito zu verhaften, da jeder wusste, dass er Florenz für sich wollte und sehr wohl einen Angriff hätte anführen können. Auf Anordnung von Karl V. wurde Ippolito freigelassen. Er ging nach Venedig, wo er sich mit einer Kurtisane tröstete und mit florentinischen Verbündeten den Sturz Alessandros plante.

Im Januar 1534 kehrte Ippolito verärgert, mit einem Abszess am Bein und Syphilis nach Rom zurück. Im Sommer 1534 schickte er Medici-Abgesandte aus, um Karl V. zu fragen, was er davon hielt, Alessandro als Herzog von Florenz durch Ippolito zu ersetzen. Karl V. antwortete, ein solcher Wechsel würde Florenz nur instabil machen, und Ippolito solle lieber Kardinal bleiben. Wenn Ippolito sich benehme, so Karl, werde er die Wahl von Ippolito zum Papst eher unterstützen.

Doch im September 1534 starb der erkrankte Papst Clemens VII., und der neue Papst Paul III., der nicht aus dem Hause Medici stammte, wollte seine eigenen Familienmitglieder fördern und drängte Ippolito ins Abseits. Nun, da seine Aussicht, Papst zu werden, so gut wie zunichte war, versuchte der zunehmend verzweifelte Ippolito, Alessandro ermorden zu lassen. Das Komplott wurde jedoch aufgedeckt, der Auftragsmörder verhaftet und gefoltert, bis er gestand. Sein Geständnis und seine Zugehörigkeit zu einer bedeutenden Florentiner Familie führten dazu, dass sein Leben verschont blieb. Papst Paul III. nutzte das Komplott jedoch als Vorwand, um Ippolito aus Rom zu verbannen. Erst als sich einige römische Adlige beschwerten, durfte Ippolito zurückkehren.

Im August 1535 machte Ippolito auf dem Rückweg nach Rom in einem Haus in Itri Halt, einer kleinen Stadt auf halbem Weg zwischen Rom und Neapel. Er aß ein leichtes Abendessen mit Hühnerbrühe und Brot. Kurz darauf wurde er krank und starb wenige Tage später. Die Todesursache ist nicht geklärt, es gab aber Vermutungen, dass Alessandro oder Paul III. ihn haben vergiften lassen.

In seinem Todeskampf hatte Ippolito den Verwalter Giovanni Andrea beschuldigt. Nachdem Ippolito gestorben war, folterten seine Diener Andrea, banden ihm die Hände auf den Rücken und hängten ihn an den Handgelenken auf, bis er sich die Schultern auskugelte. Andrea gestand, dass Alessandros Höfling ihm befohlen hatte, Ippolito zu vergiften, mit den Worten, dies geschehe zu Alessandros »großem Vergnügen«[21].

Alessandros Regierung bestach oder bedrohte daraufhin einen hochrangigen römischen Richter, das Geständnis von

Andrea für ungültig zu erklären, weil es durch Folter erlangt worden war. Sie bestachen oder bedrohten auch den Arzt, der die Autopsie von Ippolito durchgeführt hatte, damit er seine Aussage, er habe Gift entdeckt, änderte. Nachdem Andrea freigelassen worden war, brachte man ihn nach Florenz, wo er unter Alessandros Schutz blieb.

Nun, da Ippolito tot war, glaubte Alessandro fälschlicherweise, dass er keine Bedrohung mehr darstellte und wurde unachtsam. Alessandro vergaß, dass es immer noch einige von Ippolitos entschlossenen Anhängern gab. Einer davon war Lorenzo di Pierfrancesco de' Medici, genannt Lorenzino (»Kleiner Lorenzo«), ein entfernter Cousin von Alessandro und Ippolito.

Lorenzino wurde 1514 geboren und gehörte zum jüngeren Zweig der Medici. Er war blass, gut erzogen und intelligent. Mit achtzehn Jahren beherrschte er fließend Latein und Griechisch. Die Leute nannten ihn »den Philosophen«. Lorenzinos Familie und die wichtigsten Mitglieder der Medici-Familien verstanden sich nicht gut. Der damalige Papst Clemens, selbst ein bedeutendes Mitglied der Medici-Familie, unterstützte Lorenzinos Familie finanziell kaum und weigerte sich sogar, ein Darlehen von Lorenzinos Onkel vollständig zurückzuzahlen. Dann widerrief Clemens 1533 Lorenzinos Ernennung zum Statthalter von Fano, einer Stadt in Ostitalien, und übertrug sie stattdessen einem Kardinal, der ihn bestochen hatte.

1534 schlug Lorenzino heimlich die Köpfe mehrerer römischer Statuen ab. Der verärgerte Clemens, der nicht ahnte, dass Lorenzino dahinter steckte, ordnete an, dass der Schuldige, sobald er gefunden würde, ohne Gerichtsverfahren hingerichtet werden sollte. Ippolito, der herausgefunden hatte, dass es sich bei dem Täter um Lorenzino handelte, teilte dies Clemens unter vier Augen mit. Aber er flehte Clemens auch an, Lorenzino zu schonen, da er noch jung sei, nur Büsten wie seine Vorfahren haben wolle und sich mit der Zeit ändern werde. Nicht so sehr durch Ippolitos Appell überzeugt, sondern aus dem Wunsch heraus, die Medici nicht weiter in Skandale zu verwickeln, ließ Clemens die Angelegenheit fallen und verschonte Lorenzino.

Doch es sprach sich herum, dass Lorenzino der Schuldige war. Die römischen Gesetzgeber, die noch wütender als Clemens über diesen Vandalismus waren, verbannten Lorenzino aus Rom und verfügten, dass jeder Römer, der ihn tötete, nicht nur der Strafe entgehen, sondern auch belohnt werden würde. Lorenzino floh nach Florenz und konnte sich Alessandros Gefolge anschließen.

Alessandro und Lorenzino wurden bald gute Freunde, und Lorenzino erklärte sich sogar bereit, für den Herzog zu spionieren. Aber da Ippolito ihm im Grunde das Leben gerettet hatte, galt Lorenzinos wahre Loyalität stets Ippolito. So wurde Lorenzino zu einem Doppelagenten, der vorgab, für Alessandro zu spionieren, während er in Wirklichkeit Alessandro ausspionierte und nach einer Gelegenheit suchte, ihn loszuwerden.

Zwei Jahre nachdem Ippolito 1535 unerwartet verstorben war, machte Lorenzino sich ans Werk. In der Nacht des 5. Januar 1537 überzeugte Lorenzino Alessandro davon, dass Caterina de' Ginori, eine schöne Adlige, deren Ehemann sich geschäftlich in Neapel aufhielt, dazu gebracht werden könnte, mit Alessandro zu schlafen, und schlug ein Treffen vor. Lorenzino sagte Alessandro, er solle in sein – Lorenzinos – Zimmer in Alessandros Palast gehen, derweil werde er Caterina durch den Hintereingang hereinschmuggeln. Als Alessandro Lorenzinos Zimmer erreichte, legte er sein Schwert ab, legte sich aufs Bett und schlief bald ein.

Lorenzino betrat den Raum, nahm Alessandros Schwert vom Bett und ließ seinen Diener und Komplizen Piero di Giovannabate (genannt Scoronconcolo) herein. Gemeinsam schlichen sie sich an den schlafenden Alessandro heran. Lorenzino zog sein Schwert und stach es Alessandro in den Bauch. Alessandro stürzte nach vorne und wollte zur Tür flüchten. Doch Scoronconcolo zog sein Messer und schlitzte Alessandros linke Wange auf. Lorenzino stieß seinen Cousin zurück auf das Bett und sprang auf ihn. Mit der Hand bedeckte er Alessandros Mund, um seine Schreie zu ersticken. Alessandro biss Lorenzino in den Daumen und Lorenzino rollte von ihm herunter. Während Alessandro und Lorenzino miteinander kämpften, zielte Scoronconcolo sorgfältig mit seinem Messer und schnitt Alessandro die Kehle durch. Der Boden war blutüberströmt. Die Attentäter flohen. Einen Monat später wurde Alessandro neben seinem Vater, Lorenzo de' Medici, beigesetzt.

Lorenzino schaffte es nach Mirandola, eine Stadt in Norditalien. Als man seine Rolle bei der Ermordung von Alessandro aufdeckte, wurde er in Florenz zur *Persona non grata*. Die Florentiner bezeichneten ihn als Verräter und gaben ihm den Spitznamen »Lorenzaccio« (»böser Lorenzo«). Über den Toren von Florenz' Festung malte jemand Lorenzino, der an einem Fuß aufgehängt war. Die florentinische Regierung setzte ein Kopfgeld auf ihn aus. Da er nicht nach Florenz zurückkehren konnte, zog Lorenzino zehn Jahre lang durch Italien, die Türkei und Frankreich und versuchte, eine Koalition zu bilden, die die Regierung von Florenz besiegen sollte. Die ganze Zeit über verfolgten ihn die Spione von Karl V. Im Jahr 1548 ermordeten sie Lorenzino.

In diesem Kapitel haben wir gesehen, dass Rassismus ein Phänomen der Neuzeit ist und in der Geschichte der afrikanischen Völker über lange Zeit keine Rolle spielte. Vorstellungen davon, Afrikaner seien von Natur aus minderwertig, kamen vor allem in Westeuropa im 18. und 19. Jahrhundert auf. Insbesondere Edward Long propagierte in seiner *History of Jamaica* einen extremen Rassismus. Aber wie wir aus der Geschichte von Alessandro de' Medici aus dem 16. Jahrhundert wissen, konnte ein Afrikaner in einer mächtigen Familie legitimiert werden, mit einer europäischen Prinzessin verheiratet werden und sogar ein europäischer Herrscher werden.

Nachdem wir in diesem Kapitel das weitverbreitete historische Missverständnis aufgeklärt haben, Rassismus sei ein uraltes Phänomen, werden wir in unserem letzten Kapitel ein weiteres angehen, nämlich die Vorstellung, dass im 17. und 18. Jahrhundert afrikanische Herrscher, genau wie europäische Kaufleute auch, versuchten, vom transatlantischen Sklavenhandel zu profitieren. Wie ein afrikanischer König – Agaja aus dem Königreich Dahomey (das heute Teil von Benin ist) – nicht nur versuchte, nicht von diesem Handel zu profitieren, sondern ihn sogar zu verhindern, soll dabei im Fokus stehen.

10

Das Ende der Sklaverei auf afrikanischer Seite

Der 1673 geborene Agaja wurde 1708 zum König von Dahomey gekrönt.

Agaja war von durchschnittlicher Größe, breitschultrig und muskulös, galt als gut aussehend und majestätisch, trotz der Pockennarben im Gesicht.

Außerdem war er charmant und großzügig. »Obwohl ich nichts für [Seine Majestät] tue, hat er mir Obdach und ein halbes Dutzend Diener und Dienerinnen gegeben«[1], schrieb Bulfinch Lambe, ein Vertreter der Royal African Company, der drei Jahre lang bei Agaja lebte. »Seine Majestät hat [auch] angeordnet, mir ein Pferd zu besorgen, und mich eingeladen, ihn bei seinen Ausritten zu begleiten.«[2] »Er ... zeigt große Gastfreundschaft gegenüber allen [afrikanischen] Fremden und ist äußerst freundlich zu einigen Malaien, die sich gerade hier aufhalten.«[3]

Agaja war neugierig, intelligent und lebenslustig. Er brachte sich selbst das Lesen und Schreiben auf Englisch bei. »[Er] erfreut sich [auch] sehr an kleinen Spielereien und Einfällen«[4], heißt es bei Lambe. »Seine Majestät ... [hat] einmal den größten Teil [meines] Papiers von mir bekommen, weil er die Idee eines Drachens im Kopf hatte, und obwohl ich ihm sagte, damit spielten nur Kinder, sagte er, ich müsse einen für ihn und [mich] zum Spielen bauen.«[5]

Zudem war Agaja außerordentlich wohlhabend. Er besaß elf Paläste, von denen zwei, so Lambe, »im Umfang größer waren als der St. James's Park [in London.]«[6] Zwischen diesen Palästen wurde Agaja in »einer feinen Hängematte mit einem vergoldeten Baldachin und Vorhängen«[7] hin- und hergetragen. Er besaß auch »große Mengen von Tellern, bearbeitetem Gold und anderen kostbaren Dingen, auch alle Arten von feinen Kleidern, Mänteln, Hüten, Mützen … [und] Branntwein[.]«[8] Überdies hatte er »mindestens 2000 Frauen … [die] seidene, taillierte Kleider tragen[.]«[9]

Wenn Agaja Hof hielt, trug er, wie Archibald Dalzel, ein schottischer Arzt, Sklavenhändler und Historiker aus dem 18. Jahrhundert, festhielt, »ein golddurchwirktes Gewand, das ihm bis zu den Knöcheln reichte, [einen] europäischen bestickten Hut und Sandalen an den Füßen«[10]. Er saß auf »einem feinen goldenen Thron«[11] und »drei große Schirme … wurden ihm von Frauen über den Kopf gehalten, um ihn vor der Sonne zu schützen … [Diese] Frauen waren fein gekleidet … ihre Arme waren mit vielen großen … goldenen Armbändern geschmückt … und um ihre Hälse und in ihren Haaren befanden sich eine Fülle von Perlen in verschiedenen Farben.«[12]

Nicht zuletzt war Agaja ein hochqualifizierter und skrupelloser Anführer und militärischer Befehlshaber, der über eine der besten westafrikanischen Armeen jener Zeit verfügte. »[Diese Armee] war nicht sehr groß …, aber es handelte sich um ausgewählte Truppen, die mutig und diszipliniert waren und von erfahrenen Offizieren geführt wurden«[13], schrieb ein französischer Beobachter. »[Agajas Truppen waren] bewaffnet mit Musketen, Schwertern und Schilden und waren in Kompanien aufgeteilt, die jeweils ihre eigenen

Offiziere und Fahnen hatten«[14], berichtete Dalzel. »Sie marschierten sehr viel geordneter als … man je zuvor gesehen hatte.« Agaja hatte auch sein eigenes Spionagenetz, das *Agbadjigbeto*. »[Er hat auch] 25 Kanonen, von denen einige mehr als 1000 Pfund wiegen«[15], schrieb Lambe.

In den 1720er-Jahren fiel Agaja in die nahe gelegenen Königreiche Allada und Whydah ein. Allada galt damals als »Vaterkönigreich« von Dahomey und Whydah, da die Könige dieser Reiche einer Überlieferung zufolge von einem Prinzen abstammten, der einst nach Allada ausgewandert war und dort herrschte. Da die Allada-Könige den Thron des ursprünglichen Vorfahren besetzten, wurden sie als die »Väter« der Könige von Dahomey und Whydah angesehen. Dies bedeutete, dass Letztere den Ersteren traditionell Respekt und Ehrerbietung entgegenbringen mussten. Sowohl Dahomey als auch Whydah zahlten sogar Tribute an Allada.

Allada war, wie Dalzel betonte, »wunderschön … reich an Hügeln und Tälern … [und hatte eine] Armee von über 50 000 Mann«[16]. Whydah hingegen war ein »großer Park«[17], dessen »Schönheit und Fruchtbarkeit fast unbeschreiblich waren«[18]. »Mit seinem reichhaltigen und gut von [seinen] Bewohnern bestellten Boden, sah [Whydah] aus wie ein einziger Garten«[19], heißt es bei William Snelgrave, einem englischen Sklavenhändler des 18. Jahrhunderts. »[Es] schien voller Städte und Dörfer zu sein«[20], fuhr Snelgrave fort, und war, wie Dalzel es beschrieb, »so stark bevölkert, dass ein Dorf so viele Einwohner hatte wie ein ganzes Königreich an der Goldküste [d. h. Ghana]«[21]. »[Whydah] hätte [leicht] mindestens 100 000 Männer aufs [Schlacht]Feld bringen können«[22], so Snelgrave.

Agaja marschierte im März 1724 in Allada ein. Innerhalb eines Tages erreichte er die Hauptstadt, besiegte König Soso und nahm ihn gefangen. Zwei Tage später enthauptete er ihn, und seine Armee setzte Sosos Palast in Brand und plünderte alles, was sie finden konnte, einschließlich der Häuser der alladanischen Häuptlinge. Tausende Bewohner Alladas wurden getötet oder gefangen genommen. »Vor lauter enthaupteten Leichen war es kaum möglich, sich zu bewegen, und hätte es Blut geregnet, die Lachen auf dem Boden wären nicht größer gewesen«[23], schrieb Lambe.

1727 überfiel Agaja auch Whydah. Whydahs König, Huffon, war das komplette Gegenteil von Agaja. 1695 geboren, wurde Huffon im Alter von nur 13 Jahren gewaltsam zum König von Whydah gekrönt. War der Thronfolger minderjährig, sollte in Whydah normalerweise der *Gogan* (»Herr«) von Savi – der Hauptstadt Whydahs – regieren, bis der Thronfolger volljährig war. Im Fall von Huffon rebellierte jedoch ein Whydah-Häuptling namens Assu gegen den Gogan von Savi, besiegte ihn und setzte Huffon als Marionettenkönig ein.

Um Huffon von sich abhängig zu machen und sich seine Loyalität zu sichern, lehrte Assu den jungen König nichts über das Regieren und verwöhnte ihn. Mit 30 war Huffon übergewichtig, arrogant und inkompetent. Anstatt sein Königreich zu regieren, zog er es vor, »in seinem [Harem] unter Tausenden von Frauen eingeschlossen zu sein«[24]. Das Ergebnis war, dass Whydahs Beamte, so Snelgrave, »die kleinlichen Tyrannen spielten, sich oft stritten und ihre eigenen Interessen verfolgten, ohne sich um das Wohl ihres Königs oder des Landes zu kümmern.«[25]

Huffon versuchte, diese Beamten auf Linie zu bringen, indem er autokratische Gesetze und Regeln erließ. Dazu gehörte auch, dass seine Untertanen, wenn sie mit ihm sprachen, sich auf dem Boden niederwerfen mussten. Doch es war zu spät. Der mangelnde Respekt der Beamten vor Huffon führte dazu, dass sie ihm seine Disziplinarmaßnahmen nur noch mehr verübelten. »[K]ein einziger [dieser Beamten] ... schert sich um irgendein Gesetz, das [Huffon] macht«, berichtete ein englischer Beobachter. »[E]inige der wichtigsten Männer in [Whydah] ... versichern mir, [dass], wenn [Huffon] seine Tyrannei noch länger fortsetzt, sie gezwungen sind, gewaltsam gegen ihn vorzugehen.«[26] Bis 1726 hatte Huffon mindestens zwei Rebellionen erlebt, von denen eine ihn zwang, für kurze Zeit aus Savi zu fliehen.

In der Nacht vor seinem Angriff auf Whydah befahl Agaja seiner Tochter Na Gueze, die seit etwa zehn Jahren mit Huffon verheiratet war, Wasser auf das Schießpulver in Whydahs Arsenal zu gießen.

Am nächsten Tag marschierte Agaja im Norden des Königreichs Whydah ein. Als der Statthalter von Nord-Whydah, Lord Appragah, die herannahenden Truppen aus Dahomey sah, schickte er einen Boten nach Savi, um Huffon um Unterstützung zu bitten. Doch Appragahs Feinde am Hof überzeugten Huffon, ihm die Hilfe zu verweigern. Appragah beschloss daraufhin, Agaja allein entgegenzutreten, leistete jedoch nur wenig Widerstand und wurde bald überwältigt und musste sich ergeben. Agaja bewunderte Appragahs Tapferkeit und »empfing ihn sehr freundlich.«[27]

Agaja marschierte weiter nach Whydah und erreichte am Nachmittag den Fluss, der nur knapp einen Kilometer von Savi entfernt war. Da der Fluss nur an einer Stelle seicht genug war, um ihn zu überqueren, war Savi leicht zu verteidigen, und man musste lediglich einige hundert Soldaten an dieser Stelle positionieren. Aber nicht einmal das hatten Huffon und seine Beamten getan.

Agaja befahl 200 seiner Soldaten, den Fluss zu überqueren. Als sie dies taten, ohne auf Widerstand zu stoßen, fühlten sie sich ermutigt, nach Savi weiterzuziehen, ohne den Rest von Agajas Armee oder gar weitere Befehle abzuwarten.

Mit lauten Rufen und begleitet vom Klang ihrer Kampfmusik erreichten sie gegen drei Uhr nachts Savi. »[Die Wachen von Savi] schliefen fast alle«, schrieb Snelgrave. »[A]ber als sie den Lärm der feindlichen Musik und das Geschrei hörten, flohen sie in die Stadt und berichteten, … die Armee aus Dahomey hätte den Fluss überquert.«[28]

Die Bewohner Whydahs zerstreuten sich. Huffon ließ sich von seinen Begleitern auf einer Hängematte an die Küste tragen. Dort bestiegen sie Kanus, die sie sicher zu nahe gelegenen Inseln brachten. »Aber viele [Whydahs], die nicht in den Genuss dieser Vorzüge kamen … ertranken … bei dem Versuch, zu [diesen Inseln] zu schwimmen«[29], heißt es bei Snelgrave.

Die 200 Mann plünderten Huffons Palast und steckten ihn in Brand. In den folgenden fünf Tagen marschierte der Rest von Agajas Armee in Savi ein. Wer bis dahin nicht entkommen konnte, wurde getötet oder gefangen genommen. Insgesamt töteten die Truppen aus Dahomey in Savi fast 5000 Whydahs. Der Boden, so Snelgrave, »[war] mit ihren Knochen übersät«[30]. Zudem brachten sie rund 10 000 Gefangene aus Whydah nach Allada.

Agaja war begeistert, dass es nur 200 seiner Soldaten bedurft hatte, um ein so großes und einwohnerstarkes Volk wie das von Whydah zu besiegen. Er belohnte seine Offiziere großzügig und ließ 4000 der Gefangenen hinrichten. »Die [Whydah-]Köpfe wurden auf zwei großen Plattformen zu zwei Haufen aufgetürmt und [waren bald] mit Schwärmen von … Fliegen bedeckt«[31], heißt es bei Dalzel.

Um Huffon und andere Bewohner Whydahs an der Rückkehr in ihr Königreich zu hindern, stationierte Agaja ein großes Regiment im Land. Abgeschnitten von ihrer Heimat und ihren Ressourcen waren die Whydah-Flüchtlinge »in einer äußersten Notlage und gezwungen, ihre Diener und sogar ihre Kinder zu verkaufen, um das Lebensnotwendigste von benachbarten [Völkern] zu kaufen«[32].

Doch was veranlasste Agaja dazu, so viel Zerstörung über Allada und Whydah zu bringen? Seit dem späten 17. Jahrhundert waren sowohl Allada als auch Whydah wichtige Handelspartner der Europäer, darunter Portugiesen, Niederländer, Franzosen und Engländer. Zu Beginn des 18. Jahrhunderts hatten die Europäer in Whydah eine Handelsstation eingerichtet. Sie hatten auch einen Vertrag unterzeichnet, der festlegte, dass sie, selbst wenn ihre Länder im Krieg miteinander standen, keine Schiffe des jeweils anderen angreifen würden, die in den Häfen von Whydah vor Anker lagen.

Um den Handel mit Whydah zu fördern, überreichte die englische Royal African Company Huffon 1709 eine Krone. Die Franzosen schenkten ihm ein ganzes Schiff und dessen Ladung.

Im Austausch gegen europäische Waren handelten Allada und Whydah hauptsächlich mit versklavten Afrikanern. Bis Ende des 17. Jahrhunderts »exportierten« beide Königreiche jährlich 20 000 versklavte Afrikaner. Die Europäer nannten die Region dieser Königreiche die »Sklavenküste«, denn sie war, so Snelgrave, »der wichtigste Teil der gesamten [westafrikanischen Küste] für den Sklavenhandel. Es war ein Vergnügen, mit ihnen Geschäfte zu machen.«[33]

Laut Dalzel war der Grund für die Eroberung von Allada und Whydah, dass Agaja das Monopol auf den Handel mit den Europäern wollte, wodurch er noch mehr hochwertige europäische Waffen – vor allem Gewehre – einführen konnte, um Dahomey noch mächtiger zu machen.

Tatsächlich hatte Agaja kurz vor seiner Invasion 1724 in Allada Botschafter sowohl zu Alladas König Soso als auch zu Huffon entsandt, um einen größeren Anteil am europäischen Handel zu erhalten. Aber er wurde abgewiesen. »[B]ei einer Audienz, die ich bei [Huffon] hatte, kurz nach der Abreise des Botschafters [von Dahomey], sagte er mir, wenn [Agaja] vorhätte, bei ihm einzumarschieren, würde er [Agaja] nicht … den Kopf abschlagen, wie es üblich ist, sondern … ihn als Sklaven halten, der die niedrigsten [Aufgaben] erfüllen muss«[34], schrieb Snelgrave. »Diese törichte Aussage, die zweifellos [Agaja] zu Ohren kam, hat ihn wahrscheinlich [erzürnt]«[35], vermutete Dalzel.

Wie wir jedoch im nächsten Abschnitt sehen werden, erklärt dies nicht die Handlungen Agajas nach seiner Eroberung von Allada und Whydah. Denn offenbar war ihm nicht an einer Ausweitung des Handels mit den Europäern gelegen. Vielmehr wollte er dem europäischen Handel in seiner Region ein Ende bereiten.

*

Als Agaja Allada und Whydah überfiel, dachte er überhaupt nicht daran, deren Handelsinfrastrukturen zu erhalten, die Gefangenen an die Europäer zu verkaufen oder gar gute Beziehungen zu Letzteren zu pflegen. Stattdessen zerstörte er Häfen und Sklavenforts, ließ Tausende von Menschen hinrichten, die andernfalls hätten verkauft werden können, und nahm sogar Europäer gefangen.

Bis 1735 hatte Agaja das Gros der Häfen und Festungen in Allada und Whydah zerstört, die seine Invasionen überlebt hatten, und sogar die Europäer aus der Region vertrieben, darunter die Niederländer und Franzosen. Außerdem hatte er Menschen aus Dahomey, die andere Afrikaner in die Sklaverei verkauften oder zu verkaufen versuchten, darunter auch den obersten Gefängniswärter, verhaften und mitunter sogar hinrichten lassen. Er befahl seinen Soldaten, afrikanische Sklavenhändler aufzuhalten, die versklavte afrikanische Menschen an die Küste brachten. Als die Europäer ihn anflehten, erfahrene Sklavenhändler aus Whydah anzuheuern, weigerte er sich. Um zu verhindern, dass Europäer andere Königreiche aufsuchten, um mit versklavten Afrikanern zu handeln, stationierte er Soldaten an seinen Grenzen mit der Anweisung, alle Ausländer an der Ausreise zu hindern. Und schließlich sorgte er dafür, dass die Europäer alle Handelsangelegenheiten ausschließlich mit ihm besprachen. Oft forderte er Waren auf Kredit, verlangte unverschämte Preise und erhob hohe Zölle. Widersetzte man sich ihm, drohte er den Europäern mit der Ausweisung.

Agajas Maßnahmen zur Einschränkung des europäischen Handels in seinem Gebiet trugen bald Früchte. »Durch dieses undiplomatische Verhalten, die von ihm unterworfenen Völker zu vernichten, ging der europäische Handel allmählich zurück«[36], berichtete Dalzel. »[V]on 2000 Sklaven pro Jahr, die 1726 allein aus Whydah verschickt wurden, beläuft sich die Zahl der Sklaven, die jetzt aus diesem und den beiden großen Königreichen Allada und Dahomey, zusammen mit mehreren anderen kleinen eingemeindeten Königreichen, verschickt werden, auf höchstens 5500; kaum mehr als ein Viertel der früheren Anzahl.«[37]

Was die Frage betrifft, warum Agaja diesem europäischen Handel ein Ende setzen wollte, so gibt es eine einfache

Antwort dafür: Seit Dogbagri-Genu, Agajas Großvater, Dahomey im Jahr 1625 gegründet hatte, hassten die Bewohner Dahomeys Allada, die Europäer und den Handel mit versklavten Afrikanern, der die Europäer dazu ermunterte, sich in ihrer Region einzumischen.

Bevor er Dahomey gründete, war Dogbagri-Genu ein Prinz in Allada. Er hatte einen älteren Bruder, Te-Agbalin, mit dem er in vielen Dingen uneins war. Der größte Streitpunkt war, ob man die Niederländer, die sich bereits weiter westlich niedergelassen hatten, in Allada willkommen heißen sollte. Dogbagri-Genu hatte von den Unruhen gehört, die der Vormarsch der Niederländer in den westlichen Königreichen verursacht hatte, und war dagegen, sie willkommen zu heißen. Te-Agbalin hingegen, der vor allem ihren Reichtum sah und ihre Stärke fürchtete, befürwortete es.

Die meisten Bewohner Alladas stimmten mit Dogbagri-Genu überein. Als Kokpon, der König von Allada und Vater von Dogbagri-Genu und Te-Agbalin, 1620 starb, wählten sie Dogbagri-Genu zum König. Hinter dem Rücken seines Bruders traf sich Te-Agbalin mit den Niederländern und setzte mit deren Unterstützung Dogbagri-Genu ab, verbannte ihn ins Exil und bestieg selbst den Thron.

Dogbagri-Genu und seine Anhänger gingen nach Norden in das Königreich Igede, wo sie Dahomey gründeten.

Und sie wollten sich an Allada und den Europäern rächen. Im späten 17. Jahrhundert eroberten und schlossen die Bewohner Dahomeys verschiedene Sklavenhandelsrouten, um zu verhindern, dass Sklavenhändler aus Allada versklavte Afrikaner an die Küste bringen konnten. 1715 – etwa zehn Jahre vor seiner Eroberung – stellte Agaja die Zahlung des üblichen Tributs an Allada ein.

Doch leider gelang es Agaja nicht, das zu Ende zu bringen, was seine Vorfahren begonnen hatten.

Zwischen 1725 und 1740 besiegten die Oyo – Yoruba mit Sitz im Stadtstaat Oyo im heutigen Nigeria – Dahomey nicht weniger als fünf Mal.

Im 18. Jahrhundert war Oyo das wohl mächtigste westafrikanische Königreich. »Das Volk von Oyo ist zahlreich und kriegerisch, und seine Armee besteht vollständig aus Kavallerie«[38], schrieb Dalzel. Diese Kavallerie war womöglich das berühmteste und furchterregendste Merkmal der Oyo. »[Oyos Kavallerie] zeichnete sich nicht nur durch ihre Reitkunst aus, sondern war auch bewaffnet mit Bögen, Speeren und Schwertern … [, war] mutig und verbreitete Angst und Schrecken in den angrenzenden Ländern.«[39]

Wie Dahomey und Whydah hatte auch Oyo ein Vaterkönigreich – den Yoruba-Stadtstaat Ife. Anders als der König von Dahomey respektierte der *Alafin* (»König«) von Oyo sein Vaterkönigreich jedoch sehr. Daher war er wütend auf Dahomey und insbesondere auf Agaja, weil sie Allada missachtet hatten, indem sie beispielsweise die Tributzahlungen eingestellt hatten. Er beschloss, sie dafür zu bestrafen.

1726 fiel der *Alafin* in Dahomey ein. Agaja, wie Dalzel berichtete, »marschierte den [Oyo] kühn entgegen, und als er ihnen begegnete, feuerte er mit seinen Musketen ein solches Feuer ab, dass die Pferde in Angst und Schrecken versetzt wurden, sodass ihre Reiter nicht mehr weiterreiten konnten«[40]. Doch die Oyo waren, so Dalzel, »viele Tausend«[41], und nachdem sie vier Tage lang in Unterzahl gekämpft hatten, drohte Agaja die Schlacht zu verlieren.

»In diesem kritischen Moment kam [Agaja] eine List in den Sinn, die des klügsten Generals würdig war«[42], heißt es bei Dalzel weiter. In der Nacht sammelte Agaja in seinem Kriegslager Branntwein – den er von den Franzosen bekommen hatte – und andere Schätze und brachte sie in eine nahe gelegene Stadt, wo er sie deponierte. Dann zog er sich zurück.

Als die Oyo am nächsten Morgen das Lager der Truppen aus Dahomey verlassen vorfanden, glaubten sie, ihre Gegner seien geflohen und sie – die Oyo – hätten die Schlacht gewonnen, woraufhin sie die Stadt plünderten. Viele von ihnen tranken von dem Branntwein und wurden so betrunken, dass sie das Bewusstsein verloren. »In diesem Moment fielen die Kämpfer aus Dahomey, die rechtzeitig von dem Durcheinander [der Oyo] erfahren hatten, mit doppeltem Furor über sie her, vernichteten eine große Zahl von ihnen und schlugen den Rest in die Flucht«, notierte Dalzel. »Diejenigen, die entkamen, verdankten ihr Leben ihren Pferden.«[43]

Obwohl er gewonnen hatte, war sich Agaja bewusst, dass die Oyo viel stärker waren als Dahomey, und er versuchte, mit ihnen Frieden zu schließen, indem er dem *Alafin* zahlreiche Geschenke überbringen ließ. Da er jedoch nicht sicher war, dass der *Alafin* darauf eingehen würden, schmiedete Agaja Pläne für den Fall, dass dieser erneut in Dahomey einfallen würde.

Und Agaja tat gut daran, vorbereitet zu sein. Anfang 1728 wurde in Oyo, wie Dalzel schrieb, »[eine] große Armee mit aller Eile aufgestellt und angewiesen, einen zweiten Angriff auf Dahomey zu unternehmen.«[44] Von der vorangegangenen Schlacht stark geschwächt, zog sich Agaja lediglich in die Waldverstecke zurück, die er zuvor vorbereitet hatte. »Die [Oyo], die enttäuscht waren [, dass Agaja entkommen war], bekämpften die Menschen aus Dahomey in [diesen] Rückzugsgebieten und vernichteten viele von ihnen. Aber [Letztere] ertrugen diese Entbehrungen mit Geduld, da sie wussten, dass die Regenzeit und [die schwindenden Vorräte] [die Oyo] bald vertreiben würden.«[45] Als Anfang Mai die Regenzeit kam, zogen sich die Oyo wie erwartet zurück. »Die Bevölkerung Dahomeys war damit beschäftigt, ihre Städte und Dörfer wieder aufzubauen, aus denen sie nun schon mehrere Monate vertrieben worden waren«[46], berichtete Dalzel.

In der Zwischenzeit nutzten die Europäer, die Agaja wegen seiner handelsfeindlichen Politik verachteten, die Oyo-Invasionen, um Menschen aus Whydah wieder anzusiedeln, die, wie Dalzel ausführte, »einst das geschäftstüchtigste Volk an der ganzen Küste gewesen waren«[47].

1728 ließen sich auf Wunsch von Dupetitval, eines hochrangigen französischen Beamten, mehrere tausend Menschen aus Whydah in einem französischen Fort in Whydah nieder. Aus unerfindlichen Gründen war Huffon nicht unter ihnen. Als Agaja diese Neuansiedlung nach dem Rückzug der Oyo im Mai entdeckte, belagerte er das Fort. Zwei Wochen später, als ihre Vorräte allmählich zur Neige gingen, verließen die Franzosen das Fort, ohne die Menschen aus Whydah zu informieren. Zwei weitere Wochen lang leisteten Letztere Widerstand gegen die Belagerung durch Agaja, bis ihre Munition Feuer fing und explodierte, wobei 3000 von ihnen getötet wurden. Daraufhin nahmen die Truppen aus Dahomey das Fort ein.

1729 fielen die Oyo erneut in Dahomey ein und zwangen Agaja, sich in seine Waldverstecke zurückzuziehen. Diesmal war es Charles Testefole, ein hochrangiger englischer Beamter, der die Wiederansiedlung der Menschen aus Whydah förderte.

Testefole, der, wie Dalzel schrieb, »ein hitzköpfiger und unreflektierter Mann«[48] war, hegte besonders großen Hass gegen Agaja wegen seiner handelsfeindlichen Politik. »[Er] war so verärgert über [diese Politik] und das [geschäftsfeindliche] Verhalten der Händler aus Dahomey, dass er jede Gelegenheit nutzte, um seinen Unmut zu äußern«, so Dalzel. »Er behandelte jeden [dieser Händler aus Dahomey], der zu [seinem] Fort kam, sehr unfreundlich [und] ließ [sogar] einen der wichtigsten Männer [Dahomeys] am Fahnenmast auspeitschen, und als [der Häuptling] sich über diese große Demütigung beschwerte, ließ er ausrichten, dass er [Testefole] [Agaja] die gleiche Behandlung zuteilkommen lassen würde, wenn er ihn in seiner Gewalt hätte. Dieses törichte Verhalten ... kostete [Testefole] bald sein Leben.«[49]

Auf Anordnung von Testefole marschierte Huffon im April an der Spitze einer 15 000 Mann starken Armee, zu der auch einige tausend Popo gehörten, in Whydah ein. Die Popo waren ein Volk aus dem heutigen Togo. Die Engländer begrüßten Huffon mit Kanonensalven und Festessen und brachten ihn in ihrem Fort unter.

Als Agaja dies im Juni erfuhr, versammelte er die Reste seiner Armee, die nach den verheerenden Angriffen der Oyo übrig geblieben waren, und ordnete sogar an, wie Snelgrave erklärte, »eine große Anzahl von Frauen wie Soldaten zu bewaffnen und zu Offizieren zu ernennen«[50], um die Armee größer erscheinen zu lassen, als sie war. Dann griff er die Whydah-Popo-Armee an.

»Huffon und der General der Popo [begegneten den Truppen aus Dahomey] mit großer Tatkraft«[51], heißt es bei Dalzel. Doch als sie sahen, dass Agaja viel mehr Soldaten zu haben schien, als sie geglaubt hatten, flohen Huffons Soldaten. »Die Armee aus Dahomey versammelte sich [daraufhin] und ... [griff] die Nachhut von Huffons Truppen an und [schlug] sie und die Popo nieder«, schrieb Dalzel. »Huffon selbst flüchtete sich in das englische Fort, von wo aus er mit dem Einverständnis von Testefole in der Nacht zu seinem ehemaligen Zufluchtsort entkam.«[52]

Verärgert nicht nur darüber, dass Testefole Huffon zur Flucht verholfen hatte, sondern auch dass dieser ihn in der Vergangenheit beleidigt hatte, belagerte Agaja einige Monate später das englische Fort. Als es ihm nach sechs Stunden nicht gelang, es einzunehmen, brach er die Belagerung ab und kehrte nach Abomey, Dahomeys Hauptstadt, zurück. Er ließ jedoch einige Soldaten zurück, um das Fort zu bewachen, falls sich eine Gelegenheit ergeben sollte, Testefole gefangen zu nehmen.

Diese Gelegenheit ergab sich noch in derselben Nacht, als Testefole sich aus dem Fort schlich, wahrscheinlich um ein Schiff zu besteigen, das ihn nach England zurückbringen sollte. Agajas Soldaten schnappten sich Testefole, fesselten ihn an Händen und Füßen und brachten ihn zu Agaja. Dieser sagte seinen Soldaten, sie könnten mit Testefole machen, was sie wollten.

Zunächst gaben diese Soldaten vor, Lösegeld für Testefole zu fordern, wodurch sie von den Engländern viele Güter erhielten. Dann folterten sie Testefole, banden ihn kopfüber an Pfähle im Boden, schlitzten ihm Arme, Rücken und Beine auf und rieben die Wunden mit einer Mischung aus Salz, Pfeffer und Limettensaft ein, bevor sie ihn enthaupteten und zerstückelten.

Als die anderen englischen Beamten davon erfuhren, waren sie entsetzt und baten Agaja, die Henker zu bestrafen. Doch Agaja weigerte sich und, so Dalzel, »bemerkte lediglich, dass das, was Testefole angetan worden war, auf seinen eigenen Leichtsinn zurückzuführen sei, und dass er hoffe, die [Royal] African Company werde in Zukunft eine fähigere Person schicken, um ihr Fort zu verwalten.«[53]

Doch die Oyo beließen es nicht bei Testefole. Ihre Invasion 1730 zerstörte Abomey so umfassend, dass Agaja keine andere Wahl hatte, als die Stadt aufzugeben. Er machte Allada zu seiner neuen Hauptstadt und schickte den Oyo ein Friedensangebot. »[Die mit Geschenken beladenen Gesandten aus Dahomey] wurden gnädig empfangen [und] erlangten für [Agaja] einen sehr vorteilhaften Frieden«[54], schrieb Dalzel. Im Gegenzug dafür, dass Agaja jährlich Tribut an die Oyo zahlte, erklärte sich der *Alafin* bereit, Agaja nicht mehr anzugreifen.

Das bedeutete jedoch nicht, dass damit für Agaja ruhigere Zeiten anbrachen. Wie die Europäer hassten auch viele Menschen aus Dahomey Agaja wegen seiner handelsfeindlichen Politik, da sie glaubten, er hätte Allada und Whydah erobert, um sich einen größeren Anteil am europäischen Handel zu sichern. In den Jahren 1733, 1735 und 1736 rebellierten sie gegen Agaja – unter ihnen war auch der *Mehy*, der zweithöchste Beamte Dahomeys – und versuchten, ihn abzusetzen. Agaja schlug diese Aufstände jedoch erbarmungslos nieder, was den Unmut nur noch verstärkte.

In der Zwischenzeit bewaffneten die Europäer die rivalisierenden Königreiche von Dahomey und ermutigten sie, in Dahomey einzufallen, es zu zerstören und Agaja zu töten. Mit der Unterstützung der Niederländer eroberten 1737 die Popo und die Ewe (ein Volk im heutigen Ghana) die Whydah-Stadt Igelefe, töteten viele Menschen aus Dahomey und zerstörten die Stadt.

Durch diese internen und externen Konflikte, die Angriffe der Oyo und die Einmischung der Europäer war Agaja so abgelenkt, dass er keine weiteren Maßnahmen zur Einschränkung des europäischen Handels ergreifen konnte. All diese Konflikte verlangten ihm so viel ab, dass er 1739 den Tribut an die Oyo nicht zahlen konnte und der *Alafin* erneut rücksichtslos in sein Land einfiel. Da seine Armee und seine Waffen zu schwach waren, um sich zu wehren, konnte sich Agaja nur in seine Waldverstecke zurückziehen und zusehen, wie die Oyo sein Königreich verwüsteten. Im Mai 1740 – im Alter von 66 Jahren – starb Agaja, arm, müde und deprimiert, an einer nicht näher benannten Krankheit.

Aber sein Einfluss auf den europäischen Handel und auf seine Umgebung war alles andere als unbedeutend. Obwohl dieser Handel unter Agajas Nachfolgern fortgesetzt wurde, war sein Umfang stark reduziert. Er erreichte nie wieder das Handelsvolumen von zu Beginn des 18. Jahrhunderts, als die Könige von Allada und Whydah die Küste beherrschten. Aufgrund seines Ehrgeizes, seiner Tapferkeit und seines politischen und militärischen Geschicks war Agaja für viele spätere Könige der Dahomey ein Vorbild. Selbst Europäer, die Grund hatten, ihn nicht zu mögen, konnten seine Fähigkeiten nicht leugnen. »Als Eroberer steht Agaja den anderen in dieser Kategorie, die die Seiten der Geschichtsbücher füllen, in nichts nach«, würdigte ihn Dalzel. »Wie sie watete er auf dem Weg zum Ruhm durch ein Meer aus unschuldigem Blut und erlebte wie sie die Wechselfälle des Schicksals. Dennoch verlor er weder seinen Großmut, noch weinte er wie Alexander, wenn sein Feldherr ihm die Gefolgschaft verweigerte; er verstand es, Gehorsam zu erzwingen, und trieb sie an, wenn er sie nicht zum Sieg führen konnte.«[55]

Fazit: Motherland

Was für eine Reise haben wir hinter uns! Über eine Zeitspanne von mehreren hunderttausend Jahren haben wir fast alle Teile Afrikas bereist.

In Ostafrika haben wir die Entwicklung unserer frühesten Vorfahren bezeugt. Zusammen mit internationalen Händlern haben wir Steinstädte erbaut und in steinernen Moscheen gebetet. Wir haben Muscheln gegen Elfenbein getauscht und dieses Elfenbein gegen iranische Glasgefäße, indische Perlen und chinesische Keramik. Mitunter sind wir sogar selbst in diese Länder gesegelt.

In Nordafrika sind wir antiken Herrscherinnen und Kriegerköniginnen begegnet. An der Seite der bekanntesten von ihnen haben wir gegen die Römer gekämpft und sie besiegt.

In Westafrika haben wir die moderneren Pendants dieser Königinnen getroffen. Wir haben auch den wohl reichsten Menschen, der je gelebt hat, auf seiner prächtigen Pilgerreise begleitet und eine der ersten Universitäten der Welt besucht, die er mitbegründet hat. Wir haben seinen Hof, seine Bräuche und sein Volk kennengelernt, einschließlich der Gilde der Geschichtenerzähler. Wir haben von ihrer Ausbildung und den verschiedenen Rollen, die sie spielten, erfahren. Wir haben ihren Auftritten beigewohnt und ihren Liedern, Erzählungen und Instrumenten gelauscht.

Wir haben den Übertritt unserer Familienmitglieder von der sterblichen in die Geisterwelt betrauert, aber auch gefeiert. Wir haben die geachtetsten unter ihnen wieder in unserer physischen Welt willkommen geheißen. Wir haben für ihren Schutz und ihren Segen gebetet. Wir haben Geschichten über den trickreichen Spinnenmann und seine Heldentaten gehört. Wir haben mit ihm mitgefiebert, und er hat uns dazu inspiriert, für unsere Freiheit zu kämpfen. Wir haben uns der Armee eines großen Eroberers und seiner Mission angeschlossen, einen schädlichen Handel zu zerstören. Wir haben Geschicklichkeit, Mut und Entschlossenheit erlebt, die ihresgleichen suchen.

In Zentralafrika haben wir Orakel befragt und herausgefunden, wer uns verhext hat.

In Südafrika sind wir mit den Bantu umhergewandert. Wir sind auf längst vergessene Jäger gestoßen und konnten bezeugen, wie sie zu ihrem Wissen über Eisenverarbeitung und Ackerbau gekommen sind. Wir haben unsere Reise vor Tausenden von Jahren in einem westlich gelegenen Regenwald begonnen und uns schließlich über den Großteil des Kontinents ausgebreitet.

Obwohl wir viel gesehen haben, stellt dies nur einen Bruchteil der afrikanischen Vergangenheit dar. Um ihren Reichtum zu demonstrieren, hätte ich in diesem Buch noch zahlreiche weitere Aspekte der Geschichte und Kultur afrikanischer Völker behandeln können. Wir hätten uns der Kunst der Yoruba, der Architektur der Shona in Simbabwe, dem Christentum in Äthiopien, der Völkerwanderung der Massai und den Heldentaten von Shaka Zulu widmen können, um nur ein paar Beispiele zu nennen.

Und genau darum geht es in diesem Buch. Die afrikanische Vergangenheit hat so viel mehr zu bieten als den transatlantischen Sklavenhandel und den Kolonialismus, und vor allem so viel mehr als die damit einhergehende Viktimisierung afrikanischer Menschen. Anstatt die Menschen Afrikas ausschließlich als versklavte Menschen und koloniale Untertanen zu betrachten, sollten wir sie als erfolgreiche Händler, Reisende, Krieger, Künstler, Gelehrte und Herrscher sehen, die sie waren. Dies ist nicht nur ein inspirierenderes Bild afrikanischer Menschen, sondern auch ein sehr viel zutreffenderes.

Ich hoffe, dass ich Ihnen mit diesem Buch diese Sichtweise näherbringen konnte.

Danksagung

Erst als ich dieses Buch geschrieben hatte, wurde mir klar, warum die Danksagungen in anderen Büchern oft so überschwänglich sind. Ein Buch zu schreiben ist eine ungemein bereichernde, aber auch fordernde Aufgabe – und ohne die Unterstützung vieler Menschen, die das Leben des Autors berühren, kaum zu vollenden.

Ohne die Liebe, Geduld und Unterstützung all jener, die mein Leben geprägt haben, wäre *Motherland* nie entstanden. Deshalb bin ich dankbar, an dieser Stelle die Gelegenheit zu haben, ihnen für alles zu danken, was sie für mich getan haben.

Zuerst möchte ich meiner Familie danken: Meinem Bruder William, der mit seinem wachen Geist und unseren anregenden Gesprächen dazu beigetragen hat, meinen Blick auf die Welt zu erweitern; meiner Schwester Clara, die unermüdlich und ohne ein Wort der Klage Lasten getragen hat, die sonst vielleicht allein auf mir gelegen hätten; meiner Mutter Kwan, die mir das Leben geschenkt hat; und ganz besonders meinem Vater Mark – dafür, dass er mich mit einem Selbstvertrauen und einem Blick auf die Welt erzogen hat, ohne die *Motherland* nicht einmal denkbar gewesen wäre. Dafür, dass er mir geholfen hat, meinen seit Kindheitstagen bestehenden Zielen treu zu bleiben. Und dafür, dass er mich ausgebildet und unterstützt hat – was mir die Fähigkeiten, die Zeit und den Freiraum gegeben hat, dieses Buch überhaupt zu vollenden.

Als Nächstes möchte ich Bob Roberts und Tony Chan danken – meinen wunderbaren, talentierten und leidenschaftlichen Englischlehrern, die mir nicht nur die Welt der Sprache, der Literatur und der Erzählkunst eröffnet, sondern auch die Liebe dazu in mir geweckt haben. Ich vermisse unseren Unterricht sehr!

Ein herzliches Dankeschön auch an meine großartigen Professorinnen und Professoren an der Universität – insbesondere Amy Bogaard, Elizabeth Ewart, Tim Clack und Peter Mitchell –, die mir nicht nur beinahe alles beigebracht haben, was ich über wissenschaftliche Sorgfalt weiß – etwa wie man recherchiert, Informationen überprüft und eine argumentativ belegte Position entwickelt –, sondern auch über Archäologie, Anthropologie, die frühe Geschichte Afrikas und eine Vielzahl afrikanischer Kulturen.

Ich möchte außerdem dem herausragenden Professor Benjamin Kankpeyeng und der hervorragenden Professorin Irene Odotei von der University of Ghana danken, die ihr Wissen großzügig mit mir geteilt haben, als ich 16 war. Erst durch sie wurde mir die Tiefe und Vielfalt afrikanischer Kulturen bewusst – und sie ermutigten mich dazu, ein entsprechendes Studium an der Universität aufzunehmen.

Mein Dank gilt auch meinen großartigen Agentinnen und Agenten bei United Agents – allen voran meinem Literaturagenten Robert Kirby, der von Anfang an meine Ideen, meinen Blick auf die Welt und meinen beruflichen Weg mit Überzeugung unterstützt hat. Für deine Begleitung und deinen Rat bin ich dir auf ewig dankbar.

Ein herzliches Dankeschön auch an das brillante Team bei Weidenfeld & Nicolson – und ganz besonders an meine Lektorin Maddy Price –, die mir mit so viel Freundlichkeit, Geduld und Verständnis begegnet sind und *Motherland* mit so herzlicher Begeisterung aufgenommen haben. Euch als Verlag an meiner Seite zu wissen ist ein großes Glück.

Zum Schluss danke ich den vielen großartigen Historikerinnen und Historikern, zu denen ich seit meiner frühen Jugend aufblicke und die mir großzügig ihr Wissen, ihre Ratschläge und ihre Unterstützung gegeben haben. Es ist mir wirklich eine Ehre, euch alle zu kennen.

Unter diesen außergewöhnlichen Historikerinnen und Historikern möchte ich zwei ganz besonders danken: Zuerst Dan Jones, der den ersten Entwurf des ersten Kapitels von *Motherland* gelesen und mir Rückmeldungen gegeben hat, die nicht nur das Buch besser gemacht, sondern auch meinen Schreibprozess enorm beschleunigt haben. Und dann – mehr noch – Kate Williams, ohne die ich vermutlich weder eine berufliche Laufbahn in diesem Bereich noch dieses Buch jemals fertiggestellt hätte.

Im Sommer 2020 führte ich einen Blog über afrikanische Geschichte und Kulturen – aber ich fühlte mich verloren. Ich hatte auf verschiedene Weisen versucht, andere – auch aus meinem eigenen Fach – für meine Forschung zu interessieren, wurde aber meist ignoriert oder abgewiesen. Dann schrieb ich Kate eine Nachricht – ich bat sie einfach nur um einen Rat: Wie kann ich meine Forschung mit mehr Menschen teilen?

Diese eine Nachricht hat mein Leben verändert.

Kate hat mir nicht nur einen Rat gegeben, sondern mich auch mit Menschen bekannt gemacht – darunter meinem großartigen Agenten –, die es mir ermöglicht haben, meine Texte über afrikanische Geschichte und Kulturen von einem unbekannten WordPress-Blog einem internationalen Publikum zugänglich zu machen.

So bescheiden Kate auch ist und stets betont, sie habe nichts Außergewöhnliches geleistet und ich hätte meinen Weg auch ohne sie gefunden, ist es schwer, das mit Sicherheit zu beurteilen. Wie dem auch sei: Es ist zu einem großen Teil ihr Verdienst, dass ich heute hier stehe. Dafür kann ich ihr gar nicht genug danken.

Anmerkungen

1 Unsere verlorenen Jahrtausende

1 Djibril Niane, *Mali and the Second Mandingo Expansion*, in *General History of Africa IV: Africa from the Twelfth to the Sixteenth Century*, hg. v. Djibril Niane (University of California Press, 1984), S. 149.

2 Mohammed Hamidullah, »Muslim Discovery of America Before Columbus«, *Journal of the Muslim Students' Association of the United States and Canada*, 4:2 (1968), S. 7–9.

3 Tahar Abbou, *Mansa Musa's Journey to Mecca and Its Impact on Western Sudan 1324–5*, The International Conference on »The Routes of Pilgrimage in Africa«, organisiert von der International University of Africa, Khartoum, Sudan, (November 2016), S. 5.

4 Abbou (2016), S. 7.

5 Niane (1984), S. 149.

6 Nehemia Levtzion und J. F. P. Hopkins, *Corpus of early Arabic sources for West African History*, (Cambridge, 1981), S. 269–273.

7 Levtzion und Hopkins (1981), S. 269–273.

8 Ebd.

9 Ebd.

10 Niane (1984), S. 149.

11 Levtzion und Hopkins (1981), S. 269–273.

12 Ebd.

13 Abbou (2016), S. 7–8.

14 Niane (1984), S. 149.

15 Levtzion und Hopkins (1981), S. 269–273.

16 Nathaniel Harris, *Mapping the World: Maps and their History* (San Diego, 2002), S. 7.

17 Tor Benjaminsen, Gunnvor Berge und Erling Dugan, »Myths of Timbuktu: From African El Dorado to Desertifi cation«, *International Journal of Political Economy*, 34:1; Political Ecology: Global, Historical, and Economic Perspectives (2004), S. 31–59; 35.

18 Richard Smith, »The Image of Timbuktu in Europe before Caillié«, *Proceedings of the French Colonial Historical Society*, 8 (1985), S. 18.

19 Ibn Battuta, *Travels in Asia and Africa 1325–1354*, übersetzt und herausgegeben von Hamilton Gibb, (London, 1929), S. 324.

20 Battuta (1929), S. 325.

21 Ebd.

22 Niane (1984), S. 152.

23 Battuta (1929), S. 326.

24 Ebd., S. 328.

25 Ebd., S. 327.

26 Ebd., S. 329–30.

27 Ebd., S. 330.

28 Ebd.

29 Ebd., S. 330–331.

30 Robert Brown, *The History and Description of Africa and of the Notable Things Therein Contained, Volume I, geschrieben von Al-Hassan Ibn-Mohammed Al-Wezaz Al-Fasi, einem Mauren, getauft als Giovanni Leone, aber besser bekannt als Leo Africanus. Ins Englische übertragen im Jahr 1600 von John Pory* (London, 2010), S. 128.

31 A. R. Allen, *Leo's Travels in the Sudan: Being the Seventh Book of Leo Africanus Simplified, Abridged and Done Into Modern English from the Translation of John Pory* (Oxford, 1962), S. 7–9.

32 Allen (1962), S. 9.

33 Maniraj Sukdaven, Asgher Mukhtar und Hamid Fernana, »A Timbuktu Manuscript Expressing the Mystical Thoughts of Yusuf-ibn-Said«, *Journal for the Study of Religion*, 28:2, (2015), S. 181–201; 187.

34 Allen, (1962), S. 9.

35 Brent Singleton, »African Bibliophiles: Books and Libraries in Medieval Timbuktu«, *Libraries & Culture*, 39:1 (2004), S. 1–12; 6.

36 Singleton (2004), S. 1–12; 1.

2 Die Toten leben weiter

1 George Hagan, »The Golden Stool and the Oaths to the King of Ashanti«, *Research Review*, 4:3, MSU Libraries Digital Collections, (University of Ghana, Institute of African Studies, 1968), S. 1–33; 14.

2 Augustine Abasi, »›Lua-Lia‹, The ›Fresh Funeral‹: Founding a House for the Deceased among the Kasena of North-East Ghana«, *Africa: Journal of the International African Institute*, 65:3 (Cambridge on behalf of the International African Institute, 1995), S. 448–475; 455.

3 Abasi (1995), S. 448–475; 460.

4 Igor Kopytoff, »Ancestors as Elders in Africa«, *Africa: Journal of the International African Institute*, 41:2 (Cambridge on behalf of the International African Institute, April 1971), S. 129–142; 130.

5 Stephen Morgan und Beatrice Okyere-Manu, »The Belief in and Veneration of Ancestors in Akan Traditional Thought: Finding Values for Human Well-being«, *Alternation Special Edition*, 30 (2020), S. 11–31; 12.

6 Josh Eells, »The ›Black Panther‹ Revolution«, *Rolling Stone*, (18. 2. 2018), https://www.rollingstone.com/tv-movies/tv-movie-features/the-black-pantherrevolution-199536/.

7 The Newsroom, »Obituary: Chadwick Boseman, Star of Marvel's Black Panther«, *Scotsman*, (3. 9. 2020), https://www.scotsman.com/news/people/obituarychadwick-boseman-star-of-marvels-black-panther-2959233.

8 Eells (2018).

9 Julie Miller, »*42* Star Chadwick Boseman on Playing Jackie Robinson, Copying His Baseball Moves, and Being Stood Up by the President«, *Vanity Fair*, (12. 4. 2013), https://www.vanityfair.com/hollywood/2013/04/chadwick-boseman-42-interview.

10 Derrik J. Lang, »Chadwick Boseman is Making his Mark«, *American Way*, (1. 2. 2018), https://derrikjlang.com/wp-content/uploads/2018/06/awchadwickboseman.pdf.

11 Ron Halper, »Chadwick Boseman: A Tribute for a King«, *ABC*, (30. 8. 2020).

12 Eells (2018).

13 American Film Institute, »Chadwick Boseman: ›There is no BLACK PANTHER without Denzel Washington‹«, YouTube, (28. 6. 2019), https://www.youtube.com/watch?v=fWIgdO9LhKQ.

14 Lang (2018), S. 46.

15 Eells (2018).

16 Howard University, »Chadwick Boseman's Howard University 2018 Commencement Speech«, YouTube, (14. 5. 2018), https://www.youtube.com/watch?v=RIHZypMyQ2s.

17 Howard University (2018).

18 Sämtliche Zitate im Gespräch zwischen Boseman und dem Produzenten: Ebd.

19 Daniel Riley, »The Surprisingly Sudden Arrival of Chadwick Boseman«, *GQ*, (22. 9. 2014), https://www.gq.com/story/chadwick-boseman.

20 Quinn Peterson, »Actor Chadwick Boseman Talks Playing Jackie Robinson in ›42‹«, *Life + Times*, (4. 3. 2013), https://lifeandtimes.com/actor-chadwick-boseman-talksplaying-jackie-robinson-in-42.

21 Riley (2014).

22 Peterson (2013).

23 Gary Thompson, »Meet Chadwick Boseman, Star of ›42‹«, *The Philadelphia Inquirer*, (12. 4. 2013), https://www.inquirer.com/philly/entertainment/20130412_Meet_Chadwick_Boseman star_of 42_.html.

24 Thompson (2013).

25 Peterson (2013).

26 Steve Rose, »›I got the feelin‹ – Chadwick Boseman on Playing James Brown«, *Guardian*, (20. 11. 2014), https://www.theguardian.com/film/2014/nov/20/james-brownchadwick- boseman-get-on-up.

27 Rose (2014).

28 Sarah Halley Finn im Gespräch mit Chris Lee, »Why Chadwick Boseman Was Always the ›Unanimous‹ Choice for Black Panther«, *Vulture*, (30. 8. 2020), https://www.vulture.com/2020/08/how-chadwick-boseman-was-cast-as-marvels-blackpanther.html.

29 Jimmy Kimmel, »Chadwick Boseman on the role of Black Panther«, *Jimmy Kimmel Live*, (29. 4. 2016), https://www.youtube.com/watch?v=Xl1y-ZzITaU9.

30 Megha Mohan, »Black Panther: The ›Weird Signs‹ That Led Chadwick Boseman to Wakanda«, *BBC News*, (5. 9. 2020), https://www.bbc.co.uk/news/stories-54014997.

31 Mohan (2020).

32 Ebd.

33 LiveKellyandMark, »Chadwick Boseman on Black Panther Role in ›Captain America: Civil War‹«, YouTube, (2. 5. 2016), https://www.youtube.com/ watch?v = bLQavRhiCzo.

34 LiveKellyundMark, (2016).

35 Ebd.

36 Kimmel (2016).

37 LiveKellyundMark (2016).

38 Ebd.

39 Mohan (2020).

40 Ebd.

41 Josh Eells, »The ›Black Panther‹ Revolution«, *Rolling Stone*, (18. 2. 2018), https://www.rollingstone.com/tv-movies/tv-movie-features/the-black-pantherrevolution-199536/.

42 Ramin Setoodeh, »Chadwick Boseman and Ryan Coogler on How ›Black Panther‹ Makes History«, *Variety*, (5. 2. 2018), https://variety.com/2018/film/features/schwarzer-panther-chadwick-boseman-ryan-coogler-interview-1202686402/.

43 The Newsroom, »Obituary: Chadwick Boseman, Star of Marvel's Black Panther«, *The Scotsman*, (3. 9. 2020), https://www.scotsman.com/news/people/obituarychadwick-boseman-star-of-marvels-black-panther-2959233.

44 The Late Show with Stephen Colbert, »Chadwick Boseman on Bringing Humanity To ›Black Panther‹«, YouTube, (17. 5. 2018), https://www.youtube.com/watch?v=YCf_dMfAeuE.

45 Eells (2018).

46 Ryan Coogler, »Chadwick Boseman: Black Panther director Ryan Coogler pays emotional tribute«, *BBC News*, (30. 8. 2020), https://www.bbc.co.uk/news/entertainment-arts-53968816.

47 Eells (2018).

48 Coogler (2020).

49 Ebd.

50 Finn (2020).

51 Rose (2014).

52 Riley (2014).

53 Ryan Gilbey, »Black Panther's Chadwick Boseman: ›Everybody's minds are opening up‹«, *Guardian*, (15. 2. 2018), https://www.theguardian.com/film/2018/feb/15/blackpanther-chadwick-boseman-interview-everybodys-minds-are-opening-up.

54 Reggie Ugwu und Michael Levenson, »›Black Panther‹ Star Chadwick Boseman Dies of Cancer at 43«, *The New York Times*, (17. 12. 2020), https://www.nytimes.com/2020/08/28/movies/chadwick-boseman-dead.html.

55 Kirsten Chuba, »Chadwick Boseman's Agent: He Chose Roles ›Always Bringing About Light‹«, *Hollywood Reporter*, (2. 9. 2020), https://www.hollywoodreporter.com/movies/movie-features/chadwick-bosemans-agent-he-choseroles-always-bringing-about-light-4053475/.

56 Coogler, (2020).

3 Königinmutter und Kriegerköniginnen

1 Eva Meyerowitz, *The Sacred State of the Akan*, (London, 1951), S. 53.

2 A. A. Hakem, »The civilization of Napata and Meroe«, *General History of Africa II: Ancient Civilizations of Africa*, Ed. Mokhtar, G., (UNESCO, University of California Press, 1981), S. 298–299.

3 Duane Roller, *The Geography of Strabo*, (Cambridge, 2014), S. 759. Übersetzung aus: Christoph Gottlieb Groskurd: *Strabons Erdbeschreibung in siebzehn Büchern. Nach berichtigtem griechischen Texte unter Begleitung kritischer und erklärender Anmerkungen verdeutscht.* Band 3. Berlin und Stettin, 1833, S. 403–404.

4 Roller (2014), S. 759–760. Übersetzung aus: Christoph Gottlieb Groskurd: *Strabons Erdbeschreibung in siebzehn Büchern. Nach berichtigtem griechischen Texte unter Begleitung kritischer und erklärender Anmerkungen verdeutscht.* Band 3. Berlin und Stettin, 1833. S. 404–406.

5 Ebd.

6 Ebd.

7 Ebd., S. 760.

8 Linda Heywood, *Nzinga of Angola: Africa's Warrior Queen*, (Harvard, 2017), S. 57.

9 Heywood (2017), S. 26.

10 Ebd., S. 125.

11 Ebd., S. 129.

12 Ebd., S. 151.

13 Ebd., S. 188–189.

14 Ebd., S. 201.

4 Wir sind mehr als eine Hautfarbe

1 Nisha Chittal, »The Kamala Harris Identity Debate Shows How America Still Struggles to Talk About Multiracial People«, *Vox*, (20. 1. 2021), https://www.vox.com/identities/2020/8/14/21366307/kamala-harris-black-south-asianindian-identity.

2 Kevin Sullivan, »›I am who I am‹: Kamala Harris, Daughter of Indian and Jamaican Immigrants, Defines Herself Simply as ›American‹«, *The Washington Post*, (2. 2. 2019), https://www.washingtonpost.com/politics/i-am-who-i-am-kamala-harrisdaughter-of-indian-and-jamaican-immigrants-defines-herself-simply-asamerican/2019/02/02/0b278536–24b7–11e9-ad53-824486280311_story.html.

3 Sullivan (2019).

4 Ebd.

5 Kamala Harris, »Transcript: Kamala Harris' DNC speech«, CNN, 20. 8. 2020, https://edition.cnn.com/2020/08/19/politics/kamala-harris-speech-transcript.

6 Beatrice Peterson, »Sen. Kamala Harris Questions Whether America Would Elect a Woman of Color as President«, *ABC News*, (16. 11. 2019), https://abcnews.go.com/Politics/sen-kamala-harris-questions-america-electwoman-color/story?id=66610615.

7 Dana Goodyear, »Kamala Harris Makes Her Case«, *New Yorker*, (15. 7. 2019), https://www.newyorker.com/magazine/2019/07/22/kamala-harris-makes-her-case.

8 Gerry Shih, »San Francisco District Attorney Is Tireless in State Campaign«, *The New York Times*, (30. 9. 2010), https://www.nytimes.com/2010/10/01/us/01bckamala.html.

9 Joseph Deal, *Race and Class in Colonial Virginia: Indians, Englishmen, and Africans on the Eastern Shore During the Seventeenth Century* (New York, 1993), S. 226.

10 Aloysius Higginbotham, *In the Matter of Color: Race and the American Legal Process: The Colonial Period* (New York, 1978), S. 39.

11 Higginbotham (1978), S. 52.

5 Kaufleute, Händler und Seefahrer

1 James Kirkup und Robert Winnett, »Theresa May Interview: ›We're Going to Give Illegal Migrants a Really Hostile Reception‹«, *The Telegraph*, (25. 5. 2012), https://www.telegraph.co.uk/news/0/theresa-may-interview-going-give-illegalmigrants-really-hostile/.

2 Alan Travis, »Immigration Bill: Theresa May Defends Plans to Create ›Hostile Environment‹«, *Guardian*, (10. 10. 2013), https://www.theguardian.com/politics/2013/oct/10/immigration-bill-theresa-may-hostile-environment.

3 Amelia Gentleman, »Mother of Windrush Citizen Blames Passport Problems for His Death«, *Guardian*, (18. 4. 2018), https://www.theguardian.

com/uknews/2018/apr/18/mother-of-windrush-citizen-blames-passport-problems-for-hisdeath? trk=public_post_comment-text.

4 Gentleman (2018).

5 Ebd.

6 Ebd.

7 Ebd.

8 Ebd.

9 May Bulman, »Windrush Man Who Suddenly Died Did Not Access Healthcare For Two Years Due To Immigration Concerns, Inquest Hears«, *Independent*, (20. 7. 2018), https://www.independent.co.uk/news/uk/home-news/windrush-scandal-latest-namedeath-racist-gp-home-office-a8457006.html.

10 »Windrush: Migrant Dexter Bristol's family walk out of inquest«, *BBC News*, (28. 8. 2018), https://www.bbc.co.uk/news/uk-england-london-45332410.

11 Bulman (2018).

12 Tom Foot, »Dexter Bristol Inquest: Mother of Windrush Scandal Victim Says ›Justice Has Not Been Done‹«, *Camden New Journal*, (10. 10. 2019), https://www.camdennewjournal.co.uk/article/dexter-bristol-inquest-mother-ofwindrush-scandal-victim-says-justice-has-not-been-done.

13 Foot (2019).

14 Gentleman (2018).

15 Ebd.

16 Greville Freeman-Grenville (Hrsg.), *The East African Coast: Select Documents from the First to the Earlier Nineteenth Century*, (Oxford 1962), S. 2.

17 Freeman-Grenville, (1962), S. 16.

18 Ebd.

19 Ebd.

20 Ebd., S. 1.

21 Ebd., S. 14.

22 Ebd., S. 55.

23 Edward Dreyer, *Zheng He: China and the Oceans in the Early Ming Dynasty, 1405–1433*, (New York, 2006), S. 18–19.

24 Sally Church, »Zheng He: An Investigation into the Plausibility of 450-ft Treasure Ships«, *Monumenta Serica*, 53, (2005), 1–43; S. 13.

25 Church (2005).

26 »Girl's Journey to Ancestral Land in China«, *Nation*, (21. 7. 2012), https://nation.africa/kenya/life-and-style/lifestyle/girl-s-journey-to-ancestral-land-inchina-820958.

27 Ebd.

28 Huaxia, »Kenyan Doctor to Promote Chinese Medicine in Kenya«, *Xinhua*, (22. 3. 2017), http://www.xinhuanet.com/english/2017-03/22/c_136146526.htm.

29 Ibn Battuta, *Travels in Asia and Africa 1325–1354*, übersetzt und herausgegeben von Hamilton Gibb, (London, 1929), S. 110.

30 Freeman-Grenville (1962), S. 2.

31 Ebd.

32 Ebd., S. 14.

33 Ebd., S. 15–16.

34 Ebd., S. 15.

35 Ebd., S. 8.

36 Battuta (1929), S. 110–111.

37 Ebd., S. 110.

38 Ebd.

39 Ebd., S. 111.

40 Ebd., S. 111–112.

41 Ebd., S. 112.

42 Ebd.

43 Ebd.

44 Ebd.

45 Freeman-Grenville (1962), S. 66.

46 Ebd., S. 60.

47 Edward Dreyer, *Zheng He: China and the Oceans in the Early Ming Dynasty, 1405–1433*, (New York, 2006), S. 88.

48 John Middleton, *The World of the Swahili: An African Mercantile Civilization*, (New Haven: Yale University Press, 1992), S. 40.

49 Freeman-Grenville (1962), S. 60.

50 Ebd., S. 66.

51 Neville Chittick, *Kilwa: An Islamic Trading City on the East African Coast, Volume I: History and Archaeology* (Nairobi,1974), S. 249.

52 Chittick (1974), S. 248.

53 Ebd.

54 Ross Dunn, *The Adventures of Ibn Battuta: A Muslim Traveler of the 14 Century*, (University of California Press, 1989), S. 128.

55 Battuta (1929), S. 112–113.

56 Chittick (1974), S. 185.

57 Ebd., S. 250.

58 Freeman-Grenville, (1962), S. 14.

59 John Middleton, *The World of the Swahili: An African Mercantile Civilization*, (New Haven: Yale University Press, 1992), S. 40.

60 Chittick (1974), S. 250.

6 Rapper, Sänger und Geschichtenerzähler

1 Chris Wilder, »Mutual Respect: Kool Moe Dee«, *The Source*, (November 1993).

2 WBLS, »Grandmaster Caz opens up about the Kool Moe Dee & Busy Bee rap battle«, YouTube, (23. 3. 2015), https://www.youtube.com/watch?v=zBp5aniNa2I.

3 Geoff Edgers, »They took Grandmaster Caz's rhymes without giving him credit. Now, he's getting revenge«, *Washington Post*, (29. 9. 2016), https://www.washingtonpost.com/entertainment/music/they-took-grandmaster-cazs-rhymes-withoutgiving-him-credit-now-hes-getting-revenge/2016/09/29/f519c35a-7f3e-11e6-8d0cb6c00c90481_story.html.

4 Troy Smith, »Interview with the Bronx African American History Project«, BAAHP Digital Archive der Fordham University, (3. 2. 2006), S. 16.

5 Smith (2006), S. 16.

6 Ebd., S. 17.

7 Troy Smith, »Charlie Rock of ›The Harlem World Crew‹ and Harlem World«, *The Foundation*, (Herbst 2003).

8 Smith (2003).

9 djvlad, »Grandmaster Caz: Kool Moe Dee Upped Standard for Battle Rap«, *VladTV*, (14. 6. 2015), https://www.vladtv.com/article/212731/grandmaster-caz-kool-moe-deeupped- standard-for-battle-rap.

10 WBLS (2015).

11 djvlad (2015).

12 WBLS (2015).

13 djvlad (2015).

14 Smith (2003).

15 Peter Spirer, *Beef*, (Aslan Productions, Open Road Films, QD3 Entertainment, Image Entertainment, 2003).

16 Spirer (2003).

17 Ebd.

18 Ebd.

19 WBLS (2015).

20 Wilder (1993).

21 Spirer (2003).

22 Unique Access Ent., »Busy Bee on Kool Moe Dee Sabotaging Him & How Kid Rock Changed His Life With ›Bawitdaba‹«, YouTube, (12. 11. 2019), https://www.youtube.com/watch?v=4GXJ4JhZXXU.

23 Wilder (1993).

24 Spirer (2003).

25 Ebd.

26 Ebd.

27 Ebd.

28 Ebd.

29 realhiphop3000, »Kool Moe Dee Live At Harlem World 1981 (Busy Bee VS Kool Moe Dee Battle) Old School Hip Hop/Hiphop«, YouTube, (2. 4. 2009), https://www.youtube.com/watch?v=86XG7gw4RIA.

30 realhiphop3000 (2009).

31 Kool Moe Dee, »Battle w/Busy Bee (Harlem World, 1981)«, Track 2, *Pioneers of Hip-Hop: Volume One*, Urban Gold Music Inc, Genius, (1. 12. 1981).

32 Spirer (2003).

33 Ebd.

34 Ebd.

35 Kool Moe Dee (1981).

36 WBLS (2015).

37 Spirer (2003).

38 Smith (2003).

39 Wilder (1993).

40 Spirer (2003).

41 djvlad (2015).

42 WBLS (2015).

43 djvlad (2015).

44 Smith (2003).

45 Spirer (2003)

46 Wilder (1993).

47 WBLS (2015).

48 djvlad (50).

49 ItzYourzMedia, »Busy Bee Talks Wild Style, Kool Moe Dee, Hip Hop Culture«, YouTube, (23. 11. 2018), https://www.youtube.com/ watch?v = dT2jBsdWuZw.

50 Wilder (1993).

51 John Dollard, »The Dozens: Dialect of Insult«, *The American Imago*, 1, (November 1939), 3–25; 11.

52 Roger Abrahams, »Playing the Dozens«, *The Journal of American Folklore*, 75:297, Symposium on Obscenity in Folklore (American Folklore Society, Jul.-Sep. 1962), 209–220; 211.

53 Abrahams, (1962), 209–220; 210.

54 Elijah Wald, *Talking ›Bout Your Mama: The Dozens, Snaps, and the Deep Roots of Rap*, (Oxford, 2014), 21.

55 Amuzie Chimezie, »The Dozens: An African-Heritage Theory«, *Journal of Black Studies*, 6:4 (Sage Publications, Inc., Jun. 1976) 401–420; 403–404.

56 James Agbájé, »Proverbs: A Strategy for Resolving Conflict in Yorùbá Society«, *Journal of African Cultural Studies*, 15:2 (Taylor & Francis, Ltd., Dec. 2002); 237–243; 238.

57 Felicia Ohwovoriole, »Peacemaking and Proverbs in Urhobo and Yoruba Marital Conflicts: Part 1«, *African Conflict and Peacebuilding Review*, 1:2, Special Issue on West African Research Association Peace Initiative Conference in Dakar (2009) (Indiana University Press, Herbst 2011), 122–135; 126.

58 Ohwovoriole, (2011), 122–35; 127.

59 Ebd., 122–135; 127.

60 Ebd.

61 Thomas Hale, *Griots and Griottes: Master of Words and Music*, (Bloomington: Indiana University Press, 1998), 84.

62 Hale (1998), S. 99.

63 Ebd., S. 100.

64 Ebd., S. 100–101.

65 Ebd., S. 92.

66 Ebd., S. 90.

67 Ebd., S. 92.

68 Ebd.

69 Ebd., S. 100.

70 Ebd., S. 77.

71 Ibn Battuta, *Travels in Asia and Africa 1325–1354*, übersetzt und herausgegeben von Hamilton Gibb, (London, 1929), S. 328.

72 Hale (1998), S. 112.

73 Ebd., S. 101.

74 Ebd., S. 112.

75 Battuta (1929), S. 329.

76 Hale (1998), S. 49.

77 Ebd., S. 111.

78 Ebd., S. 89–90.

79 Ebd., S. 92.

80 Ebd., S. 94.

81 Ebd., S. 46.

82 Ebd., S. 77.

83 Ebd.

84 Ebd.

85 Ebd., S. 173.

7 Die Geschichte des Spinnengottes

1 Robert Rattray, *Akan-Ashanti Folk-Tales*, (Oxford, 1930), S. 55.

2 Rattray (1930), S. 77.

3 Christopher Vecsey, »The Exception Who Proves the Rules: Ananse the Akan Trickster«, *Journal of Religion in Africa*, 12:3 (Brill, 1981), 161–177; S. 166.

4 Vecsey (1981), 161–177; S. 170.

5 Rattray (1930), S. 55–59.

6 Ebd., S. 5–7.

7 Martha Beckwith und Helen Roberts, *Jamaica Anansi Stories*, (New York, 1924), S. 1–2.

8 Beckwith und Roberts (1924), S. 4–5.

8 Die Weisheit der Ahnen

1 Rosa Sanchez, »Simone Biles Explains Competition Withdrawal at Olympics: ›My Mind and Body are Simply Not in Sync‹«, *ABC News*, (30. 7. 2021), https://abcnews.go.com/Sports/simone-biles-explains-withdrawal-olympics-mind-bodysimply/story?id=79157744.

2 Bill Chappell, »Read What Simone Biles Said After Her Withdrawal from The Olympic Final«, *NPR*, (28. 7. 2021), https://www.npr.org/sections/tokyo-olympics-liveupdates/2021/07/28/1021683296/in-her-words-what-simone-biles-said-after-herwithdrawal.

3 Ben Church und Jill Martin, »Simone Biles Withdraws From All-Around Final at Tokyo 2020 to Focus on Mental Health«, *CNN*, (28. 7. 2021), https://edition.cnn.com/2021/07/28/sport/simone-biles-gymnastics-tokyo-2020-mental-health-sptintl/index.html.

4 Church und Martin (2021).

9 Die Erfindung des Rassismus

1 Newsmaker, »Chumani Maxwele: No Regrets for Throwing Faeces at Rhodes Statue«, *News24*, (29. 3. 2015), https://www.news24.com/News24/Newsmaker-Chumani-Maxwele-No-regrets-for-throwing-faeces-at-Rhodes- statue-20150429.

2 Eve Fairbanks, »The Birth of Rhodes Must Fall«, *Guardian*, (18. 11. 2015), https://www.theguardian.com/news/2015/nov/18/why-south-african-students-haveturned-on-their-parents-generation.

3 Raeesa Pather, »That Shitty Rhodes Statue: What Students Think Of The UCT Poo Protest«, *The Daily Vox*, (13. 3. 2015).

4 Newsroom, »Students Campaign For Rhodes Statue Removal«, *UCT News*, (16. 3. 2015), https://www.news.uct.ac.za/article/-2015-03-16-students-campaign-for-rhodesstatue-removal.

5 The Poor Print, »Rhodes Must Fall UCT: Mission Statement«, *The Poor Print*, (28. 4. 2017), https://thepoorprint.com/2017/04/28/rhodes-must-fall-uctmission-statement/.

6 Fairbanks (2015).

7 Folarin Shyllon, *Black Slaves in Britain*, (Oxford University Press, 1974), S. 107.

8 Folarin Shyllon, *Edward Long's Libel of Africa: The Foundation of British Racism*, (Cambridge Scholars Publishing, 2021), S. 47.

9 Shyllon (2021), S. 54.

10 Ebd., S. 44.

11 Ebd., S. 92.

12 Frank Snowden, *Before Color Prejudice: The Ancient View of Blacks*, (Harvard University Press, 1983), S. 46.

13 Catherine Fletcher, *The Black Prince of Florence: The Spectacular Life and Treacherous World of Alessandro de' Medici*, (London, 2016), S. 30.

14 Fletcher (2016), S. 253.

15 Ebd., S. 76–77.

16 Ebd., S. 72.

17 Ebd., S. 70.

18 Ebd., S. 78. Der erste Teil des Rufes – »*Palle, Palle!*« (Kugeln, Kugeln) – bezieht sich auf einen Teil des Wappens der Medici.

19 Ebd.

20 Ebd., S. 78–79.

21 Ebd., S. 202.

10 Das Ende der Sklaverei auf afrikanischer Seite

1 William Smith, *A New Voyage to Guinea*, (London, 1744; Neudruck 1967), S. 177.

2 Smith (1967), S. 179.

3 Ebd., S. 184.

4 Ebd., S. 182.

5 Ebd., S. 181.

6 Ebd., S. 173.

7 Ebd., S. 179.

8 Isaac Akinjogbin, *Dahomey and its Neighbours, 1708–1818*, (Cambridge, 1967), S 75.

9 Smith (1967), S. 183.

10 Archibald Dalzel, *The History of Dahomy: An Inland Kingdom of Africa* (London, 1793; Nachdruck mit einer neuen Einleitung von John Fage, 1967), S. 33.

11 Dalzel (1967), S. 33.

12 Ebd.

13 Robin Law, »Dahomey and the Slave Trade: Reflections on the Historiography of the Rise of Dahomey«, *The Journal of African History*, 27:2, Special Issue in Honour of J. D. Fage (Cambridge, 1986), 237–267; S. 248.

14 Dalzel (1967), S. 47.

15 Smith (1967), S. 182.

16 Dalzel (1967), S. 5.

17 Ebd.

18 Ebd.

19 William Snelgrave, *A New Account of Some Parts of Guinea, and the Slave Trade*, (London, 1734; Nachdruck 1971), S. 3.

20 Snelgrave (1734; Nachdruck 1971), S. 3.

21 Dalzel (1967), S. 5.

22 Snelgrave (1734; Nachdruck 1971), S. 4.

23 Isaac Akinjogbin, *Dahomey and its Neighbours, 1708–1818*, (Cambridge, 1967), S. 65.

24 Dalzel (1967), S. 17.

25 Snelgrave, (1734; Nachdruck 1971), S. 5.

26 Akinjogbin (1967), S. 52.

27 Snelgrave (1734; Nachdruck 1971), S. 10.

28 Ebd., S. 14.

29 Ebd., S. 14–15.

30 Ebd., S. 19.

31 Dalzel (1967), S. 32.

32 Ebd., S. 50–51.

33 Snelgrave (1734; Nachdruck 1971), S. 2–3.

34 Ebd., S. 6.

35 Dalzel (1967), S. 17.

36 Ebd., S. 57.

37 Ebd., S. 27.

38 Ebd., S. 12.

39 Ebd., S. 14.

40 Ebd.

41 Ebd.

42 Ebd.

43 Dalzel (1967), S. 15.

44 Ebd., S. 52.

45 Ebd., S. 53.

46 Ebd.

47 Ebd., S. 54.

48 Ebd.

49 Ebd., S. 57–58.

50 Stanley Alpern, »On the Origins of the Amazons of Dahomey«, *History in Afrika*, 25 (Cambridge, 1998), S. 9–25; S. 18.

51 Dalzel (1967), S. 55.

52 Ebd., S. 56.

53 Ebd., S. 58.

54 Ebd., S. 59.

55 Akinjogbin (1967), S. 107–108.

Abbildungsverzeichnis

1 Mansa Musa, abgebildet auf dem Katalanischen Weltatlas von Abraham und Jehuda Cresques. (Alamy)

2 Astronomisches Manuskript aus Timbuktu aus dem 13. Jahrhundert – Kenntnis der Bewegung der Sterne und ihrer Bedeutung für jedes Jahr. (The Picture Art Collection/ Alamy)

3 Illustration von Léon Benett: Ibn Battuta und sein Reiseführer in Ägypten. Aus: Jules Verne: Great Travels and Great Travellers. Discovering the Earth. 1878, S. 81. (Alamy)

4 »Portrait of a Humanist« des venezianischen Künstlers Sebastiano del Piombo. Entstanden um 1520. Stellt mutmaslich Leo Africanus dar. (Samuel H. Kress Collection, National Gallery of Art)

5 Egungun-Kostum. (EMU History/ Alamy)

6 Goldener Stuhl in einer Prozession getragen. (Black Star/Alamy)

7 Porträt von Königin Nzinga. (Alamy)

8 Stele der Kandake Amanirenas. (Khruner/Wikicommons CC 4.0)

9 Der Meroë-Kopf. (akg-images/Nimatallah)

10 Ein Fundstück der Urewe-Keramik aus Lydenburg, Südafrika. (Nkansah Rexford/Wikicommons CC 4.0)

11 Stich von Königin Nzinga, wie sie auf ihrer Dienerin sitzt und mit dem portugiesischen Gouverneur von Angola verhandelt. (Bridgeman Images)

12 Dokumente – Anthony Johnson gegen John Casar, Northampton County Gerichtsverfahren, 1655, Document Bank of Virginia. (Alamy)

13 Gemälde aus der Ming-Dynastie, das eine Giraffe als Geschenk für Yongle zeigt. Kopie des Originals von Shen Du, gefertigt von einem unbekannten Künstler. (Alamy)

14 Fotografie von Mwamaka Sharifu und weiteren Studierenden bei der Abschlussfeier der Universität für Chinesische Medizin in Nanjing. (Imaginechina Limited/Alamy)

15 Abbildung von Kool Moe Dee. (Michael Benabib/Michael Ochs Archives/ Getty Images)

16 Im Inneren der Großen Moschee von Kilwa. (Jon Arnold Images Ltd/ Alamy)

17 Ruinen des Palasts Husuni Kubwa. (Ulrich Doering/Alamy)

18 Goldener Stab mit Ananse-Motiv. (Museum of Fine Arts, Houston/Gift of Alfred C. Glassell, Jr./Bridgeman Images)

19 Wolof-Griot aus dem 18. Jahrhundert beim Spielen auf einem Balafon. (Alamy)

20 Wolof-Griots aus dem 19. Jahrhundert beim Spielen von Kora und Gimbri. (Alamy)

21 Ein Demonstrant schlagt mit seinem Gürtel auf die Statue von Rhodes, kurz bevor diese abtransportiert wird. (Rodger Bosch/AFP via Getty Images)

22 Porträt von Alessandro de' Medici. (Alamy)

Auswahlbibliografie

1 Unsere verlorenen Jahrtausende

Allen, A. R., *Leo's Travels in the Sudan: Being the Seventh Book of Leo Africanus Simplified, Abridged and Done into Modern English from the Translation of John Pory* (Oxford, 1962).

Battuta, Ibn, *Travels in Asia and Africa 1325–1354*, übersetzt und herausgegeben von Hamilton Gibb (London, 1929).

Niane, Djibril (Hrsg.), *General History of Africa IV: Africa from the Twelfth to the Sixteenth Century* (UNESCO, University of California Press, 1984).

Stringer, Chris, *The Origin of Our Species* (London, 2012).

2 Die Toten leben weiter

Kopytoff, Igor, »Ancestors as Elders in Africa«, *Africa: Journal of the International African Institute*, Band 41, Ausgabe 2, (April 1971), S. 129–142.

Mbiti, John, *African Religions and Philosophy*, (Nairobi: East African Educational Publishers Ltd., 1969).

Morgan, Stephen und Okyere-Manu, Beatrice, »The Belief in and Veneration of Ancestors in Akan Traditional Thought: Finding Values for Human Well-being«, *Alternation – Interdisciplinary Journal for the Study of the Arts and Humanities in Southern Africa*, Sonderausgabe 30, (November 2020), S. 11–31.

3 Königinmütter und Kriegerköniginnen

Heywood, Linda, *Njinga of Angola: Africa's Warrior Queen*, (Harvard, 2017)

Lohwasser, Angelika, »The Role and Status of Royal Women in Kush«, in: *The Routledge Companion to Women and Monarchy in the Ancient Mediterranean World*, hrsg. von Elizabeth Carney und Sabine Müller, (Routledge, 2021), S. 61–73.

Meyerowitz, Eva, *The Sacred State of the Akan*, (London, 1951).

Török, László, *The Kingdom of Kush: Handbook of the Napatan-Meroitic Civilization*, (New York, 1997).

4 Wir sind mehr als eine Hautfarbe

Berlin, Ira, *Many Thousands Gone: The First Two Centuries of Slavery in North America*, (Harvard University Press, 1998).

Choudhury, Ananyo u. a., »African Genetic Diversity Provides Novel Insights into Evolutionary History and Local Adaptations«, *Human Molecular Genetics*, Band 27, Ausgabe R2, (August 2018), S. R209-R218.

Heine, Bernd und Nurse, Derek, *African Languages: An Introduction*, (Cambridge University Press, 2000).

Phillipson, David, »The Spread of the Bantu Language«, *Scientific American*, Band 236, Nr. 4, (April 1977), S. 106–115.

5 Kaufleute, Händler und Seefahrer

Battuta, Ibn, *Travels in Asia and Africa 1325–1354*, übersetzt und herausgegeben von Hamilton Gibb (London, 1929).

Middleton, John, *The World of the Swahili: An African Mercantile Civilization*, (New Haven: Yale University Press, 1992).

Middleton, John und Horton, Mark, *The Swahili: The Social Landscape of a Mercantile Society*, (Hoboken, 2001).

6 Rapper, Sänger und Geschichtenerzähler

Finnegan, Ruth, *Oral Literature in Africa*, (Oxford University Press, 1970).

Hale, Thomas, *Griots and Griottes: Masters of Words and Music*, (Bloomington: Indiana University Press, 1998).

Wald, Elijah, *Talking 'Bout Your Mama: The Dozens, Snaps, and the Deep Roots of Rap*, (Oxford, 2014).

7 Die Geschichten des Spinnengottes

Beckwith, Martha und Roberts, Helen, *Jamaica Anansi Stories*, (New York, 1924).

Rattray, Robert, *Akan-Ashanti Folk-Tales*, (Oxford, 1930).

Vecsey, Christopher, »The Exception Who Proves the Rules: Ananse the Akan Trickster«, *Journal of Religion in Africa*, Band 12, Heft 3, (Brill, 1981), S. 161–177.

Zobel Marshall, Emily, *Anansi's Journey: A Story of Jamaican Cultural Resistance*, (Kingston, Jamaica: University of the West Indies Press, 2012).

8 Die Weisheit der Ahnen

Evans-Pritchard, Edward, *Witchcraft, Oracles, and Magic among the Azande*, gekürzt mit einer Einleitung von Eva Gillies, (Oxford University Press, 1976).

Peek, Philip (Hrsg.), *African Divination Systems: Ways of Knowing*, (Indiana University Press, 1991).

Westerlund, David, *African Indigenous Religions and Disease Causation: From Spiritual Beings to Living Humans*, (Leiden, 2006).

9. Die Erfindung des Rassismus

Fletcher, Catherine, *The Black Prince of Florence: The Spectacular Life and Treacherous World of Alessandro de' Medici*, (London, 2016).

Shyllon, Folarin, *Edward Long's Libel of Africa: The Foundation of British Racism*, (Cambridge Scholars Publishing, 2021).

Snowden, Frank, *Before Color Prejudice: The Ancient View of Blacks*, (Harvard University Press, 1983).

10. Das Ende der Sklaverei auf afrikanischer Seite

Akinjogbin, Isaac, *Dahomey and its Neighbours, 1708–1818*, (Cambridge University Press, 1967).

Dalzel, Archibald, *The History of Dahomy: An Inland Kingdom of Africa* (London, 1793; Neuauflage mit einem neuen Vorwort von John Fage, 1967).

Polanyi, Karl, *Dahomey and the Slave Trade: An Analysis of an Archaic Economy*, (Seattle: University of Washington Press, 1966).

Stephen Fry
Odyssee
Von Abenteuern, Irrfahrten und Heimkehr
Aus dem Englischen von Matthias Frings
352 Seiten. Gebunden mit Schutzumschlag
ISBN 978-3-351-04212-7
Auch als E-Book lieferbar

Die berühmteste Heldengeschichte aller Zeiten

Troja ist gefallen. Nach zehn Jahren Krieg lockt für die Griechen endlich die Heimat. Während Agamemnon zu Hause die Rache Klytaimnestras erwartet, ist Odysseus dazu verdammt, über die Meere zu irren. Dabei muss er sich einäugigen Riesen, verführerischen Nymphen, schrecklichen Seeungeheuern und tosenden Stürmen stellen, um nach Ithaka zu seiner klugen Frau Penelope zurückzukehren.
In einer grandios unterhaltsamen Neuerzählung des Homer'schen Epos lädt uns der Erfolgsautor Stephen Fry dazu ein, die faszinierende Welt der griechischen Mythen, Götter und Helden neu zu entdecken. Fast wünscht man sich dabei, diese Irrfahrt würde nie enden.

Regelmäßige Informationen erhalten Sie über unseren Newsletter.
Jetzt anmelden unter: www.aufbau-verlage.de/newsletter

aufbau

Azoren
Tanger
Rabat
Algier
Tunis
Tunesien
Mitte
Tripolis
Madeira (Port.)
Marokko
Kanarische
Inseln (Span.)
Algerien
Al-Aaiun
Libyen
S a h a r a
Westsahara
(von Marokko
besetzt)
Mauretanien
Mali
Niger
Tscha
Dakar
Senegal
Gambia
Guinea-Bissau
Bamako
Burkina
Faso
Niamey
Tschad-See
N'Djamén
Guinea
Benin
Niger
Nigeria
Ghana
Sierra
Leone
Freetown
Abuja
Togo
Zentralafr
Repu
Monrovia
Elfenbein-
küste
Porto Novo
Liberia
Lomé
Accra
Kamerun
Bar
Malabo
Yaoundé
Äquat. Guinea
São Tomé und Príncipe
Libreville
Gabun
Kongo
Brazzaville
Demo
Republ
(Z.
Cabinda
(Angola)
Luanda
Angola
Atlantischer Ozean
Namibia
Windhuk
Re
Süd
Kapstadt
Kap de
Guten Hoff